하나님의 사람

다윗 2

• 각 과에 있는 큐알코드를 통해 해당 주일예배 설교를 영상으로 보실 수 있습니다.

하나님의 사람 다윗 2

내 인생의 소중한 시기를
다윗과 함께

오정현 지음

두란노서원

머리말

다윗처럼 하나님의 마음에 사로잡히는 일생이 되기를

다윗은 어릴 때부터 제게 친구 이상의 이름이었습니다. 소년 다윗이 물맷돌을 들고 거인 골리앗에게 달려가는 모습은 언제나 상상 이상의 스릴과 즐거움을 주었습니다. 평상에 누워 밤하늘의 별을 볼 때면 양을 치기 위해 들판에서 밤을 지새는 다윗을 떠올렸습니다.

사자의 발톱과 곰의 발톱에서 양을 지키는 다윗의 모습을 보며 참된 목자는 양을 위해 어떻게 해야 하는지를 마음에 새겼습니다. 아마도 이것이 훗날 하나님의 마음, 목자의 심정을 목회철학으로 삼게 된 보이지 않는 토대가 되었다고 생각합니다.

그러나 다윗이 범죄하는 장면이나 고난을 겪는 장면을 읽을 때, 특히 아들 압살롬의 추격을 피해서 신발을 벗은 채로 도망치는 다윗의 모습을 볼 때는 눈을 감고 싶었습니다.

결정적으로 다윗의 삶에 다시 몰두하며 그의 삶을 통해 제 속에서 은혜의 샘물이 터지게 된 것은, 다윗이 맞닥뜨린 모든 사건 속에 임한 하나님 섭리의 신비에 눈을 뜨면서였습니다. 다윗의 격렬한 삶 속에 개입하시는 하나님의 인도하심 그리고 이를 통해 오고 오는 세대에게 주시는 하나님의 마음, 목자의 심정을 깨닫게 되면서 저의 목회 사역은 새로운 차원으로 올려졌습니다.

언제부터인가 제가 경험하고 누렸던 다윗의 영감 어린 일생을 사랑하는 성도들과 함께하고 싶은 간절함은 날로 제 마음을 사로잡았습니다.

다윗의 삶에서 마주하는 가장 큰 도전은 그가 사울 왕의 혹독한 핍박이나 사악한 도엑과 아히도벨의 치밀한 모략 그리고 자신이 저지른 치명적인 범죄에도 불구하고, 어떻게 해서 무너지지 않고 오히려 하나님의 마음에 합한 자로 친히 인정받게 되었는가 하는 질문입니다. 이것이 중요한 이유는 오늘날 우리가 세상을 살아가는 동안 악의 덫에서, 삶의 절망에서 우리를 건져내는 생명의 열쇠가 되기 때문입니다. 책의 페이지를 넘길수록 성경 속에 나타난 다윗과 함께 참된 예배자 다윗을 더 깊이 알아가면서 다윗이 누렸던 예배자의 복, 하나님의 마음에 합한 자의 복을 온전히 누릴 수 있기를 바랍니다.

주일 강단에서 말씀으로 다윗과 함께했던 일 년은 교회적으로도, 개인적으로도 행복한 시간이었습니다. 매주 말씀 속에 부어진 기름 부으심으로 우리의 영혼이 전율했고, 심령은 거룩하게 격동했습니다. 우리는 매 순간마다 어떻게 하면 더 주님을 위해 살까, 남은 인생을 누수 없이 아름답게 마무리(Finishing Well)할 수 있을까 묻고 다짐했습니다.

〈내 인생의 소중한 시기를 다윗과 함께〉 강해설교를 깁고 엮어서 펴낸 이 책을 통해 우리도 다윗처럼 하나님의 마음에 합한 자가 되기를, 그리하여 우리 일생에 비록 산과 골짜기가 있지만 어떤 경우에도, 어느 자리에서도, 변함없이 하나님을 뜨겁게 사랑하고 예배하는 자가 되기를 소원합니다.

　이 책에는 제한된 시간 때문에 주일 강단에서 전하지 못했던 묵상도 담았습니다. 설교자의 심중을 독자들과 조금이라도 더 깊이 나눌 수 있기를 바라는 마음입니다.

　끝으로 이 책을 출간하기까지 기쁜 마음으로 섬겨주신 분들께 감사의 마음을 전합니다. 특별히 부족한 저를 위해 늘 사랑과 기도의 수고를 아끼지 않는, 영원한 가족인 사랑의교회 성도들에게 감사를 드립니다.

오정현
사랑의교회 담임목사

목차

머리말 ——————————— 5

Fall 무르익어가는 가을, 하나님께 감사하다

19 어디로 가든지 이기는 하나님의 이김 ——————— 12

20 영원한 은혜의 채무자, 그처럼 행복한 자는 없어라 — 29

21 믿음으로 모험하는 인생 ——————————— 48

22 영적인 힘이 고갈될 때 ——————————— 74

23 나는 어느 부분이 약한 사람인가? —————— 95

24 회개, 회복 ———————————————— 115

25 중년의 위기 극복 ——————————— 143

26 사랑하는 내 아들, 내 딸아 —————————— 166

Winter 새로움을 준비하는 겨울, 하나님 나라를 꿈꾸다

27 하나님 나라의 용사들 ——————————— 192

28 아라우나의 타작마당이 예루살렘 성전이 되다 —— 215

29 하나님 왕국의 비밀 병기, 찬양대 —————— 236

30 다윗의 후손에게 허락된 확실한 은혜 ————— 260

31 믿음의 노후 대책 ——————————— 276

32 너는 이렇게 살아라 ——————————— 300

33 마음이 하나님께 합한 사람 ———————— 322

34 주님으로 충분합니다 ——————————— 339

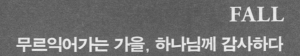

FALL
무르익어가는 가을, 하나님께 감사하다

19

어디로 가든지 이기는 하나님의 이김

THE LORD WILL GIVE VICTORY WHEREVER YOU GO

사무엘하 8:1-14

1 그 후에 다윗이 블레셋 사람들을 쳐서 항복을 받고 블레셋 사람들의 손에서 메덱암마를 빼앗으니라 2 다윗이 또 모압을 쳐서 그들로 땅에 엎드리게 하고 줄로 재어 그 두 줄 길이의 사람은 죽이고 한 줄 길이의 사람은 살리니 모압 사람들이 다윗의 종들이 되어 조공을 드리니라 3 르홉의 아들 소바 왕 하닷에셀이 자기 권세를 회복하려고 유브라데 강으로 갈 때에 다윗이 그를 쳐서 4 그에게서 마병 천칠백 명과 보병 이만 명을 사로잡고 병거 일백 대의 말만 남기고 다윗이 그 외의 병거의 말은 다 발의 힘줄을 끊었더니 5 다메섹의 아람 사람들이 소바 왕 하닷에셀을 도우러 온지라 다윗이 아람 사람 이만 이천 명을 죽이고 6 다윗이 다메섹 아람에 수비대를 두매 아람 사람이 다윗의 종이 되어 조공을 바치니라 다윗이 어디로 가든지 여호와께서 이기게 하시니라 7 다윗이 하닷에셀의 신복들이 가진 금 방패를 빼앗아 예루살렘으로 가져오고 8 또 다윗 왕이 하닷에셀의 고을 베다와 베로대에서 매우 많은 놋을 빼앗으니라 9 하맛 왕 도이가 다윗이 하닷에셀의 온 군대를 쳐서 무찔렀다 함을 듣고 10 도이가 그의 아들 요람을 보내 다윗 왕에게 문안하고 축복하게 하니 이는 하닷에셀이 도이와 더불어 전쟁이 있던 터에 다윗이 하닷에셀을 쳐서 무찌름이라 요람이 은 그릇과 금 그릇과 놋 그릇을 가지고 온지라 11 다윗 왕이 그것도 여호와께 드리되 그가 정복한 모든 나라에서 얻은 은금 12 곧 아람과 모압과 암몬 자손과 블레셋 사람과 아말렉에게서 얻은 것들과 소바 왕 르홉의 아들 하닷에셀에게서 노략한 것과 같이 드리니라 13 다윗이 소금 골짜기에서 에돔 사람 만 팔천 명을 쳐죽이고 돌아와서 명성을 떨치니라 14 다윗이 에돔에 수비대를 두되 온 에돔에 수비대를 두니 에돔 사람이 다 다윗의 종이 되니라 다윗이 어디로 가든지 여호와께서 이기게 하셨더라

이 장의 제목은 다소 비장하다. "어디로 가든지 이기게 하시니라." 자칫 승리 지상주의를 떠올리게도 하지만, 이것은 본문 6절과 14절을 그대로 인용한 것이다. 이 말씀대로 우리가 멈춰서거나 안주하지 않는다면 하나님께서 예비하신 진정한 승리의 길로 나아갈 수 있을 것이다.

하나님은 항상 다윗에게 두 가지를 주셨다. 그중 하나가 사무엘하 7장 9절에 나온다.

네가 가는 모든 곳에서 내가 너와 함께 있어.

'함께하시는 하나님'은 다윗이 가진 가장 큰 복이다. 이는 지난 수천 년간 하나님의 사람들에게 공통적으로 주어진 복이기도 했다. 하지만 끝까지 이 복의 수혜자가 되는 경우는 많지 않다.

이 복을 감사로 받아 누리는 사람이 있는가 하면, 그렇지 않은 사람도 있다. 처음에는 잘 누리다가 뒤로 갈수록 누리지 못하는 사람도 있다. 대표적인 인물이 삼손이다. 삼손은 하나님이 함께하실 때 대단한 능력을 보여준 바 있다. 하지만 매너리즘에 빠져 감격을 잃어버리자 영적으로 둔감해졌다. 결국 "여호와께서 이미 자기를 떠나신 줄을"(삿 16:20) 깨닫지 못하는 지경까지 이르렀다.

만약 다윗이 삼손처럼 행했다면 하나님께서 주시는 다른 하나를 누릴 수 없었을 것이다. 이에 대해 6절과 14절은 한 목소리로 말한다. "다윗이 어디로 가든지 여호와께서 이기게 하시니라." 바로 '하나님의 승리'다.

하나님은 다윗에게 늘 '승리'를 안겨주셨다. 이 승리는 하나님이 함께하시기에 거둘 수 있었다. 여기서 승리의 주어가 '내'가 아니라 '하나님'이심에 주목해야 한다. 우리는 보통 내가 모든 것을 이겨내야 하고 가정의 회복을 위해 내가 더 잘해야 하며, 공동체가 잘되기 위해 내가 무언가를 해내야 한다고 생각한다. 하지만 '내'가 주어가 되고 주체가 되면 점점 모든 걸 감당할 수 없게 된다. 인간적인 한계 때문에 탈진할 뿐이다.

성경은 '승리'의 주체를 '내'가 아니라 '주님'이라 말씀한다. "내가 열심히 했더니 승리했다"가 아니라 "주님이 승리하게 하셨다"인 것이다. '승리'라는 결과가 주어진 이유는 단 하나, '하나님이 다윗과 함께하셨기 때문'이다.

승리의 원천1: 나에게도 주어진 '영원한 나라'에 대한 언약의 말씀

상처와 곡절과 좌절로 점철된 우리네 삶에서 고비 때마다 넘어지지 않고 승리할 수 있는 확실한 길은 무엇일까? 다윗의 삶을 통해 고찰해보자.

우리는 본문을 보며, "나도 다윗처럼 승리하게 해주십시오"라고 기도한다. 그런데 이 기도가 응답되려면 다윗이 승리한 토대가 무엇인지 알아야 한다. 다윗은 그저 이기고 싶어서, 혹은 능력이 뛰어나서 어디로 가든지 승리했던 게 아니었다. 사무엘하 7장 16절을 보면, 다윗이 거둔 승리의 원천은 하나님께서 다윗에게 주신 언약의 말씀이었다.

> 네 집과 네 나라가 내 앞에서 영원히 보전되고 네 왕위가 영원히 견고하리라 하셨다 하라.

이 말씀은 단지 다윗 왕의 혈통을 염두에 두고 선포된 말씀이 아니다. 하나님은 다윗에게 '네 나라가 영원하리라' 약속하셨다. 하지만 이 약속이 무색할 만큼 이스라엘 왕국은 남북으로 분열되고 만다. 북이스라엘은 두 세대 만에 멸망당했고, 그나마 남유다는 다윗 왕국을 시작으로 424년 만에 멸망당했다. 이런 역사적 사실로 미루어 볼 때 표면적으로는 하나님의 약속이 성취되지 않은 것처럼 보일 수 있다. 그러나 다윗의 자손으로 오신 '만왕의 왕' 예수 그리스도를 통해 다윗 왕국은 단절되지 않고 이어졌다. 예수님은 '다윗을 향한 언약'을 성취하시는 것으로 끝내지 않으시고, 예레미야 선지자가 예언한 "새 언약"(렘 31:31)을 십자가에서 피 흘려 죽으심으로 성취하셨다(눅 22:20; 마 26:28). 그리하여 보혈의 능력을 믿고 예수님을 구주로 영접하는 자를 예수님이 왕으로 다스리시는 영원한 나라의 백성으로 삼으셨다.

하나님은 다윗이라는 한 사람에게 '영원한 나라'를 약속하셨는데, 그 약속은 다윗뿐 아니라 그의 후손으로 오실 예수 그리스도를 통해 구원받을 우리에게도 주어졌다. 따라서 우리가 지금 죽는다 해도 '영원한 하나님 나라의 백성'이라는 신분은 변하지 않는다.

어떤 이들은, "그 말씀은 하나님이 다윗에게 하신 약속이었으니까 다윗이 승리했던 거고, 다윗과 상관없는 우리가 무슨 근거로 승리할 수 있겠어?"라며 우리의 믿음을 흔든다. 하지만 위축될 필요는 없다. 다윗에게 주신 이 언약의 말씀이 예수님을 구주로 믿는 모든 사람에게 주어졌기 때문이다.

그러므로 다윗이 나단 선지자로부터 이 말씀을 전해 듣고 믿었을 때 언약이 이루어졌던 것처럼, 우리가 이 말씀을 내게 주신 언약으로 받고 "아멘"으로 화답한다면 동일한 역사가 일어날 수 있다. 즉, 사무엘하 7장 16절의 영광스러운 말씀이 시대와 장소를 초월하고 세대와 세대를 계승해가면서 모든 성도에게 임할 것이다.

사도행전 15장을 보라. 당시에도 비슷한 논쟁이 벌어졌음을 알 수 있다. "아니, 다윗의 언약과 축복은 우리 유대 민족만 받아 누려야 하는데, 어떻게 그 말씀을 이방 사람들이 받아 구원을 얻을 수가 있습니까?"

이에 대해 예루살렘 교회의 수장 중 하나였던 야고보 사도는 아모스 선지자의 예언을 인용하여 답했다.

> 이 후에 내가 돌아와서 다윗의 무너진 장막을 다시 지으며 또 그 허물어진 것을 다시 지어 일으키리니 이는 그 남은 사람들과 내 이름으로 일컬음을 받는 모든 이방인들로 주를 찾게 하려 함이라 하셨으니(행 15:16-17).

주께서 다윗에게 주신 언약은 다윗 한 사람이나 유대 민족에게만 국한된 것이 아니다. 하나님을 믿고 소망하며, 성령의 감동 가운데 그 말씀이 내게 주신 하나님의 음성임을 깨닫는 모든 자에게 해당된다. 즉, 네 나라가 영원하고 견고하게 보전될 것이라는 사무엘하 7장 16절의 약속을 이 순간 내게 주신 말씀으로 믿으면, 그 말씀이 내 안에서 살아 역사하게 된다.

하나님의 말씀은 당시나 지금이나, 이스라엘에서나 대한민국에서나 언제 어디서든 살아 있고 원동력이 있어 역사할 힘이 충분하다. 이 사실을 믿는다면, 우리는 성경에 기록된 언약의 말씀을 오늘 내게 주시는 하나님의 음성으로 받을 수 있다. 하나님은 다윗이라는 한 사람에게 영원한 나라를 약속하셨지만, 그 나라는 예수 그리스도를 통해 구원받는 하나님의 백성 모두에게도 주어졌기 때문이다. 따라서 우리는 다윗처럼 '어디로 가든지 이길 수 있는' 승리의 토대를 가진 사람들이다.

승리의 원천2: 약속을 지키시는 하나님을 믿는 순전한 믿음

다윗의 승리가 우리에게로 이어질 수 있는 두 번째 근거는, 다윗이 정복한 승리의 현장에서 찾을 수 있다. 하나님은 친히 약속하신 영원한 왕국의 예표로 많은 땅을 다윗에게 주셨다. 1절에서 다윗이 승리를 거두고 차지한 땅을 보라.

> 그 후에 다윗이 블레셋 사람들을 쳐서 항복을 받고 블레셋 사람들의 손에서 메덱암마를 빼앗으니라.

하나님은 다윗이 블레셋 사람들에게 '항복'을 받아내도록 하셨다. 이어지는 2절에는 동쪽의 모압을 정복한 사건이 소개된다. 모압 사람들은 땅에 엎드러졌고 다윗의 종이 되어 조공을 바쳤다. 3-6절에 북쪽의 소바와 다메섹 아람을 정복한 사건에 이어, 13-14절에는 남쪽의 에돔 정복도 소개된다. 다윗은 소금 골짜기에서 에돔 사람 만 팔천 명을 쳐 죽이고, 에돔에 수비대를 두었다.

이것만 봐도 다윗이 거둔 승리가 어느 정도였는지 알 수 있다. 다윗의 승리는 어느 한 지역을 정복한 정도가 아니었다. 서쪽의 블레셋과 동쪽의 모압, 북쪽의 아람 다메섹과 남쪽의 에돔까지, 동서남북을 총망라한 승리였다.

사실 다윗이 서쪽의 블레셋을 이겼다는 것만으로도 대단한 승리가 아닐 수 없었다. 블레셋이 어디 보통 민족인가? 연원을 따져

올라가보면, 그 옛날 최고 문명을 자랑하던 그리스계 이주 세력이 버티고 있다. 정변 때문에 남쪽으로 망명한 그리스계 사람들이 팔레스타인의 서쪽 해안으로 침입하여 평야지대와 곡창지대에 건설한 왕국이 바로 블레셋이었다. 게다가 그 지역에서 유일하게 철기문화를 꽃피웠기 때문에 이스라엘에게는 아주 위협적인 존재였다.

반면 다윗이 세운 왕국의 위치는 산악지대인 헤브론이었다. 이는 자원이 척박하고 환경이 열악해서 군사적으로나 경제적으로 블레셋에 밀릴 수밖에 없음을 뜻한다. 즉, 산악지역에 기반을 둔 이스라엘은 풍요로운 해안지대에서 번성한 블레셋과 상대가 안 됐다. 힘과 힘의 논리로만 따지자면 백전백패가 뻔한 싸움이었다. 모압이나 북쪽 아람 다메섹과의 전쟁도 마찬가지였다. 하지만 다윗은 모든 전쟁에서 승리를 거두고 동서남북을 완전히 장악했다. 대체 비결이 무엇이었을까?

모압은 나의 목욕통이라 에돔에는 나의 신발을 던지리라 블레셋아 나로 말미암아 외치라 하셨도다(시 60:8).

심지어 다윗은 모압을 목욕통에 빗대며 정복 의지를 불태우고 있다. 그도 그럴 것이 모압은 과거 이스라엘을 타락하게 만든 민족이었다. 그래서 이번 정복 전쟁을 통해 완전히 정화할 뜻을 밝힌 것이다. 또한 에돔을 향해서도 신발을 벗어 던져 소유권을 되찾아오겠다는 의지를 드러냈다. 블레셋을 향해서도 그들을 격파하여 승전가를 부르겠다고 과감하게 선포했으며, 실제로 위대한 승리를 거두었다.

우리는 다윗이 거둔 승리가 하루아침에 이루어진 것이 아니라는 사실에 주목해야 한다. 창세기 13장을 보라. 하나님께서 어느 날 믿음의 조상 아브라함을 부르시더니 그에게 동서남북을 바라보게 하셨다. 묘하게도 당시 아브라함은 다윗이 성을 세웠던 헤브론 지역에 발을 디딘 상태였다. 하나님은 그곳에서 아브라함에게 약속하셨다.

보이는 땅을 내가 너와 네 자손에게 주리니 영원히 이르리라(창 13:15).

놀랍지 않은가? 그 옛날 하나님께서 아브라함에게 주신 약속이 천 년 만에 다윗에게 이루어졌다. 다윗이 이기는 그 현장에서 하나님은 친히 아브라함에게 하신 언약의 실체를 보여주신 것이다.

다윗은 이 사실을 알고 말로 다 할 수 없는 감동과 은혜에 젖었으리라. '약속을 지키신 하나님'을 부르며 가슴 벅차게 찬양했을 것이다. 또한 다윗과 동고동락하며 하나님의 역사를 봤던 나단 선지자나 대제사장 아비아달 등도 블레셋과 에돔, 다메섹과 모압에게 거둔 승리를 목격하면서 감격의 눈물을 참지 못했을 것이다. 그들은 하나같이 '하나님은 약속을 꼭 지키시는 분'임을 뼛속 깊이 새겼을 것이다.

우리는 이 사건을 깊이 묵상하며, 하나님은 약속을 지키시는 분임을 되새겨야 한다. 지금도 우리 앞에는 '내 인생을 공격하는 모압'과 '풍요로움을 뽐내며 내 앞에서 떵떵거리는 블레셋' 그리고 '내가 정복해야 할 동서남북'이 떡하니 버티고 있기 때문이다.

우리에게는 아브라함에게 주신 약속의 말씀과 다윗에게 주신 승리의 역사를 바라보며 하나님의 언약을 내게 주신 언약으로 받는 믿음이 필요하다. "눈을 들어 동서남북을 봐라. 이 모든 땅을 내가 너에게 주겠다'라는 그분의 말씀을 아멘으로 받는 순전한 믿음이 절실한 때다. 시편 기자가 전하는 하나님의 선포를 들어 보라.

> 내게 구하라 내가 이방 나라를 네 유업으로 주리니 네 소유가 땅 끝까지 이르리로다(시 2:8).

이 말씀을 읽을 때 어떤 생각이 드는가? '뭐, 나와 상관없는 옛날이야기 아닌가'라고 생각하는가? 아니면 '아멘. 저도 주님께 구할 때 이방 나라를 제 유업으로 주실 줄 믿습니다'라고 고백하는가?

말씀에 대한 믿음을 하나님의 응답으로 바로 연결 짓기엔 하나님의 생각과 일하심이 단순하지만은 않다. 하지만 약속의 말씀을 그냥 흘려듣지 않고 자기 자신에게 주시는 음성, 즉 레마(Rhema)로 받는 것은 매우 중요하다.

우리는 시편 2편 1절과 4절에서 말씀을 믿는 자의 기백과 마주하게 된다.

> 어찌하여 이방 나라들이 분노하며 민족들이 헛된 일을 꾸미는가 …
> 하늘에 계신 이가 웃으심이여 주께서 그들을 비웃으시리로다(시 2:1, 4).

하나님을 거역하는 이들이 헛된 일을 꾸밀 때 하늘에 계신 이가 그들을 비웃는다고 말하는 시편 기자의 이 영적 고백을 우리도 할수 있었으면 좋겠다. 그럴 때 우리가 시편 2편 8절을 내게 주신 하나님의 언약으로 받을 수 있기 때문이다.

> 내게 구하라 내가 이방 나라를 네 유업으로 주리니 네 소유가 땅 끝까지

이르리로다.

이 말씀은 내 삶의 물리적인 환경이나 신체적인 조건이 바뀌는 것으로도 해석할 수 있다. 하지만 그보다 영적인 환경이 바뀌는 것으로 보는 게 더 정확한 해석일 듯하다. 즉, 우리는 이 말씀을 "그러므로 너희는 가서 모든 민족을 제자로 삼아 아버지와 아들과 성령의 이름으로 세례를 베풀고"(마 28:19)와 함께, "오직 성령이 너희에게 임하시면 너희가 권능을 받고 예루살렘과 온 유대와 사마리아와 땅 끝까지 이르러 내 증인이 되리라 하시니라"(행 1:8)에 대한 응답으로 받아야 한다.

우리는 오랜 세월 동안 주님을 섬기면서 온갖 우여곡절을 겪어 왔다. 그러다 문득 '과연 될까?'라는 의심이 찾아들 때도 있다. 하지만 아브라함이나 요셉, 다윗과 같은 하나님의 신실한 종들의 삶을 연구하고 묵상하다가 말씀에 사로잡히면, 희한하게도 내 마음속에서 하나의 꿈이 꿈틀거린다. "하나님 아버지, 제게도 저 말씀이 그대로 임해서 삶의 증거로 확인되게 해주십시오", "이 말씀을 그대로 받아 하나님의 뜻을 이루는 믿음의 공동체가 되게 해주십시오" 하며 뜨겁게 기도하게 된다.

젊을 때부터 하나님 나라에 대한 꿈과 소망을 가졌던 분이라면, 아마도 동일한 기도를 드려왔을 것이다. 내 안에 하나님 나라에 대한 꿈이 있다면, 언약의 말씀 앞에서 '땅 끝까지 이르러 주님의 증인이 되겠다'는 열정이 점화되어 뜨겁게 타오를 것이다.

우리 모두가 그 소망에 사로잡히길 소원한다. "모든 민족을 제자로 삼게 해주십시오"라는 기도뿐 아니라, 보다 구체적으로 "제 가정에도 하나님 나라가 임하게 해주십시오", "하나님 나라가 부흥하는 것처럼 제 사업장에도 부흥이 임하길 원합니다"라고 기도하길 바란다. 그럴 때, 하나님께서 겸손한 열망 위에 복을 더하시리라 믿는다. 비록 지금은 그 꿈을 잃은 채 낙심해 있더라도 말씀을 붙잡고 꿈을 회복하는 은혜가 임하길 간절히 기도한다.

'이기고 이긴다' ≠ '승리 지상주의'

앞서 언급한 대로, '이기고 이긴다'를 '승리 지상주의'로 오해해선 안 된다. 만사형통의 의미는 더더욱 아니다. 주변을 둘러보면 예수님을 잘 믿어도 병으로 고통당하는 분이 있고 경제적으로 어려운 분이 있으며, 자녀 때문에 힘들어하는 분도 있다. 이처럼 예수님을 잘 믿어도 세상 사람들이 보기에는 일이 잘 풀리지 않는 것처럼 보일 수 있다.

다윗이 가는 곳마다 이기고 이겼다는 말씀의 현실적 의미는 무엇일까? 삶의 환경이 아무리 어렵고 고통스럽더라도 하나님의 말씀을 믿고 끝까지 따르면, 하나님이 반드시 승리를 주신다는 뜻이다. 예수님을 믿는다는 이유로 믿지 않는 사람들보다 삶에서 더 많은 폭풍우를 만날 수 있다. 그런데 예수님은 우리가 폭풍우 앞에서 무너지도록 내버려두시는 게 아니라 오히려 뚫고 지나가게 하신다. 그래서 다윗은 "의인은 고난이 많으나 여호와께서 그의 모든 고난에서 건지시는도다"(시 34:19)라고 고백했다. 하나님께서는 자신을 찾는 백성이 어떤 식으로든 이기게 하신다는 뜻이다.

3천 년 전이나 지금이나 다윗처럼 하나님의 마음에 맞는 자는, 그가 어떤 상황이나 여건에 처해 있든지 그곳에 하나님 나라가 세워지고 하나님의 통치가 임하기를 기도할 때 하나님께서 주시는 승리를 경험할 수 있다. 그러므로 병으로 고통을 당할 때도, 사업이 어려울 때도, 자녀와 관계가 힘들 때도, 부부 사이에 문제가 있을 때도 다윗처럼 하나님의 심정을 깨닫고 하나님의 마음에 맞는 자가 되면, 반드시 환경과 상황을 뛰어넘는 승리를 맛볼 수 있다.

> 무릇 하나님께로부터 난 자마다 세상을 이기느니라 세상을 이기는 승리는 이것이니 우리의 믿음이니라(요일 5:4).

이기는 공동체가 되는 길: 21세기 다윗 양육

개인뿐만 아니라 공동체가 승리를 거두려면 어떻게 해야 할까? 승리에 대한 공동체적 전략은 무엇일까? 나는 그것을 '21세기의 다윗을 키워내는 일'이라 본다. 이것이야말로 승리하는 공동체의 최우선 과제다. 유진 피터슨 목사님은 흥미로운 표현을 했다.

"예수님은 사역의 8할 이상을 12명의 유대인에게만 집중하셨다. 그것이 바로 모든 이방인과 미국인을 구원할 수 있는 유일한 길이기 때문이다."

한국인인 나는 그의 말을 응용해 다음처럼 이야기하고 싶다.

"예수님은 사역의 8할 이상을 12명의 유대인에게만 집중하셨다. 그것이 바로 모든 한국인을 구원할 수 있는 유일한 길이기 때문이다."

유진 피터슨 목사님의 말에서 공동체가 추구해야 할 방향을 찾을 수 있다. 교회 공동체가 믿음의 사람 몇을 집중하여 제대로 훈련할 때, 땅 끝까지 복음을 전하고 사명을 완수하는 일이 충분히 가능하다는 점이다.

교회의 인재관은 세상과 다를 수밖에 없고 달라야만 한다. 세상은 특정 지식층이나 소수의 엘리트를 우선적으로 키우는 게 목표지만, 교회는 엘리트가 아니라 하나님 나라의 일꾼을 키우는 게 목표다. 또한 세상은 탁월한 지적 능력이나 높은 수준을 갖춘 사람을 찾지만, 교회는 영성과 성품, 성경적인 가치관을 기본으로 실력을 겸비한 사람을 찾는다.

이런 능력은 벼락치기로 얻을 수 없다. 머리가 좋거나 지략이 뛰어나다고 되는 것도 아니다. 하나님 나라의 영원한 승리를 위해 일할 수 있는 인물은 어릴 때부터 몸에 배도록 꾸준히 훈련해야만 가능하다. 지난 목회 여정 동안 '3대가 함께하는 토요비전새벽예배'(토비새)를 항상 강조해온 것도 이런 연유에서다. 수년 전부터는 '4대가 함께 하는 토요비전새벽예배'로 명칭을 바꾸어 예배 때마다 성도들의 귀가 닳도록 말해왔다.

그 이유가 무엇인가? 신앙의 세대 계승을 위해서다. 복음적 인재 양성이라는 공동체의 과제를 완수하기 위해 '3대가 함께', '4대가 함께'를 외쳤다. 특별히 매주 토비새에서 '말씀 암송'을 함으로 자라나는 세대에게 말씀으로 승리하는 길을 알려주고 있다. 말씀 암송이야말로 영적 문맹을 퇴치하는 최적의 길이기 때문이다.

백여 년 전의 한국을 상상해보라. 소수의 양반층을 제외하고는 백성 대다수가 글을 읽지 못했다. 그런데 성경이 들어오고 대대적으로 보급되면서 평민은 물론이요, 사회적으로 천대받던 계층의 사람들까지 글을 깨우치게 되었다. 말씀을 통해 하나님을 알게 됨으로 문맹이 서서히 사라져갔다. 즉, 우리나라의 문맹을 퇴치하는 데 핵심적인 역할을 한 것이 바로 '말씀'이었다.

이 시대에도 그때와 같은 부흥이 필요하다. 지금이야말로 '말씀'을 통해 한 번 더 영적 문맹을 퇴치해야 할 때라는 이야기다. 현실을 돌아보라. 인공지능과 가상현실, 특별히 인터넷 환경에 우리 아이들은 종일 노출되어 있다. 청소년들은 거의 온종일 사이버 세계에 파묻혀 산다. 아침에 눈을 뜨자마자 스마트폰의 화면부터 터치한다. 학교 가는 길에도 스마트폰에서 눈을 떼지 못하고, 밥을 먹을 때나 대화 중에도 마찬가지다. 인터넷 게임은 물론, 온갖 음란물이 아이들의 정신을 좀먹고 있다.

요즘 젊은 세대 중에서 대학을 졸업할 때까지 순수하게 교양을 쌓기 위해 몇 권의 고전이라도 정독하는 사람이 얼마나 될까? 또한 교회에 다니는 청년들 중에서 성경을 제대로 읽는 사람이 몇이나 될까? 그러다 보니 영적으로 올바르게 판단할 수 있는 능력을 기르지 못한 채 상대주의에 빠져 절대 진리를 부정하는 젊은이가 늘어나고 있다.

이는 다음세대만의 문제가 아니다. 어른들 역시 사이버 세계에 사로잡혀서 다른 데 눈을 돌리지 못하는 상황이다. 현실에서 좀처럼 영적 의미를 발견하지 못하는 영적 문맹에 빠져 있다. 이제라도 벗어나야 한다. 깨우쳐야만 한다. 백여 년 전 한국교회가 말씀을 통해 문맹에서 벗어난 것처럼 이 시대에도 다시 한번 '말씀'을 통해 영적 문맹을 퇴치해야 한다.

예수님은 마태복음 13장 13절에서 이렇게 말씀하셨다.

> 그러므로 내가 그들에게 비유로 말하는 것은 그들이 보아도 보지 못하며 들어도 듣지 못하며 깨닫지 못함이니라.

보아도 보지 못하고, 들어도 듣지 못하는 게 바로 '영적 문맹'이다. 이렇게 되면 승리는커녕 사탄의 먹이가 될 수밖에 없다. 가는 곳마다 이기는 게 아니라 패하게 된다. 현실을 영적으로 전혀 해독하지 못하는 영적 문맹자들은 사탄의 가장 좋은 먹잇감이다. 그들의 눈을 뜨게 하는 것은 살아 있어 우리의 혼과 영과 관절과 골수를 찔러 쪼개는 하나님의 말씀밖에 없다(히 4:12).

영적 문맹자들이 승리를 거두려면 하나님의 말씀을 붙들어야 한다. 싸움에서 적을 무찔러 이기는 단 하나의 공격 무기인 성령의 검, 말씀을 손에 쥐고 있어야 한다. 따라서 말씀 암송은 우리에게, 또 자라나는 세대에게 가장 중요한 승리의 길이라 할 수 있다. 어른에서부터 우리 손주들에 이르기까지 말씀 암송이 계승되어 개인뿐 아니라 공동체적으로 승리의 현장을 경험하게 되길 바란다.

다시 승리하는 방법

당시 이스라엘은 가는 곳마다 승리를 거두었다. 그런데 어느 시점에 이르자 연승 행진도 멈춰섰다. 이스라엘이 바벨론의 포로가 되자 다윗의 장막이 무너졌고 이전의 영화는 사라졌다. 그러나 이는 이스라엘을 다시 세우시려는 하나님의 사랑의 채찍이자 경계였다.

바벨론 포로 시기에 사람들이 갖고 있던 네 가지 약점과 극복 과정을 살펴보고 우리에게도 적용해보자. 당시 이스라엘 사람들이 가진 첫 번째 약점은 '세속화'였다. 그들은 바벨론의 부패한 문화에 완전히 물들어 있었다.

두 번째는 '신앙 계승의 부재'였다. 이전에는 이스라엘에서 '세대 차이'라는 말을 찾아볼 수 없었다. 그런데 사회가 점점 세속화되면서 세대 차이가 나타나고 신앙 계승이 단절되기 시작했다.

세 번째 약점은 '패배주의'다. 한번 패하기 시작하면 그 뒤로는 으레 패배를 예상하게 된다. 이스라엘이 패배주의에 빠진 것도 심정적으론 이해가 간다. 그러나 이것 역시 승리에 대한 언약의 말씀을 붙들면 극복할 수 있었다.

네 번째 약점은 '상실감'이다. 이스라엘은 모든 걸 잃고 바벨론의 포로가 되었다. 그러다보니 사명이나 은사도 상실할 수밖에 없었다.

이렇게 무너진 다윗의 장막을 어떻게 회복할 수 있었을까? 그들은 어떻게 다시 승리할 수 있었을까?

당시 무너진 장막을 보며 가슴앓이를 했던 대표적인 사람이 느헤미야였다. 느헤미야는 소명을 가지고 단 52일 만에 무너진 성벽을 재건하는 데 성공했다. 느헤미야의 성벽 재건 원칙 여섯 가지는 다음과 같다.

첫째는 확실한 자기 진단이다. 느헤미야는 무엇이 문제인지, 현실은 어떠한지 정확한 진단을 내릴 줄 알았다.

둘째는 진단 후 자신들의 잘못을 깨닫고 회개해야 한다. 회개가 얼마나 중요한 해결책인지를 느헤미야는 직접 보여줬다.

셋째는 철저한 전략을 세워야 한다.

넷째는 함께 일할 사람들, 즉 동역자를 찾고 세워야 한다.

다섯째는 영적인 견고함과 뚝심으로 어떤 방해도 이겨내야 한다. 느헤미야의 뚝심이 이스라엘 백성에게 들불처럼 번졌기 때문에 짧은 시간 안에 성벽을 재건할 수 있었다.

여섯째는 하나님의 승리를 감사하고 기뻐하며 기념해야 한다.

어떤가? 새삼스러울 것도 없이 단순한 승리의 패턴은 지금 우리에게도 유효하게 작용하리라 믿는다. 문제는 현실 진단부터 마지막 하나님을 향한 감사 잔치에 이르기까지, 우리가 얼마나 신실하게 적용하며 사느냐에 달렸다. 그 여부에 따라 승리가 이어질 수도, 그렇지 않을 수도 있다.

우리를 승리의 길로 초대하시는 하나님의 음성에 귀기울여보라.

> 오호라 너희 모든 목마른 자들아 물로 나아오라 돈 없는 자도 오라 너희는 와서 사 먹되 돈 없이, 값 없이 와서 포도주와 젖을 사라 … 너희는 귀를 기울이고 내게로 나아와 들으라 그리하면 너희의 영혼이 살리라 내가 너희를 위하여 영원한 언약을 맺으리니 곧 다윗에게 허락한 확실한 은혜이니라(사 55:1,3).

'다윗에게 허락한 확실한 은혜'란 무엇일까? 사무엘하 8장에 기록된 대로 다윗이 동서남북 어디로 가든지 승리하는 것이다. 즉, 보이는 땅을 너와 네 자손에게 주리라고 아브라함에게 하신 약속을 성취하시는 은혜가 바로 '확실한 은혜'다.

이 확실한 은혜를 우리 모두가 받게 되길 바란다. 이 은혜는 하나님께서 주시기에 그리스도인이라면 받을 수 있다. 다만 어린아이처럼 순수한 마음으로 이 말씀을 그대로 받을 때라야 어떤 상황, 어떤 환경에서도 하나님의 통치를 믿으며 승리할 수 있다. 주님이 약속하신 승리를 누가 얻을 것인가? 이 물음에 "바로 접니다!"라고 답하는 자에게는 복이 있으리라 믿는다.

영원한 은혜의 채무자,
그 처럼 행복한 자는 없어라

HOW HAPPY ARE THE ETERNAL DEBTORS, UNDER GRACE

사무엘하 9:1-13

1 다윗이 이르되 사울의 집에 아직도 남은 사람이 있느냐 내가 요나단으로 말미암아 그 사람에게 은총을 베풀리라 하니라 2 사울의 집에는 종 한 사람이 있으니 그의 이름은 시바라 그를 다윗의 앞으로 부르매 왕이 그에게 말하되 네가 시바냐 하니 이르되 당신의 종이니이다 하니라 3 왕이 이르되 사울의 집에 아직도 남은 사람이 없느냐 내가 그 사람에게 하나님의 은총을 베풀고자 하노라 하니 시바가 왕께 아뢰되 요나단의 아들 하나가 있는데 다리 저는 자니이다 하니라 4 왕이 그에게 말하되 그가 어디 있느냐 하니 시바가 왕께 아뢰되 로드발 암미엘의 아들 마길의 집에 있나이다 하니라 5 다윗 왕이 사람을 보내어 로드발 암미엘의 아들 마길의 집에서 그를 데려오니 6 사울의 손자 요나단의 아들 므비보셋이 다윗에게 나아와 그 앞에 엎드려 절하매 다윗이 이르되 므비보셋이여 하니 그가 이르기를 보소서 당신의 종이니이다 7 다윗이 그에게 이르되 무서워하지 말라 내가 반드시 네 아버지 요나단으로 말미암아 네게 은총을 베풀리라 내가 네 할아버지 사울의 모든 밭을 다 네게 도로 주겠고 또 너는 항상 내 상에서 떡을 먹을지니라 하니 8 그가 절하여 이르되 이 종이 무엇이기에 왕께서 죽은 개 같은 나를 돌아보시나이까 하니라 9 왕이 사울의 시종 시바를 불러 그에게 이르되 사울과 그의 온 집에 속한 것은 내가 다 네 주인의 아들에게 주었노니 10 너와 네 아들들과 네 종들은 그를 위하여 땅을 갈고 거두어 네 주인의 아들에게 양식을 대주어 먹게 하라 그러나 네 주인의 아들 므비보셋은 항상 내 상에서 떡을 먹으리라 하니라 시바는 아들이 열다섯 명이요 종이 스무 명이라 11 시바가 왕께 아뢰되 내 주 왕께서 모든 일을 종에게 명령하신 대로 종이 준행하겠나이다 하니라 므비보셋은 왕자 중 하나처럼 왕의 상에서 먹으니라 12 므비보셋에게 어린 아들 하나가 있으니 이름은 미가더라 시바의 집에 사는 자마다 므비보셋의 종이 되니라 13 므비보셋이 항상 왕의 상에서 먹으므로 예루살렘에 사니라 그는 두 발을 다 절더라

신앙생활을 하면서부터 우리에게는 전에 없던 정체성이 생긴다. 우리가 '하나님의 자녀'이고 '왕 같은 제사장'이며, '빛과 소금'이고 '성령의 전'이라는 정체성이다. 이외에도 독특한 정체성이 하나 더 있는데, 바울은 로마서 8장 12절에서 감격에 찬 어조로 고백한다. "그러므로 형제들아 우리가 빚진 자로되."

이에 대해 마틴 로이드 존스 목사님은 좀더 구체적으로 덧붙여 말한다. "이 말씀에서 '빚진 자'라는 말은 다른 게 아니라 우리가 '은혜에 빚진 자'라는 뜻이다." 사실 우리는 한 번 받은 은혜로 평생 연명하며 살 수 없다. 늘 은혜를 받아야 사는 자들이기에 은혜의 채무자가 될 수밖에 없다.

어떤 이들은 이 은혜를 당연하게 받아들이다가 매너리즘에 빠지곤 한다. 구원의 은혜를 이야기하면, "예수님이니까 당연히 십자가에 달리셔야 하는 거 아닌가?"라고 답하는 이도 있다. 마치 "부모라면 당연히 등록금 대주고 밥도 해주고 뒷바라지도 해줘야 하는 거 아닌가?"라고 말하는 것과 같다. 부모의 희생을 은혜라고 자각하지 못하는 것이다.

예수님의 십자가가 당연하다고 생각하는 사람은 영적 불효자와 다를 바 없다. 본문을 통해 우리가 얼마나 놀라운 사랑을 받은 사람들인지, 그 사랑을 거저 받은 자로서 어떤 마음을 가져야 하는지 깨달아야 한다.

은혜에 빚진 자가 사는 길

세상에서 채무자가 살아남는 길은 채권자에게 빚을 갚는 것뿐이다. 은혜의 채무자인 그리스도인들이 하나님의 은혜에 보답하려면

이 땅에서 어떻게 살아가야 할까?

우리는 하나님께 받은 은혜가 너무 커서 억만년 동안 갚는다 해도 다 갚을 수 없고, 그럴 능력도 없다. 다행히 베드로후서 3장 18절 상반절은 은혜의 채무자로 살아가는 길을 우리에게 제시한다.

> 오직 우리 주 곧 구주 예수 그리스도의 은혜와 그를 아는 지식에서 자라 가라.

베드로는 은혜의 영원한 채무자인 우리가 이 땅에서 바르게 사는 비결은 하나님의 은혜 속에서, 하나님을 아는 지식 가운데 자라가는 것이라고 말한다.

아이가 세상에 태어나면 자라야 한다. 열 살이 되고 스무 살이 되어도 여전히 젖을 먹고 산다면 정상이 아니다. 마찬가지로 예수님을 구주로 믿었다면 온전한 그리스도인으로 성장하는 게 당연하다. 성경도 우리에게 은혜로 자라가라고 말씀한다. 그리스도인이 은혜로 자란다는 말은 무슨 뜻일까?

우리 몸이 성장하려면 매일 음식을 먹고 물도 마셔야 한다. 필요한 영양소를 섭취하지 않으면 자랄 수 없다. 마찬가지로 은혜로 자란다는 말은 매일 은혜를 먹고 마시며, 은혜를 묵상하고 즐기라는 뜻이다. 어쩌다 한 번이 아니라 날마다 반복해야 건강하게 자랄 수 있다. 몸이 자라기 위해서도 매일 정해진 시간에 식사를 해야 하듯이, 우리 영혼이 건강하게 자라기 위해서도 매일 은혜를 먹고 마셔야 한다. 이것이 은혜의 채무자가 사는 길이다. 우선 은혜에 관한 두 가지 생각을 정리해 보자.

첫째, 나 같은 죄인이 예수님을 믿고 구원을 받아 하나님의 자녀가 된 것은 이제 내가 하나님께 빚진 영원한 은혜의 채무자가 되었음을 뜻한다(롬 8:12).

둘째, 은혜에 빚진 우리가 이 땅에서 제대로 살려면 은혜 안에서 자라가야 한다. 은혜는 한 번 받고 끝나는 게 아니다. 날마다 밥을 먹듯이 은혜 속에 거하고 은혜를 묵상하며 즐겨야만 한다.

은혜의 시혜자, 다윗

사무엘하 9장은 따뜻하고 아름다우며 평안한 이야기이자, 한 편의 서사시다. 1절을 먼저 살펴보자.

> 다윗이 이르되 사울의 집에 아직도 남은 사람이 있느냐 내가 요나단으로 말미암아 그 사람에게 은총을 베풀리라 하니라.

다윗은 참 멋있는 사람이다. 사무엘하 8장을 보면, 그는 동서남북을 다 정복하고 전성기를 누리던 왕이다. 많은 업적을 세우고 강성해진 왕들은 보통 올챙이 적 생각은 하지 못한 채 자신의 왕권을 강화하고 유지하느라 바쁘다. 하지만 다윗은 그러지 않았다. 그는 하나님의 일이 잘되고 있는가에 관심을 두고 성전 건축을 소망했다. 뿐만 아니라 다윗은 깊은 인격에서만 우러나오는 신의를 보여줬다. "요나단으로 말미암아 그 사람에게 은혜를 베풀리라"가 그 한 예다.

다윗은 지금 사울 왕에게 온갖 핍박과 비열한 공격을 받았던 일을 다 잊은 사람처럼 보인다. 받은 은혜를 잊어버리고 상처는 기억하는 사람들이 많은데, 다윗은 그 반대다. 사울의 아들 요나단을 떠올리며 '요나단 때문에라도 내가 그의 아들에게 은총을 베풀어야겠다'고 다짐한 그의 성품은 보통 사람과 다른 면모를 보여준다.

일반적으로 사람의 됨됨이는 형통할 때 드러나기 마련이다. 다윗은 자신이 높아졌을 때 하나님과 사람에게 받은 은혜를 갚으려는 계획부터 세웠다. 왕이라는 최고 지위에 오른 사람이 멸족을 당한 왕가 집안에 은혜를 베푸는 일은 해도 그만, 안 해도 그만이었다. 그러나 다윗은 성숙하게도 받은 은혜를 돌려주고자 애를 썼다.

우리는 어떤가? 다윗처럼 영적 감각이 예민해져서 부모로부터, 또 형제자매로부터 받은 은혜를 기억하고 있는가? 아니면 은혜에 대한 감각이 무뎌진 나머지 받은 바 은혜를 당연시하거나 아예 잊어버린 것은 아닌가?

시편 말씀대로 "악인은 꾸고 갚지 아니하나 의인은 은혜를 베풀고 주는"(시 37:21) 사람이다. 다윗은 은혜를 베푸는 사람, 은혜의 시혜자였음을 기억해야 한다.

은혜를 받은 수혜자, 므비보셋

다윗이 사울의 집안에 살아남은 사람을 찾아 은혜를 베풀려 할 때, 사울의 종인 시바가 가장 먼저 등장한다. 본문 2절을 보자.

> 사울의 집에는 종 한 사람이 있으니 그의 이름은 시바라 그를 다윗의 앞으로 부르매 왕이 그에게 말하되 네가 시바냐 하니 이르되 당신의 종이니이다 하니라.

시바를 불러들인 다윗이 그에게 물었다.

"사울의 집안에 살아남은 사람이 있느냐?"

"요나단의 아들이 한 명 있는데 장애를 가졌습니다."

"그는 지금 어디에 있느냐?"

"로드발 암미엘의 아들 마길의 집에 살고 있습니다."

그러자 다윗은 곧바로 사람을 보내 요나단의 아들을 데려오도록 한다. 그가 바로 다윗에게 은혜를 받은 수혜자, 므비보셋이다.

므비보셋에 대한 이야기는 사무엘하 4장에 이미 등장한다. 사울 왕이 죽으면서 그 왕가가 몰락하던 날, 므비보셋을 키웠던 유모는 그간 사울 왕의 행적을 다 아는 까닭에 이제 그 집안 전체가 다윗의 손에 죽게 되리라 여겼다. 그래서 므비보셋을 살려야겠다는 일념에 급히 안고 도망치다가 아이를 그만 바닥에 떨어뜨리고 말았다. 므비보셋은 그때부터 다리를 절었고, 오랜 세월 동안 다윗과 멀리 떨어진 곳에서 외롭게 살아야 했다.

그런데 어느 날 갑자기 다윗이 불렀으니 그 거리감과 낯섦을 어떻게 극복해야 할지 심히 두려웠을 것이다. 그는 다윗의 친구인 요나단의 아들이기도 했지만, 다윗의 원수인 사울의 손자이기도 했기 때문이다. 7절을 보면, 다윗을 만났을 때 므비보셋에게서 그런 두려움이 여실히 나타났던 것 같다. 다윗은 그런 므비보셋을 향해 두려워하지 말라고 한다.

두려움이란 사람과의 관계에서 빨리 해소해야 하는 감정이다. 어떤 경우에는 두려움이 증폭되어 반항심이 생기고 적대감으로까지 발전하기 때문이다. 다윗은 그런 므비보셋의 마음을 따뜻하게 어루만진다.

다윗이 그에게 이르되 무서워하지 말라 내가 반드시 네 아버지 요나단으

하나님의 사람 다윗 2

로 말미암아 네게 은총을 베풀리라 내가 네 할아버지 사울의 모든 밭을 다 네게 도로 주겠고 또 너는 항상 내 상에서 떡을 먹을지니라 하니(7절).

다윗은 므비보셋에게 엄청난 약속을 한다. 사울 왕가의 재산을 모두 돌려주고 자신의 상에서 함께 음식을 먹도록 하겠다는 것이다. 특히 두 번째 약속은 그를 식구로 인정하겠다는 뜻이 담겨 있다. 즉, 다윗은 므비보셋에게 "너는 내 아들과 같다"라고 말한 것이나 다름없다. 다윗 왕가 입장에서는 매우 큰 결단이었다.

상상력을 발휘해보자. 예루살렘의 어느 저녁 시간, 땡그랑땡그랑 종소리가 나면 다윗의 자식들은 다윗과 함께 만찬을 하려고 식탁으로 모여든다. 그 자리에는 왕자의 품위가 넘쳤던 암논도 있고, 머리끝부터 발끝까지 흠 없이 아름다웠던 압살롬도 있다. 공기부터 다른 그 공간 속에 다리를 저는 므비보셋이 합류한다.

이는 므비보셋과 같은 핸디캡을 지닌 채 살아가는 우리에게 시사하는 바가 크다. 우리는 모두 므비보셋처럼 눈에 보이거나 혹은 눈에 보이지는 않지만 정신적, 심리적 장애를 가진 채로 살아간다. 영과 혼과 육이 모두 온전한 사람은 없다. 그런데 본문은 그런 우리도 하나님이 예비하신 만찬에 참여할 수 있다는 걸 보여준다. 훗날 우리는 영광스러운 하늘 식탁에 참여하여 아브라함, 다윗, 에스더, 바울, 베드로, 요한 등 믿음의 조상들과 함께 식사를 하며 주님을 찬양할 것이다. 또한 어거스틴이나 루터, 칼빈과 함께 식탁 교제를 하며 평안을 나눌 것이다.

왕과 함께 식탁에 앉는다는 건 이렇듯 놀라운 일이다. 그래서 성경 저자는 네 번이나(7, 10, 11, 13절) 므비모셋이 항상 왕의 상에서 떡을 먹었다고 기록한다.

므비보셋과 같은 우리가 왕의 가족이 되어 함께 떡을 떼며 매일 식탁 교제를 하는 영광스러운 장면을 상상해보라. 이 놀라운 은혜를 떠올려보면 은혜의 매너리즘에서 벗어나 하나님께 영광을 돌릴 수 있다. 메마른 인생 길에서 왕이신 주님과 함께 날마다 식탁 교제를 한다면 풍성한 은혜의 감격 속에서 살게 된다.

하나님이시기에 가능한 은혜

핸디캡을 가졌다는 건, 많은 아픔을 갖고 살아야 한다는 의미다. 남들과 다른 처우 속에서 혼자만의 고통과 고독을 안고 살아가야 할 때도 많다.

다윗 시대에는 보다 노골적이었다. 다윗이 헤브론에 거점을 두었던 시절, 다윗이 예루살렘의 시온 산성을 공격했을 때 그 성을 장악하던 여부스 사람들은 하나같이 다윗을 비웃었다(삼하 5:6). "너 같은 게 이 성을 무너뜨리겠다고? 맹인과 다리 저는 자라도 너를 물리치겠다."

여부스 사람들의 이러한 조소 때문인지 다윗이 그 성을 빼앗은 뒤로 사람들 사이에서는 "맹인과 다리 저는 사람은 집에 들어오지 못하리라"(삼하 5:8)라는 속담이 생겨났다.

이런 시대 분위기 속에서 다윗이 므비보셋을 보자마자 왕의 식탁 교제에 초대해 왕의 가족으로 대우해주었다는 건, 우리를 향한 하나님의 파격적인 은혜를 상징한다고 볼 수 있다. 이와 관련해 성경은 하나님의 은혜가 임할 때 어떤 일이 일어나는지 이야기한다.

그 때에 저는 자는 사슴 같이 뛸 것이며 말 못하는 자의 혀는 노래하리니 이는 광야에서 물이 솟겠고 사막에서 시내가 흐를 것임이라(사 35:6).

광야에서 물이 솟고 사막에서 시내가 흐르며 저는 자가 사슴같이 뛰는 것은 결국 같은 맥락의 은혜요, 기적을 뜻한다. 하나님의 은혜가 임하면 그런 일들이 일어난다는 것이다.

신약성경에도 같은 말씀이 나온다. 마태복음 11장에서 세례 요한은 감옥에 갇혔을 때 회의에 빠졌던 것 같다. '예수님이 구세주로 오셨다면 왜 내게 이런 일이 일어날까?' 그래서 그는 제자들을 예수님께로 보내어 이렇게 물었다. "오실 메시아가 당신이십니까? 당신이 맞다면 그 증거를 보여주십시오." 그러자 예수님은 이렇게 말씀하셨다.

맹인이 보며 못 걷는 사람이 걸으며 나병환자가 깨끗함을 받으며 못 듣는 자가 들으며 죽은 자가 살아나며 가난한 자에게 복음이 전파된다 하라(마 11:5).

예수님이 세례 요한에게 전하라고 하신 말씀 중에는 "맹인이 보며 못 걷는 사람이 걸으며"라는 내용이 있다. 예수님이 메시아가 아니라면 결코 일어날 수 없는 일이기 때문이다. 한마디로 오직 그리스도만이 베푸실 수 있는 은혜였다.

우리는 사무엘하 9장 말씀을 통해 '못 걷는 자가 걷는다'는 의미를 다른 시각에서도 보게 된다. 므비보셋을 보라. 그는 메시아 예수님의 표상인 다윗을 통해 '저는 자가 사슴같이 뛰는' 은혜를 받았다. 아마도 그는 예루살렘 성의 만찬장으로 목발을 짚고 절뚝절뚝 걸어갈 때마다 멸족된 왕가의 후손에서 왕족 복권이라는 믿기지 않는 현실에 가슴이 벅차올랐으리라. 비록 육신의 다리는 여전히 절고 있지만, 그동안 풀이 죽어 있던 그의 영혼은 사슴처럼 힘차게 뛰었을 것이다. 영혼이 사슴처럼 뛰는 것 역시 왕이신 하나님만이 우리에게 베푸실 수 있는 크나큰 은총이 아닐 수 없다.

장애마저 막지 못한 은혜

이런 예는 성경에 종종 나온다. 창세기 32장을 보라. 그 유명한 야곱의 씨름 사건이 나온다. 야곱은 머리가 참 좋은 사람이었다. 하지만 그 좋은 머리로 형의 장자권을 가로챘다가 분노한 형을 피해 삼촌 라반의 집에서 살아야 했다. 야곱은 훗날 다시 고향으로 돌아가던 중 얍복 강가에서 천사와 씨름하게 된다. 그 결과, 야곱은 환도뼈가 부러져 다리를 절게 되었다. 그때부터 야곱은 똑바로 걷지 못하고 절뚝거렸다. 세상적인 눈으로 볼 때 그가 얍복 강가에서 천사와 씨름한 일은 철저히 손해였다. 그러나 야곱의 인생 전체를 보면, 그때부터 야곱의 영혼은 사슴처럼 뛰었음을 알 수 있다.

> 야곱이 청하여 이르되 당신의 이름을 알려주소서 그 사람이 이르되 어찌하여 내 이름을 묻느냐 하고 거기서 야곱에게 축복한지라(창 32:29).

야곱은 환도뼈가 부러져 육체의 장애를 갖게 되었지만, 그때부터 그의 영혼은 하나님의 은혜 속에서 사는 복을 누렸다. 은혜의 수혜자가 된 것이다.

우리 가운데는 몸의 장애를 가진 분도 있지만, 정신적 핸디캡 때문에 마음이 저릿저릿한 고통을 당하는 분도 상당히 많다. 찬송가 258장 〈샘물과 같은 보혈은〉의 작사가 윌리엄 쿠퍼가 그런 사람이었다. 그는 일평생 신경쇠약과 조울증으로 극심한 고통을 겪었다. 자살을 하려고 약을 먹기도 했고, 급기야 목을 매기도 했다. 결국 끈이 끊어져 생명은 구했지만, 나중에는 극심한 병증으로 정신병원에 입원하고 말았다.

쿠퍼가 병원에 입원한 지 6개월쯤 지날 무렵이었다. 어느 날 벤치에 앉아 햇볕을 쬐던 그는 옆에 놓인 성경을 무심코 펼치게 되었다. 때마침 성경 본문은 요한복음 11장의 나사로 부활 사건을 담고 있었다. 특히 11장 43-44절 말씀은 한 줄기의 햇살처럼 그의 영혼을 비췄다.

> 이 말씀을 하시고 큰 소리로 나사로야 나오라 부르시니 죽은 자가 수족을 베로 동인 채로 나오는데 그 얼굴은 수건에 싸였더라 예수께서 이르시되 풀어 놓아 다니게 하라 하시니라.

윌리엄 쿠퍼의 귀에는 "나사로야 나오라"라는 구절이 마치 자신을 향한 예수님의 음성처럼 들렸다. 예수님께서 "나오라" 하시니 그의 마음이 벌떡 일어났고, "무덤 앞에 돌을 치우라" 하시니 마음의 돌을 치우고 하나님께로 달려가게 되었다. 하나님이 주신 은혜의 빛이 그의 영혼을 비춘 것이다. 그때부터 그는 주님 안에서 새로운 소망과 살 길을 얻었다고 한다. 비록 신경쇠약과 우울증이 사는 동안 자주 괴롭혔지만, 그는 그때마다 로마서 3장 24절 말씀을 붙잡고 생명의 주님 앞으로 달려갈 수 있었다.

> 그리스도 예수 안에 있는 속량으로 말미암아 하나님의 은혜로 값 없이

의롭다 하심을 얻은 자 되었느니라.

윌리엄 쿠퍼가 하나님께 받은 가장 큰 은혜는 무엇인가? 로마서 말씀처럼 그는 하나님의 은혜로 값없이 의롭다 하심을 얻었다. 비록 이 땅에 사는 동안 병은 낫지 않았지만, 그는 그리스도의 보혈로 구원받는 은혜를 얻었다. 그래서 영감 있는 찬송시를 쓰게 되었다. 그가 쓴 찬송시 〈샘물과 같은 보혈은〉의 4절을 함께 보자.

이후에 천국 올라가 더 좋은 노래로
날 구속하신 은혜를 늘 찬송하겠네
늘 찬송하겠네 늘 찬송하겠네
날 구속하신 은혜를 늘 찬송하겠네

윌리엄 쿠퍼는 정신적 핸디캡을 지닌 신경쇠약 환자였다. 하지만 병증으로 인한 예민한 감수성을 부정적으로 사용하지 않고 오히려 가장 선하게 사용했다. 보통 사람들이 잘 감지하지 못하는 은혜에 대한 감격을 찬송시에 생생하게 담아낸 것이다. 윌리엄 쿠퍼야말로 영혼이 사슴처럼 뛰는 자로 살다간 사람이 아닐까?

은혜 받은 사람들의 공통점

우리는 은혜의 시혜자 다윗과 은혜의 수혜자 므비보셋, 그밖에 하나님의 은혜를 받은 사람들을 살펴봤다. 이렇게 은혜를 받은 사람들, 즉 은혜 속에 사는 사람들에게는 몇 가지 공통점이 있다.

첫 번째 공통점은 '수용'이다. 8절을 보면 다윗이 은혜를 베풀자 므비보셋은 "이 종이 무엇이기에 왕께서 돌아보십니까?"라며 고개를 떨궜다.

므비보셋은 다윗이 베푼 은혜에 '꼬인 감정'이나 '숨은 의도'가 있을 거라고 생각지 않았다. '이 사람이 혹시 반대파 사람들을 끌어들이기 위해 나를 정치적으로 이용하려는 수작은 아닌가?'라는 의구심도 품지 않았다. 므비보셋은 당시 베냐민 지파의 수장 격이었기 때문에 자칫하면 다윗을 오해할 법도 했다. 그러나 그는 다윗의 의도를 순수하게 받아들였다.

은혜를 수용하지 못하는 사람들은 은혜를 베푸는 상대방의 의도를 자꾸만 곡해하고 왜곡한다. 그러니 아무리 은혜를 주려 해도 그 은혜를 받아 누리지 못한다.

우리는 모두 하나님의 은혜로 값없이 구원받은 자가 되었다. 오직 예수님의 핏값으로 구원을 받았다. 그러나 어떤 사람들은 "아, 그래도 내가 뭔가를 해야지요. 어떻게 그 큰 은혜를 공짜로 받을 수가 있겠습니까? 저는 절대 공짜는 못 받습니다"라며 구원의 은혜를 극구 거부한다. 그들은 대부분 똑똑하고 양심적이라 자부하는 사람들이다. 이런 사람들을 볼 때면 주님이 "그냥 내가 주는 선물을 받아라. 뭘 그렇게 까다롭게 구냐?"라고 말씀하시는 것 같다. 순전하게 수용하지 못하기 때문에 그 엄청난 은혜를 받아 누리지 못하니 안타까울 뿐이다.

다윗이 요나단을 향한 그리움으로 "내가 은총을 베풀 자가 어디 있느냐?" 하며 그 후손을 애타게 찾았던 것처럼, 오늘도 하나님은 예수님이 지신 십자가 은혜로 구원받을 영혼을 애타게 찾으신다. 그때 "주여, 나는 주의 종이오니 그 은혜를 받겠습니다" 하며 수용하는 자가 하나님을 기쁘시게 한다.

거저 주시는 하나님의 은혜를 받아들이자. 그러면 이 은혜가 고맙고 절실하며 감격스러워서, "나는 단 하루도 은혜 없이는 살 수 없다"라는 고백이 저절로 나올 것이다. 다시 말하지만 은혜는 주실 때 '수용'하는 게 최고다. 그저 황송한 마음으로 감사하고 감격하며, 절실하게 받으면 된다. 그러면 날마다 은혜 속에서 살 수 있다.

은혜 받은 사람들의 두 번째 공통점은 '겸손'이다. 은혜를 수용하면 자신을 겸손히 낮추게 된다. 8절은 그 실체를 잘 보여 준다.

그가 절하여 이르되 이 종이 무엇이기에 왕께서 죽은 개 같은 나를 돌아보시나이까 하니라.

므비보셋은 사울 왕가의 자손이요 요나단의 아들이다. 그런 그가 자신을 '죽은 개'로 표현한다. 이를 보면 은혜는 겸손과 직결된다는 것을 알 수 있다. 그는 다윗 앞에서 자신을 한없이 낮추는 자였다.

성경에서 은혜를 입은 사람들은 하나같이 하나님 앞에서 자신을 낮추었다. 사도 바울을 보라. 그도 은혜를 받고 난 후 자신을 "죄인 중의 괴수"라고 말했다. 이사야는 어떤가? 그는 은혜를 받은 뒤 "화로다 나여 망하게 되었도다"(사 6:5)라고 고백했다.

찬송가 143장의 1절 가사에도 잘 드러난다. "웬 말인가 날 위하여 주 돌아가셨나 이 벌레 같은 날 위해 큰 해 받으셨나." 은혜를 받은 사람만이 전심으로 이 찬송을 부를 수 있다. 그런 사람만이 "이 벌레 같은 나"라는 표현에 전적으로 수긍할 수 있기 때문이다. 은혜를 받으면 이처럼 찬양 가사 한 구절 한 구절에 겸손한 신앙고백을 담아 하나님께 올려드리게 된다. 찬송가 23장 가사처럼 "만 입이 내게 있으면 그 입 다 가지고 내 구주 주신 은총을 늘 찬송하겠네"라고 고백하게 된다.

은혜 받은 사람들의 세 번째 공통점은 '증표'다. 은혜를 받으면 증표가 따른다. 본문에서 므비보셋이 은혜를 받았다는 증표가 무엇인가? 그는 다윗으로부터 사울과 그의 온 집에 속한 것을 다 받았고 시바의 아들 열다섯 명과 종 스무 명을 받았으며, 왕자들처럼 왕의 식탁에서 먹을 수 있는 복을 받았다. 은혜에는 이와 같은 뚜렷한 증표가 따른다는 걸 성경은 알려준다.

이 세 가지 공통점을 보면서, 우리는 하나님께서 주신 은혜 앞에 어떤 태도로 살았는지 다시 한번 돌아봐야 한다. 하나님은 우리에게 은혜 베풀기를 기뻐하시는데, 오히려 우리는 마음 내키는 대로 행하다가 은혜를 받기는커녕 쏟아 내진 않았나 점검해볼 일이다.

사실 우리는 '은혜'를 순전한 태도로 수용하기보다 비딱한 자세로 대할 때가 많다. 그러다 보니 주신 은혜를 제대로 받아 누리지 못할 때가 많다. 하나님이 은혜를 안 주신다고 불평하다가 은혜를 놓치는 경우도 허다하다. 그러나 좌우를 둘러보면 모든 게 하나님의 은혜다. 악한 세상 가운데서도 하나님은 선을 베풀고 계신다. 인간의 불순종과 반란 속에서도 하나님은 구원의 은혜를 베풀고 계신다. 상처뿐인 삶인 것 같지만 그 속에서 하나님은 우리에게 치유와 회복의 은혜를 주고 싶어 하신다.

은혜를 수용하는 마음 자세에 따라 은혜를 누릴 수도, 또는 놓칠 수도 있음을 잊지 말아야 한다.

은혜가 무엇인지 아는 진정한 은혜의 수혜자,
그 처럼 행복한 자는 없어라

모든 은혜에는 에필로그가 있다. 다윗과 므비보셋의 아름다운 서사시에도 전체를 아름답게 마무리하는 에필로그가 있다.

태평성대를 누리던 다윗은 훗날 아들 압살롬의 반역으로 또다시 죽음의 위협 속에서 왕궁을 빠져나가게 된다. 그때 다윗은 머리를 산발한 채 울면서 도망치는데, 사울의 시종이었던 시바는 이때를 이용해 다윗의 환심을 사고자 비열한 짓을 한다. 므비보셋이 다윗이 도망간 틈을 타서 이스라엘의 왕이 되려 한다고 다윗에게 거짓을 고한 것이다. 이에 분노한 다윗은 므비보셋의 재산을 시바에게 주라고 명령한다(삼하 16:1-4).

이후 다윗이 압살롬의 반역을 평정하고 예루살렘으로 귀환할 때, 므비보셋이 마중을 나왔다. 사무엘하 19장 24절을 보자.

> 사울의 손자 므비보셋이 내려와 왕을 맞으니 그는 왕이 떠난 날부터 평안히 돌아오는 날까지 그의 발을 맵시 내지 아니하며 그의 수염을 깎지 아니하며 옷을 빨지 아니하였더라.

이 구절은 다윗이 피난길에 있는 동안 므비보셋 역시 다윗에 대한 충성심으로 절제된 삶을 살았음을 보여준다. 도망간 왕의 고통을 자기의 고통과 동일시했다는 이야기다. 그런 므비보셋에게 다윗이 물었다. "어찌하여 너는 나와 함께 떠나지 않았느냐?" 그러자 므비보셋이 전후 사정을 고한다.

대답하되 내 주 왕이여 왕의 종인 나는 다리를 절므로 내 나귀에 안장을
지워 그 위에 타고 왕과 함께 가려 하였더니 내 종이 나를 속이고 종인
나를 내 주 왕께 모함하였나이다 내 주 왕께서는 하나님의 사자와 같으
시니 왕의 처분대로 하옵소서(삼하 19:26-27).

므비보셋은 다윗을 따라가려 했지만 시종 시바가 자기를 왕에
게 모함하고 자기가 탈 나귀도 가져갔기 때문에 따라갈 수 없었다
는 것이다. 다윗도 므비보셋의 행색을 보나 평소 그의 태도를 보
나, 시바보다는 므비보셋의 말에 더 진정성이 있다고 느꼈던 것 같
다. 그래서 시바에게 줬던 재산의 반을 다시 므비보셋에게 돌리라
고 명한다. 이때 므비보셋이 보인 반응은 참 인상적이다. "재산은
다 시바에게 주십시오. 왕께서 무사히 돌아오셨는데, 그가 그 밭을
다 차지한들 어떻습니까? 그저 왕께서 무사히 돌아오신 것만으로
도 저는 만족합니다."
　자기의 관심은 왕 자체에 있을 뿐 왕이 주는 복이나 재물에 있
지 않다는 것이다. 이 얼마나 멋진 에필로그인가? 은혜가 무엇인지
아는, 은혜의 진정한 수혜자다운 태도다.
　갈라디아서에도 이와 비슷한 고백이 나온다. 바울은 오직 주님
만으로 만족한다고 고백한다.

그러나 내게는 우리 주 예수 그리스도의 십자가 외에 결코 자랑할 것이
없으니 그리스도로 말미암아 세상이 나를 대하여 십자가에 못 박히고
내가 또한 세상을 대하여 그러하니라(갈 6:14).

시편 73편 25절에서도 동일한 고백이 이어진다.

하늘에서는 주 외에 누가 내게 있으리요 땅에서는 주 밖에 내가 사모할 이 없나이다.

마치 므비보셋의 고백을 듣는 것 같다. 므비보셋은 은혜의 영원한 채무자로서 고백한다. "모함을 당한 게 억울하지만 왕께서 무사하시니 그런 것쯤은 문제가 안 됩니다. 시바와 재산을 나누라고 하셨지만 왕께서 돌아오신 것으로 저는 만족합니다. 왕이 살아 돌아오시고 건강하신 것이 제가 원하는 전부입니다."

우리는 어떤가? 예수님 한 분만으로 만족하는 삶을 살고 있는가? 사탄은 우리가 예수님만으로 만족하는 삶을 살지 못하도록 극렬하게 방해한다. C. S. 루이스는 사탄의 편지를 풍자한 《스크루테이프의 편지》에서, "그리스도인으로 살지 못하게 하는 가장 간단한 방법은 그들의 시선을 원수로부터 자신에게로 향하게 만드는 것이다"라고 말했다. 이 말대로 세상은 우리의 눈과 귀가 예수님을 향하지 못하도록 하루가 다르게 기발하고 새롭고 신기한 것들을 만들어내고 있다. 그렇기에 우리의 마음과 눈을 홀리는 것들을 발견하면 스스로에게 한번 물어봐야 한다. 나는 저것들보다 예수님을 더 사랑하는가? 나는 저것들보다 예수님을 더 즐거워하는가? 나는 예수님 없인 살아도 저것들 없인 못 산다고 고백하진 않는가?

우리가 만약 예수님 한 분만으로 만족할 수 없다면 세상의 어떤 것으로도 만족할 수 없다. 예수님 한 분만으로 만족이 되어야 그 외의 것들에서도 만족을 누릴 수 있다. 예수님만이 나의 만족이 될 때라야, "하늘에는 주님 외에 누가 있겠습니까? 땅에도 주밖에 내가 사모할 이 없나이다"(시 73:25)라는 고백을 할 수 있게 된다.

이를 위해 내가 가장 소중하게 여기는 것들을 마음속에서 하나하나 지워보자. 만약 도저히 그럴 수 없다면 우리는 예수님 한 분만으로 만족한다고 말할 수 없다. 예수님 한 분만으로 만족한다는 건 공허한 외침이 아니라 실제임을 기억해야 한다.

예를 들어 어르신들을 보면 손주를 그렇게 좋아할 수 없다. 손주를 볼 때마다 얼굴에서 감탄과 감동이 그대로 배어나온다. 심지어 "목사님, 손주를 안아봐야 인생을 논할 수 있습니다"라고 문자를 보내오기도 한다. 그걸 볼 때마다 '이리도 좋으시구나'라는 생각이 든다. 언제나 환한 얼굴로 두 팔을 벌리고 들뜬 목소리로 손주의 이름을 부른다. 손주로 인한 감사와 기쁨은 이렇듯 실제적이다. "내가 손주 보는 낙에 산다"라는 말이 공통적으로 나온다.

우리가 예수님으로 만족한다는 것도 이와 다르지 않다. 예수님만으로 만족하면 고통 속에 일그러졌던 얼굴도 환하게 펴진다. 사는 낙이 없다고 주저앉아 있다가도 주님의 은혜를 떠올려보면 "아, 감사하다"라는 고백이 절로 나온다. 기쁨이 회복되고 삶의 자리마다 찬송이 흐른다. "무화과나무 잎이 마르고 포도 열매가 없으며 감람나무 열매 그치고 논밭에 식물이 없어도 우리에 양떼가 없으며 외양간 송아지 없어도 난 여호와로 즐거워하리 난 여호와로 즐거워하리"라는 찬송을 입에 달고 살 수 있다. 왜냐하면 우리는 므비보셋처럼 영원한 은혜의 채무자이기 때문이다.

이 사실을 깨닫게 되면 은혜의 삶 속으로, 은혜에 젖은 채 살아갈 수 있다. 우리 모두 21세기의 므비보셋이 되어, 다리를 저는 핸디캡이 있다 해도 영혼만은 사슴처럼 뛰는 은혜를 경험하길 바란다. 은혜의 채무자로 사는 사람, 그처럼 행복한 사람이 없음을 삶으로 증거하길 바란다.

21

믿음으로 모험하는 인생
THE ADVENTUROUS LIFE IN FAITH

사무엘하 10:1-19

1 그 후에 암몬 자손의 왕이 죽고 그의 아들 하눈이 대신하여 왕이 되니 2 다윗이 이르되 내가 나하스의 아들 하눈에게 은총을 베풀되 그의 아버지가 내게 은총을 베푼 것 같이 하리라 하고 다윗이 그의 신하들을 보내 그의 아버지를 조상하라 하니라 다윗의 신하들이 암몬 자손의 땅에 이르매 3 암몬 자손의 관리들이 그들의 주 하눈에게 말하되 왕은 다윗이 조객을 당신에게 보낸 것이 왕의 아버지를 공경함인 줄로 여기시나이까 다윗이 그의 신하들을 당신에게 보내 이 성을 엿보고 탐지하여 함락시키고자 함이 아니니이까 하니 4 이에 하눈이 다윗의 신하들을 잡아 그들의 수염 절반을 깎고 그들의 의복의 중동볼기까지 자르고 돌려보내매 5 사람들이 이 일을 다윗에게 알리니라 그 사람들이 크게 부끄러워하므로 왕이 그들을 맞으러 보내 이르기를 너희는 수염이 자라기까지 여리고에서 머물다가 돌아오라 하니라 6 암몬 자손들이 자기들이 다윗에게 미움이 된 줄 알고 암몬 자손들이 사람을 보내 벧르홉 아람 사람과 소바 아람 사람의 보병 이만 명과 마아가 왕과 그의 사람 천 명과 돕 사람 만 이천 명을 고용한지라 7 다윗이 듣고 요압과 용사의 온 무리를 보내매 8 암몬 자손은 나와서 성문 어귀에 진을 쳤고 소바와 르홉 아람 사람과 돕과 마아가 사람들은 따로 들에 있더라 9 요압이 자기와 맞서 앞뒤에 친 적진을 보고 이스라엘의 선발한 자 중에서 또 엄선하여 아람 사람과 싸우려고 진 치고 10 그 백성의 남은 자를 그 아우 아비새의 수하에 맡겨 암몬 자손과 싸우려고 진 치게 하고 11 이르되 만일 아람 사람이 나보다 강하면 네가 나를 돕고 만일 암몬 자손이 너보다 강하면 내가 가서 너를 도우리라 12 너는 담대하라 우리가 우리 백성과 우리 하나님의 성읍들을 위하여 담대히 하자 여호와께서 선히 여기시는 대로 행하시기를 원하노라 하고 13 요압과 그와 함께 한 백성이 아람 사람을 대항하여 싸우려고 나아가니 그들이 그 앞에서 도망하고 14 암몬 자손은 아람 사람이 도망함을 보고 그들도 아비새 앞에서 도망하여 성읍으로 들어간지라 요압이 암몬 자손을 떠나 예루살렘으로 돌아가니라 15 아람 사람이 자기가 이스라엘 앞에서 패하였음을 보고 다 모이

매 16 하닷에셀이 사람을 보내 강 건너쪽에 있는 아람 사람을 불러 내매 그들이 헬람에 이르니 하닷에셀의 군사령관 소박이 그들을 거느린지라 17 어떤 사람이 다윗에게 알리매 그가 온 이스라엘을 모으고 요단을 건너 헬람에 이르매 아람 사람들이 다윗을 향하여 진을 치고 더불어 싸우더니 18 아람 사람이 이스라엘 앞에서 도망한지라 다윗이 아람 병거 칠백 대와 마병 사만 명을 죽이고 또 그 군사령관 소박을 치매 거기서 죽으니라 19 하닷에셀에게 속한 왕들이 자기가 이스라엘 앞에서 패함을 보고 이스라엘과 화친하고 섬기니 그러므로 아람 사람들이 두려워하여 다시는 암몬 자손을 돕지 아니하니라

사무엘하 10장의 서두는 9장과 비슷하다. 이미 살펴본 것처럼 사무엘하 9장은 다윗이 요나단의 자손에게 은혜를 베풀겠다는 내용으로 시작된다.

> 다윗이 이르되 사울의 집에 아직도 남은 사람이 있느냐 내가 요나단으로 말미암아 그 사람에게 은총을 베풀리라 하니라(삼하 9:1).

사무엘하 10장 2절에서도 이와 비슷한 내용이 전개된다.

> 다윗이 이르되 내가 나하스의 아들 하눈에게 은총을 베풀되 그의 아버지가 내게 은총을 베푼 것 같이 하리라.

암몬 왕 나하스와 좋은 관계를 맺었던 다윗은 그의 아들 하눈이 새 왕으로 등극했다는 소식을 듣고 조문단을 꾸려 암몬에 보냈다.
흥미로운 것은 다윗이 베푼 은총에 어떻게 반응하느냐에 따라 사무엘하 9장과 10장의 내용이 전혀 다르게 흘러간다는 사실이다. 9장에서 므비보셋은 다윗의 은총을 그대로 수용함으로써 하나님

의 복을 받았다. 그렇다면 10장의 등장인물들은 이 은총에 다른 반응을 보였다는 것일까? 본문은 은총을 거부하는 세상 속에서 우리가 어떤 믿음의 자세를 가져야 하는지 보여준다.

포기될 수 없는 선한 용기, 선의(善意)

다윗이 보낸 조문단이 드디어 암몬에 도착했다. 그런데 암몬 사람의 대신들이 그들을 향해 곱지 않은 시선을 보냈다. 3-4절을 보면 예우는커녕 모욕적인 행위를 서슴지 않았다.

> 암몬 자손의 관리들이 그들의 주 하눈에게 말하되 왕은 다윗이 조객을 당신에게 보낸 것이 왕의 아버지를 공경함인 줄로 여기시나이까 다윗이 그의 신하들을 당신에게 보내 이 성을 엿보고 탐지하여 함락시키고자 함이 아니니이까 하니 이에 하눈이 다윗의 신하들을 잡아 그들의 수염 절반을 깎고 그들의 의복의 중동볼기까지 자르고 돌려보내매.

졸지에 이스라엘 조문단은 조문하러 온 게 아니라 그 땅을 탐지하러 왔다는 오해를 받았다. 하루아침에 스파이로 몰린 것이다. 더 황당한 일은 신하들의 왜곡된 말에 하눈이 찰떡같이 반응했다는 점이다. 하눈은 다윗의 신하들을 잡아 그들의 수염을 절반이나 깎고 옷을 중동볼기까지 자르는 행태를 저질렀다.

당시 남자들에게 수염은 자존감과 자기 존중의 상징이었다. 그런데 그걸 반이나 자른 것으로도 모자라 하체까지 드러나게 했으니 이스라엘 조문단에게 그보다 더 큰 수치는 없었다. 이러한 행동은 한마디로 이스라엘 왕의 체면을 대놓고 짓밟는 행위였다. 실제로 다윗은 이 소식을 듣고 수치를 당하여 크게 부끄러워하는 신하들에게 곧바로 예루살렘으로 돌아오지 말라고 명한다. 5절을 보라.

사람들이 이 일을 다윗에게 알리니라 그 사람들이 크게 부끄러워하므로
왕이 그들을 맞으러 보내 이르기를 너희는 수염이 자라기까지 여리고에
서 머물다가 돌아오라 하니라.

실제로 신체적으로나 정신적으로 모욕과 수치를 당해본 적이 있는가? 특히 가까운 사람에게 그런 일을 당한 적이 있는가? 나는 최선을 다해 도와주었는데 도리어 상대방이 고소를 하거나, 나는 선의로 대했는데 돌아온 것은 수치뿐인 경우 말이다. 살다 보면 선을 악으로 갚는 사람들과 마주하는 경우가 적지 않다.

성경에는 선을 악으로 갚았던 사람들이 종종 등장한다. 나발이 그랬다. 그는 다윗의 선의를 악의로 받아들여 화를 자초한 사람이었다. 사울 왕도 마찬가지였다. 그런 자들의 결말은 대부분 좋지 않았다. 다음 시편은 누구보다도 이런 상황을 자주 경험했던 다윗의 심경을 고스란히 담고 있다.

나는 사랑하나 그들은 도리어 나를 대적하니 나는 기도할 뿐이라 그들
이 악으로 나의 선을 갚으며 미워함으로 나의 사랑을 갚았사오니
(시 109:4-5).

다윗은 세상의 통념과 다른 태도로 대적자들을 대한다. 그들을 위해 기도하는 것만큼 큰 사랑이 어디 있겠는가?

이 땅에는 윤리라는 게 있다. 윤리는 남에게 피해를 주지 말라

고 가르치고 손해를 끼친 자에게는 책임을 지우며, 악을 행한 자는 응분의 대가를 치르도록 한다. 우리는 이 땅에 발을 딛고 살기에 세상의 규범에서 자유로울 수 없다. 그러나 그리스도인은 하늘에 속했기 때문에 하늘의 법칙을 따라야 할 의무가 있다. 하늘의 법칙이란 무엇일까? '원수를 사랑하고, 악을 선으로 갚으라'는 성경의 명령이다.

> 악을 악으로, 욕을 욕으로 갚지 말고 도리어 복을 빌라 이를 위하여 너희가 부르심을 받았으니 이는 복을 이어받게 하려 하심이라(벧전 3:9).

베드로의 권면은 마땅히 따라야 하지만, 죄성을 가진 인간이 자신을 의도적으로 괴롭히고 지속적으로 힘들게 하는 자를 사랑하기란 무척 어렵다. 그럼에도 인간의 연약함을 가장 잘 아시는 하나님께서 그분의 자녀에게 자신을 괴롭히는 원수 같은 사람을 사랑하며 그를 위해 복을 빌라고 말씀하시는 이유는 무엇일까? 그것이야말로 우리를 진정한 복으로 나아가게 하는 열쇠이기 때문이다. 베드로가 원수를 향해 도리어 복을 빌라고 명령한 후 "이는 복을 이어받게 하려 하심이라"라고 덧붙인 이유도 여기에 있다.

그러나 성경이 명한 말씀을 머리로는 이해해도 가슴으로는 도무지 받아들일 수 없다고 소리칠 때가 많다. 인간의 힘으로는 원수를 사랑하고 악을 선으로 갚을 수 없기 때문이다. 악을 선으로 갚는 유일한 길이자 방법이라면, 우리 자신이 '은혜에 빚진 자'요 '은혜의 영원한 채무자'라는 의식을 갖는 것이다.

자신이 복음의 은혜에 빚진 자라는 심정을 가질 때만 우리는 원수를 사랑하고 악을 선으로 대할 수 있다. '나는 은혜의 영원한 채무자다', '나는 은혜 없이는 하루도 살 수 없다'라는 생각이 머릿속에서만 머무는 게 아니라 살아 있는 진리가 되어 우리의 심장을 뛰게 하고 삶을 견인해야 한다. 그럴 때 비로소 우리는 주님이 주신 말씀을 따라 살아갈 수 있다.

다윗은 아마도 그런 마음이었던 것 같다. 그는 은혜의 채무자 의식을 가진 사람이었기에 누구에게든 선의를 베풀려 했다. 본문에서도 선한 마음으로 암몬에 조문단을 보냈다. 그런데 암몬 사람들은 조문단에게 말로 다 할 수 없는 수치를 안겨줬다. 그러고는 '이 일로 다윗이 암몬에 쳐들어오면 어쩌나?' 하는 두려움에 아람 사람들을 고용해서 연합군을 결성한다. 혼자 북 치고 장구 치다가 다윗과 한판 붙겠다고 나선 것이다.

이럴 때 우리라면 어떻게 해야 할까? 선의로 다가갔는데 멸시와 모욕을 주는 것으로도 모자라 연합군을 조직해 총공세를 편다면 말이다. 자신들의 발에 치이는 존재는 다 치우는 매몰찬 상황에서 우리는 어떻게 대응해야 할까?

승리의 전제 조건, 담대함

다윗을 따랐던 용사 중에는 요압이라는 명장이 있었다. 요압의 동생 아비새 역시 담대하고 강한 용사였다. 물론 요압은 말년에 문제를 일으키긴 했지만, 이때까지만 해도 다윗에게는 둘도 없이 충성스러운 장군이었다.

요압은 아람 군대가 쳐들어오자 동생 아비새와 더불어 이 문제를 해결한다. 자기와 맞서려는 암몬과 아람의 연합군을 보며 요압이 아비새에게 말한다.

너는 담대하라 우리가 우리 백성과 우리 하나님의 성읍들을 위하여 담대
히 하자 여호와께서 선히 여기시는 대로 행하시기를 원하노라 하고(12절).

왕의 은총을 경멸하여 싸움을 걸어올 때, 왕의 자녀인 우리가
가장 먼저 취해야 할 태도는 별다른 게 없다. 담대함이다. 담대해
야만 상대와 맞서 싸울 수 있다. 성경은 담대한 한 사람이 백 명의
군사보다 낫다는 걸 여러 차례 보여준다.

그중 하나가 사무엘하 23장에 나오는 엘르아살이다. 엘르아살
은 블레셋과 전쟁을 치를 때, 겁먹은 이스라엘 군사들이 다 도망가
버리자 홀로 남아 담대히 싸웠다. 그때 그가 얼마나 치열하게 싸웠
던지 성경은 "그가 나가서 손이 피곤하여 그의 손이 칼에 붙기까
지 블레셋 사람을 치니라"(삼하 23:10)라고 기록한다. 그러자 그날에
여호와께서 크게 이기게 하셨다. 그제야 도망갔던 백성은 돌아와
그의 뒤를 따라가며 전리품을 노략했다.

또 한 명의 담대한 용사는 삼마다. 블레셋 사람들이 떼를 지어
녹두나무가 가득한 한쪽 밭에 모일 때, 이번에도 이스라엘 군사들
은 겁에 질려 도망쳤다. 이에 삼마만이 혼자 그 밭 가운데 서서 담
대하게 블레셋 사람을 쳤고, 그 결과 여호와의 도우심으로 승리를
거둘 수 있었다.

이처럼 그들은 하나님께서 담대한 용사들을 들어서 일하신다는
것을 보여주었다. 그들은 담대함을 가졌기 때문에 일인당백(一人當
百), 일인당천(一人當千)의 사람이 되어 블레셋을 물리쳤던 것이다.

본문의 요압은 이런 사실을 잘 알았다. 그래서 우선 아비새에게
담대하라고 말했다. 그 후 14절을 보면 싸움이 벌어지자 그 많던
연합군은 도망쳐버리고, 17-18절을 보면 나중에 다윗이 아람 사람

의 기마병 4만 명과 병거 7백 대를 다 없앴다는 내용이 나온다. 담대함으로 전투를 시작하니 하나님께서 이처럼 큰 승리를 이스라엘에게 안겨주셨다.

그렇다. 하나님 나라의 용사로 싸우려면 먼저 영적인 담대함이 있어야 한다. 자주 쓰는 표현대로 말하자면 '영적인 기백'이 있어야 한다. 나는 우리 교회 성도들을 비롯해 모든 그리스도인이 영적 기백이 충천한 자로 살아가기를 소원한다.

하나님께서 이미 우리에게 영적 기백을 주셨지만 우리는 간혹 제풀에 지쳐 오랫동안 팔을 늘어뜨리기도 한다. 그런데 그러한 상태는 우리 자신에게만 영향을 주는 게 아니다. 하나님의 백성과 하나님의 성읍 전체로 번져나간다. 하나님의 백성이 담대한 기백을 갖지 못하고 두려워 떨 때 어떤 일이 벌어지는지 보라.

두려워서 마음이 허약한 자가 있느냐 그는 집으로 돌아갈지니 그의 형제들의 마음도 그의 마음과 같이 낙심될까 하노라 하고(신 20:8).

내가 두려워 떨면 나만 죽는 게 아니라 형제들의 마음까지도 낙심된다. 이는 과거 이스라엘이 가나안에 열두 명의 정탐꾼을 보냈을 때를 떠올려보면 쉽게 이해할 수 있다. 그들이 가나안 땅을 정탐하고 돌아와서는 그 땅의 주민들에 비하면 자신들은 마치 메뚜기 같다며 두려움을 드러냈을 때 어떤 일이 벌어졌는가? 열 명의 정탐꾼이 가졌던 두려움과 의심은 삽시간에 이스라엘 전체로 번져 모두의 마음이 물처럼 녹았고 낙심했다고 성경은 기록한다.

그러므로 우리는 먼저 담대해져야 한다. 담대하게 일어서야만 누군가를 낙심시키는 사람이 아니라 하나님의 성읍을 살리는 사람이 될 수 있다.

나는 특별새벽부흥회 기간 동안 새벽 2-3시부터 교복을 입고 예배당에 나와 앉아 있는 학생들을 볼 때마다 그들의 영적 기백에 놀라곤 한다. 성적이 걱정되어 위축되었다면 어떻게 그 새벽에 나와 기도할 수 있겠는가? 아무것도 두려워하지 않고 오직 하나님께 삶을 드리는 이 아이들의 영적 담대함이야말로 하나님께서 기뻐하시는 모습이라 믿는다. 장차 이들이 하나님 나라와 그분의 백성을 위한 믿음의 용사로 쓰임받길 기대한다. 이 시대의 요압과 아비새, 기드온과 드보라가 되어 세상이 두려워하는 담대한 믿음의 주역들이 되길 응원한다.

담대함은 '주 앞에서' 자신을 낮추는 겸손에서 나온다

어떻게 해야 우리는 담대한 믿음의 용사가 될 수 있을까? 이에 대한 첫 번째 조건이 11절에 나온다. 암몬과 아람 연합군이 쳐들어왔을 때 요압은 먼저 싸움터로 나가며 동생 아비새에게 지원 요청을 했다.

"만일 아람 사람이 나보다 강해 보이면 네가 와서 나를 도우라."

당시 요압은 강력한 이스라엘 군대의 장군이었다. 그렇기에 이 말은 요압 입장에서 꺼내기 쉬운 말은 아니다. 하지만 그는 혼자서도 상대를 이길 수 있다고 생각할 만큼 어리석지 않았다. 여러 변수가 존재하는 전쟁터인 만큼 얼마든지 자신의 약점이 드러날 수 있기 때문이다. 그래서 그는 아비새에게 스스럼없이 도움을 요청한다.

"내 아우 아비새야, 우리는 모든 전쟁에서 승리할 만큼 강하고 대단한 사람이 아니야. 우리의 부족함이 언제든 드러날 수 있어. 그러니 네게도 도움을 요청하는 거야." 바로 이런 태도가 겸손이다.

늘 강조하지만, 하나님께 겸손한 자세로 나아가면 하나님께서 주시는 담대함을 얻을 수 있다. 담대함이 겸손에서 나온다는 뜻이다. 하나님 나라의 일꾼은 겸손과 실력과 지성을 겸비해야 한다고 말해 온 이유도 그 때문이다.

여기서 말하는 겸손은 세상이 말하는 것과 다르다. 세상이 말하는 겸손은 '무조건 자기를 낮추는 것' 혹은 '허세를 부리지 않는 것' 정도로 정의된다. 즉, 겸손의 기준이 주로 나와 타인의 관계에서 성립된다. 따라서 외딴섬에서 혼자 사는 사람은 겸손할 이유가 없다. 상대방이 없는데 무슨 의미가 있겠는가?

그러나 성경에서 말하는 겸손은 다르다. 성경의 겸손은 나와 타인의 관계가 아니라 나와 하나님의 관계 속에서 정의된다. 야고보서 4장 6-7절을 보라.

하나님이 교만한 자를 물리치시고 겸손한 자에게 은혜를 주신다 하였느니라 그런즉 너희는 하나님께 복종할지어다 마귀를 대적하라 그리하면 너희를 피하리라.

왜 겸손을 이야기하다가 이 내용을 말했을까? 하나님 앞에서 진정으로 겸손해지면 하나님께서 마귀를 대적할 수 있는 힘을 우리에게 주시기 때문이다.

그렇다면 진정한 겸손이란 무엇일까? 야고보서 4장 10절은 '주 앞에서' 자신을 낮추는 것이라고 말씀한다.

주 앞에서 낮추라 그리하면 주께서 너희를 높이시리라.

다시 말해서 겸손이란 주님이 어떤 분이고 주님 앞에서 내가 어떤 존재인지를 아는 것이다. 이를 알면 하나님을 두려워하고 경외하지 않을 수 없다. 우리가 진정으로 겸손해지면 주님이 주시는 영권, 즉 마귀를 대적할 힘을 얻게 된다.

생각해보라. 우리가 하나님 앞에서 자신을 낮추는 이유는 크신 하나님을 경외하기 때문이다. 그러므로 하나님을 진심으로 두려워하면 더 이상 사람을 두려워하지 않게 된다. 누구 앞에서든 담대해진다. 이 비밀을 깨달은 신앙의 어르신들은 "하나님 앞에서 기도의 손을 비비면 사람들 앞에서 아쉬운 손을 비비지 않게 된다"라고 말씀하곤 했다. 하나님 앞에서 진정으로 겸손해지면 사람들에게 머리를 조아리지 않게 된다는 뜻이다. 그래서 겸손한 사람은 어떤 사람을 만나도 두려워하지 않는다. 하나님의 크심과 사람의 약함을 알기 때문이다. 하나님의 크신 능력 아래 사는데 무엇이 두렵고 무엇이 걱정되겠는가?

우리는 하나님을 믿는다 하면서도 얼마나 하나님을 작게 보는지 모른다. 무당이나 점쟁이를 찾아가는 그리스도인들이 많다는 통계가 단적인 예다. 그리스도인들이 용하다는 점집에 찾아가서는 "우리 딸이랑 사귀는 남자의 궁합이 어떤지 보러 왔어요. 권사인 제가 찾아왔다고 말하지 마세요"라고 한다니, 참으로 기가 찰 노릇이다. 그리스도인의 자존심을 다 버린 행태라고 할 수밖에 없다.

그리스도인은 하나님만 두려워하며 하나님 앞에서만 떠는 사람들이다. 진정한 그리스도인은 사람 앞에서 떨지 않는다. 그래서 복음이 전파되어 영적인 생명의 토대가 강건해질수록 사회와 나라는 탄탄해질 수밖에 없다. 미신이나 속임수가 점점 사라지기 때문이다. 우리가 하나님만을 두려워하고 믿음 위에 탄탄히 설 때, 비로소 이 민족과 사회가 바로 설 수 있다는 것을 기억해야 한다.

다시 말하지만, 하나님 앞에 겸손해야만 영적 담대함을 회복할수 있다. 하나님 앞에서 교만하면, 즉 자신이 얼마나 약한 존재인지를 깨닫지 못하면 우리는 마귀 앞에서 벌벌 떨게 되어 있다. 우리는 요압처럼 하나님 앞에서 자신의 약함을 고백하며 살아야 한다. 나의 약함을 고백하고 하나님의 도우심을 구할 때, 하나님께서주신 권능으로 악한 마귀를 대적해 물리칠 수 있다. 첫째도 겸손, 둘째도 겸손, 셋째도 겸손임을 잊지 말자.

'분열의 영'을 이기고 협력해야 담대해진다

담대한 용사가 되기 위한 또 다른 조건은 '협력'이다. 본문 11절에서 이를 확인할 수 있다.

> 이르되 만일 아람 사람이 나보다 강하면 네가 나를 돕고 만일 암몬 자손
> 이 너보다 강하면 내가 가서 너를 도우리라.

이스라엘의 용맹한 장군이었던 요압과 아비새는 암몬과 아람연합군이 쳐들어오자 병력을 나누어 싸우기로 했다. 요압은 아람군대를, 아비새는 암몬 군대를 상대하기로 했다. 그러면서 요압은 '내가 싸움에서 밀리면 네가 와서 돕고, 네가 밀리면 내가 가서 돕는다'는 작전을 짰다. 두 사람의 협력은 팀워크의 모범을 보여준다.

오늘날 이 민족과 우리 공동체를 무너뜨리는 사탄의 가장 강력

한 무기가 무엇일까? 바로 분열의 영이다. 우리 사회는 갈수록 분열이 심화되는 추세다. 서로 갈라져서 휘청거리는 가정이나 공동체가 많다. 서로를 비교하고 경쟁하며 분열하는 모습이 극심하다.

우리는 예수 그리스도를 믿는다. 예수 그리스도는 우리를 분열시키지 않고 하나 되게 하시는 영이시다. 만일 분열하는 일에 앞장서는 사람이 있다면 그 안에 그리스도의 영이 있다고 볼 수 없다. 더구나 지금 대한민국의 상황은 서로를 헐뜯으며 돌 던질 때가 아니다. 서로를 용납하며 힘껏 도와야만 국내외 어려운 문제들을 헤쳐 나갈 길이 열린다. 무엇보다 우리가 서로 협력해야만 어디로 가든지 승리할 수 있다.

싸움의 이유를 알아야 담대해진다

담대한 용사가 되기 위한 세 번째 조건은 싸움의 목적을 분명히 하는 것이다. 본문 12절을 보라.

너는 담대하라 우리가 우리 백성과 우리 하나님의 성읍들을 위하여 담대히 하자.

요압은 그들이 담대해야 하는 이유를 말한다. "우리 백성과 우리 하나님의 성읍들을 위하여" 싸우자는 것이다. 이 얼마나 멋진 말인가! 비록 힘든 싸움이겠지만 '우리 백성과 우리 하나님의 성읍'이라는 믿음의 목표가 있음을 요압은 분명히 했다.

우리도 이처럼 싸우기 전에 싸움의 이유를 분명히 해야 한다. '내 가족과 우리 공동체를 위하여'라는 분명한 목표의식과 방향이 생겨야만 담대한 마음으로 이 영적 전쟁을 끝까지 수행할 수 있기 때문이다.

믿음의 목표의식에 초점을 두면 자연스럽게 먼저 기도부터 하게 된다. "하나님, 제가 하는 이 일을 통해 우리 가정이, 또 우리 믿음의 공동체가 세워지게 해주시고 공동체의 영광이 회복되게 해주옵소서."

그러면 우리의 애씀과 수고가 나 자신만을 위해서가 아니라 하나님 나라와 하나님의 백성을 위한 열매로 맺힌다. 달음질을 하면서도 나의 어려움과 장애물에 초점을 맞추는 게 아니라 믿음의 목표에 초점을 맞추는 진정한 용사로 거듭나는 것이다.

사도 바울이 그런 사람이었다. 그는 복음에 대해서 명확한 목표와 비전을 가졌기에 어떤 상황에서도, 심지어 감옥에 갇혀 있을 때도 누구보다 담대할 수 있었다. 에베소서 3장 12절을 보라.

> 우리가 그 안에서 그를 믿음으로 말미암아 담대함과 확신을 가지고 하나님께 나아감을 얻느니라.

바울은 우리의 담대함이 예수님을 믿는 믿음에서 비롯된다고 말한다. 유진 피터슨 목사님은 "예수님의 제자가 누구인가? 예수님의 제자는 예수님에게 인생을 건 사람"이라고 단언한다. 진정 우리는 예수님께 인생을 건 사람들이다. 오직 그리스도께 목표를 두어야 하고 그럴 때, 하나님께서 주시는 담대함을 얻을 수 있다.

믿음으로 담대함을 얻은 예는 성경에 허다하다. '믿음장'이라 불리는 히브리서 11장을 보라. 세상이 감당할 수 없을 만큼 담대한 사람들의 이야기가 펼쳐진다. 그중 하나가 11장 23절이다.

믿음으로 모세가 났을 때에 그 부모가 아름다운 아이임을 보고 석달 동안 숨겨 왕의 명령을 무서워하지 아니하였으며.

여기서 왕은 세계적인 강대국이었던 애굽 왕 바로다. 당시 애굽왕은 태양신으로 추앙될 만큼 고귀한 신분이었으며 막강한 권력을 가지고 있었다. 그 누구도 왕의 명령을 거스를 수 없었다. 그런데 23절은 모세의 부모가 왕의 명령을 무서워하지 않았다고 기록한다. 어떻게 그럴 수 있었을까? 히브리서 기자는 그 이유를 '믿음으로'라는 단어로 설명하고 있다.

모세의 부모는 바로의 명령을 어긴다면 자신들의 목숨은 물론, 온 가족이 위태로워질 수 있음을 알고 있었다. 그럼에도 자신들의 생살여탈권을 가진 왕의 명령에 맞섰다. 무엇이 이들을 그토록 담대하게 만들었을까?

모세의 부모가 한 행동은 단지 부성애나 모성애 차원에서 해석할 수 있는 것이 아니다. 아이의 생명을 지키겠다는 의지와 더불어, 하나님께서 아이를 살려주실 것이라는 믿음이 그들을 그토록 담대하게 만들었다. 바로의 권세보다 여호와 하나님의 권세가 더 크다는 것을 믿는 믿음 때문에 그들이 담대해질 수 있었다는 뜻이다. 히브리서 기자는 모세의 부모가 성령의 감동으로 왕의 명령을 무서워하지 않았다고 기록하면서, 이 서신을 읽는 모두에게 진정한 믿음이란 이와 같이 담대함을 갖는 것이라고 외치고 싶었는지도 모른다.

오늘날 세상을 보라. 자신의 말을 듣지 않으면 당장이라도 우리의 생명을 빼앗을 것처럼 위협하고 있지 않은가? 이런 세상에서 우리는 어떤 자세로 살아가야 할까? 인생을 송두리째 앗아갈 것 같은 위기와 삶을 다 망쳐버릴 것 같은 위협 앞에 서 있는가? 그렇다면 믿음으로 왕의 명령을 무서워하지 않았던 모세의 부모를 기억해야 한다. 우리 힘으로는 할 수 없지만, 우리의 목표이신 예수 그리스도를 굳게 붙잡을 때 참된 담대함이 솟아날 것이다.

여호와께서 선히 여기시는 대로
행하실 것을 믿어야 담대해진다

담대한 용사가 되기 위한 마지막 조건은 믿음의 모험을 하는 것이다. 본문 12절을 다시 보자.

> 너는 담대하라 우리가 우리 백성과 우리 하나님의 성읍들을 위하여 담대히 하자 여호와께서 선히 여기시는 대로 행하시기를 원하노라 하고.

요압은 담대하라고 외친 다음, 여호와께서 선히 여기시는 대로 행하시기를 원한다고 말한다. 주님께서 좋게 여기시는 대로 행하실 것을 믿는다는 뜻이다. 즉, "주님의 뜻대로 행하시옵소서"라는 의미이기도 하다.

놀랍지 않은가? 하나님은 지금 그들에게 승리를 주신다고 하지 않으셨다. 결과가 눈에 보이는 것도 아니다. 그럼에도 요압은 선하신 하나님을 믿고 그분의 뜻대로 이루어지기를 원한다고 말한다. 이것이 바로 믿음의 모험이다. 하나님을 향한 믿음 때문에 인생의 리스크를 감수한 채 주님의 뜻을 따라 도전하겠다는 것이다. 이처럼 주님이 주시는 담대함은 믿음의 모험을 통해서만 얻을 수 있다고 해도 과언이 아니다.

에스더를 보라. 그녀는 동족을 살리고 하나님의 영광을 보겠다는 강한 소원으로, 죽음이라는 리스크를 감수하고 믿음의 행동을 했다. 부름받지 않고 왕에게 나가면 자칫 사형을 당할 수 있음에도 "죽으면 죽으리라" 외친 뒤 왕에게 나갔다. 자신이 죽지 않으리라는 증거가 있었기 때문이 아니었다. 하나님의 확실한 음성을 들은 것도 아니었다. 다만, 여호와께서 선히 행하실 것이라는 믿음으로 왕 앞에 나갔다. 믿음의 모험이란 바로 이런 것이다.

우리는 한 치 앞도 내다보지 못하는 존재다. 내일 무슨 일이 일어날지 아는 사람이 있을까? 아무도 없다. 야고보서에서도 "내일 일을 너희가 알지 못하는도다 너희 생명이 무엇이냐 너희는 잠깐 보이다가 없어지는 안개니라"(약 4:14)고 했다. 앞으로 무슨 일이 일어날지, 한 달 뒤에 무슨 일이 닥칠지, 몸에 무슨 이상이 있을지, 길을 가다가 무슨 일을 당할지, 우리가 먹는 음식에 어떤 병균이 있을지 아무도 모른다.

이런 불확실성에 어떻게 반응하느냐에 따라 사람은 두 부류로 나눌 수 있다.

첫째는 미래에 대한 두려움과 걱정에 매여 사는 사람이다. 이들은 두려움을 떨치고자 용하다는 점쟁이를 찾아 다니거나 무당에게 수백만, 수천만 원짜리 부적을 사기도 한다. 매일 살얼음판을 걷듯 벌벌 떠는 인생을 살아간다.

둘째 부류의 사람, 즉 예수님을 믿는 사람은 그와 다른 길을 택한다. 그들은 믿음으로 모험을 감행하기 때문에 두려움 대신 담대한 자세로 인생을 살아간다. 여호와께서 선하게 행하실 것을 확신하며 믿음의 모험을 강행해나간다.

모험을 시도하지 않으면 늘 인생을 걱정하며 하루하루 숨죽인 채 살아갈 수밖에 없다. 믿음으로 모험하는 것 외에 다른 길은 없다. 물론 "목사님, 모험을 걸었다가 실패하면 어떡해요?"라고 우려를 표하기도 한다. 그러나 우리가 간과하는 것이 있다. 실패 또한 하나님이 허락하신 또 하나의 기회이자 권리라는 사실이다. 실패해도 다시 일어나면 된다. 만일 실패가 두려워 굴복해버리면 영원히 일어설 수 없다. 우리는 굴복하는 자가 아니라 믿음으로 모험을 거는 자임을 잊어선 안 된다.

나는 사역을 일찍 시작했다. 열여섯에 주일학교 아이들 앞에서 첫 설교를 했고, 만 스물셋에 대학부 책임자가 되었다. 사역의 열매도 풍성했지만 우여곡절도 많았다. 지금 와서 깨닫는 것은 실패도 모험을 하는 사람에게만 주어진다는 사실이다. 가만히 있는 것은 현실에 굴복하는 것이나 다름없다.

어떤 사람들은 믿음의 모험을 하자는 말에 이런 대답을 내놓기도 한다. "하나님이 말씀하시면 그 후에 순종하겠어요. 그분이 확실한 증표를 보여주기 전까지 저는 꼼짝도 안 할 거예요." 한편으로는 신앙이 좋아 보일 수 있지만, 이 말 속에는 내가 책임져야 할 부분까지도 하나님께 떠넘기려는 의도가 숨겨져 있음을 깨달아야 한다.

에스더가 "죽으면 죽으리라" 믿음으로 결단하고 모험을 강행할 때, 그에게 하나님의 특별한 증표나 음성이 주어진 것은 아니었다. 다윗도 "네가 골리앗을 죽일 것이다"라는 하나님의 음성을 듣고 골리앗을 향해 나아간 것이 아니었다. 그저 하나님의 영광이 손상된 것에 대한 거룩한 분노로 결과를 하나님께 맡기며 믿음으로 돌진했을 뿐이다.

우리가 아무것도 안 한다면 어떤 실패도 없을 것이다. 서양 속담에도 "배는 항구에 있을 때 가장 안전하다"라는 말이 있지 않은가? 하지만 항구에 정박하려는 목적으로 건조된 배는 없다. 배는 항해를 해야만 한다. 그러다 보면 파도를 만나고 폭풍우도 만날 수 있지만, 항해할 때 비로소 배의 역할을 할 수 있다.

우리도 마찬가지다. 주님 앞에 서는 그날까지 안정만 추구할 수 없다. 안정을 택한다 해도 오래가지 않는다. 그러니 차라리 믿음의 모험을 강행하는 게 낫다.

본문은 우리에게 이런 질문을 던진다.

"어떻게 하면 믿음의 용사가 될 수 있겠는가?"

"어떻게 해야 영적 야성, 영적 담력을 가질 수 있겠는가?"

둘 중 하나를 선택하는 수밖에 없다. 앞으로의 일들을 두려워하며 아등바등 살 것인가? 아니면 믿음의 모험을 하며 담대히 그 길을 갈 것인가?

물론 믿음으로 모험한다고 해서 달콤한 성공이 보장되지는 않는다. 수많은 하나님의 사람이 그런 성공을 맛보지 못한 채 인생을 하나님께 드렸다. 세례 요한만 봐도 그렇다. 그는 믿음으로 헤롯에게 직언했지만 결국 참수형을 당했다. 바울도 믿음의 모험을 강행한 결과, 순교했다. 성령님의 인도하심 속에 많은 사람들이 복음을 들고 세계 곳곳으로 나아갔지만, 한 알의 밀알로 그 땅에서 생을 마감했다. 그럼에도 그들은 기꺼이 그 길을 갔다. 그럴 만한 가치가 충분하기에, 이 땅에서 달콤한 성공이 없어도 자신의 선택을 후회하지 않으면서 그 길을 담대하게 걸어갔다.

믿음의 모험을 한 결과로 거룩한 성공이 주어지는 예도 있다. 아브라함이 그중 한 사람이다. 그는 믿음의 조상이요 신앙의 표본이다. 하나님은 아브라함과 그의 후손에게 믿음으로 모험을 감행

하나님의 사람 다윗 2

하는 DNA를 주신 것 같다. 아브라함은 갈 바를 알지 못한 채 길을 나섰다. 한 걸음 한 걸음 믿음으로 모험을 감행하며 하나님의 역사를 새롭게 썼다. 그래서 아브라함의 DNA가 있는 사람은 리스크를 감수하고 믿음의 모험을 하며 살아간다.

우리도 아브라함처럼 믿음의 모험을 감당하면 거창한 역사는 아니더라도 내 가정의 역사는 바꿀 수 있다. 우리는 제자훈련과 특별새벽부흥회를 통해 이 사실을 수없이 확인해왔다. 한 사람이 예수님 안에서 완전히 변화되었을 때, 그 가정에 어떤 일이 일어나는지 똑똑히 봐왔다. 아내가 바뀌자 남편과 시어머니가 바뀌고 딸들이 바뀌더니 마침내 다 같이 특별새벽부흥회에 참석해 펑펑 우는 가족도 있었다. 한 사람의 변화, 한 사람이 시작한 믿음의 모험이 가족 모두를 강력한 믿음의 용사로 바꿔놓은 것이다. 이 사실은 믿음의 모험을 감행하는 우리에게 긴장과 흥분을 가져다준다.

모험은 위험을 품고 있기 때문에 사람들은 쉽사리 시도하지 않으려 한다. 하지만 그리스도인이라면 언제든 믿음의 모험을 떠날 준비를 해야 한다. 필요한 순간, 믿음의 모험을 떠나는 발걸음을 내디뎌야 한다.

성경은 자신의 생명과 자신의 유익을 위해, 혹은 세상의 눈치를 보느라 믿음의 모험을 감행하지 못하는 사람들에게 엄중한 경고를 주고 있다. 열왕기상 18장 21절을 보라. 엘리야가 450명의 바알 선지자들과 대적할 때, 백성들의 태도는 어떤가? 그들은 자신의 목숨을 보존하기 위해 세상의 눈치만 볼 뿐, 믿음의 담대한 선택을 하지 못했다. 이런 그들을 향해 엘리야는 책려한다.

엘리야가 모든 백성에게 가까이 나아가 이르되 너희가 어느 때까지 둘 사이에서 머뭇머뭇 하려느냐 여호와가 만일 하나님이면 그를 따르고 바알이 만일 하나님이면 그를 따를지니라 하니 백성이 말 한마디도 대답하지 아니하는지라(왕상 18:21).

이스라엘 백성들은 둘 사이에서 머뭇거렸다. 그들에게는 '믿음으로 모험하는 자'의 태도를 찾아볼 수 없다. 믿음으로 모험한다는 것, 그것은 성령님이 내 마음을 격동시키심으로 빚어지는 창조적 열정이다. 그 열정이 있을 때라야 우리는 십자가를 선택하게 된다.

믿음의 모험가로 서라

예수님의 삶도 모험의 연속이었다. 오스트레일리아의 선교학자 마이클 프로스트(Michael Frost)는 "예수님의 공생애 사역은 모험으로 시작하고 모험으로 마쳤다"라고 말했다. 그러므로 우리에게는 주께서 모험으로 하신 사역을 이어나가야 할 책임이 있다. 사도행전 1장 1절에는 "예수께서 행하시며 가르치시기를 시작하심부터"라고 나와 있다. 예수님을 구주로 고백하는 우리도 예수님이 시작하신 그 일, 즉 믿음의 모험을 삶으로 이어가야 한다는 뜻이다.

믿음의 모험은 거룩한 용기가 없으면 감행하기 어렵다. 그래서 C. S. 루이스는 용기를 "모든 미덕들 가운데 최고"로 손꼽았다. 성경은 거룩한 용기가 없어서 모험에 나서지 못한 사람들이 맞은 비참한 결과를 수없이 보여준다. 빌라도가 그 한 사람이었다. 선택의 기로에 서기 전까지 인간적인 면모를 보여줬던 빌라도는 믿음의 모험을 감행해야 할 순간 비겁하게 물러서고 말았다. 결국 '사도신경'에 부끄러운 이름으로 기록되어, 오고 오는 모든 신앙인의 입에 오르내리고 있다.

어떻게 해야 용기 있는 모험가로서 소명을 이룰 수 있을까? 이에 대해 마이클 프로스트는 다음처럼 권면한다.

"하나님께 순종하는 것은 종종 반문화적이고 반직관적이다. 그리고 위험을 감수하도록 요구한다. 그럼에도 하나님께 순종하지 않으면 우리는 세상의 압력에 굴복하여 세상이 요구하는 대로 끌려다니게 될 것이다."

예수님을 따라 믿음의 길을 걷기 위해서는 세상 문화에 물들지 않고, 세속의 상식을 따르지 말아야 한다는 이야기다. 그러므로 진정한 모험을 위해서는 때로 '포기하는 결단'이 필요하다. 내게 꼭 필요한 것들도 믿음의 모험을 하는 데 방해가 된다고 여겨지면 과감히 포기할 수 있어야 한다. 때로는 사랑하는 가족들을 떠나야 할 때도 있다. 예수님이 말씀하신 대로, 가족과 재물과 자기 목숨까지도 포기하고 떠날 수 있어야 한다. 자신에게 가장 소중한 것조차 포기하고 떠난 십자가의 여정 끝에서 우리는 그 무엇보다 소중한 가치를 만나게 될 것이기 때문이다.

잠시 기독교 사역에 대한 이야기를 하자면, 모든 사역은 대략 30년을 주기로 세 단계를 거쳐 진행된다.

첫 번째 '믿음의 모험가' 단계다. 이 단계에서 하나님의 신실한 종들은 복음에 헌신된 무리와 함께 대략 10년 동안 믿음의 모험을 감행한다. 복음에 대한 열정으로 주를 위해 생명을 걸며 하나님의 일에 모든 것을 쏟아붓는다. 믿음으로 모험을 한다는 게 무엇인지를 보여주는 헌신의 시기라 할 수 있다.

믿음의 모험을 통해 교회가 안정되고, 어느 정도 시스템이 구축

되면 두 번째 단계인 '관리인'으로 넘어간다. 관리라는 말 자체가 나쁜 것은 아니다. 다만 교회를 섬기는 이들이 생명력 없는 관리인이 되고 나면, 그때부터 교회는 일반 조직체로 전락한다는 게 문제다. 그런 관리인이 교회나 단체나 구성원들을 장악하게 되면, 그 공동체의 생명력은 점점 메마르게 되고 관리인은 결국 마지막 단계인 '장의사'가 되고 만다. 관 뚜껑을 덮어야 하는 상황을 맞이하게 된다는 것이다.

모험가에서 관리인으로, 관리인에서 장의사로 가는 이 세 단계를 달리 표현하면, '믿음의 어드벤처에서 관료주의로' 전락했다고 할 수 있다. 관료주의가 머무는 곳에는 습관적 신앙만 남는다. A. W. 토저 목사님은 이를 "관습의 독재"로 표현했다. 타성에 젖는다는 이야기다. 처음에는 사람이 관습을 만들지만 시간이 지나면 관습이 사람을 지배한다.

관습이 사람을 지배하면 신앙생활은 점점 위태로워질 수밖에 없다. 판에 박힌 신앙으로 매주 아무런 기대 없이 교회에 나오고, 다음 달에도, 그다음 해에도 생명력 없는 신앙인의 모습으로 살아간다. 과거의 습관이 현재와 미래를 결정하면 신앙은 화석화될 수밖에 없다. 이처럼 습관과 타성과 관습적인 신앙생활을 하게 되면 언젠가는 올무에 걸리고 말 것이다.

우리는 어떤 모습으로 살고 있는가? 진정한 믿음의 전진을 위해 "나의 믿음을 더하소서"라고 기도해야 한다. 동시에 관리인처럼 안일한 습관으로 살고 있지는 않은지, 믿음의 모험은커녕 관습적인 신앙인의 자세로 하루하루를 헛되이 보내는 건 아닌지 돌아보며 믿음의 결단을 해야 한다.

니시마 조(新島襄)라는 일본 교육자를 소개하며 이 장을 마무리

하려 한다. 그는 자신의 인생과 청춘에 대해 늘 고민하던 사람이었다. 그 고민 끝에, 당시 해외 비자를 내주지 않던 일본 막부사회를 피해 미국 선박을 타고 보스턴으로 밀항했다. 당시 그의 나이는 21세였다. 이후 그는 필립스 아카데미 고등학교에 입학해 공부를 시작했고, 앰허스트 칼리지를 거쳐 앤도버 신학대학교를 졸업했다. 니시마 조는 믿음의 모험을 해야겠다는 마음으로 당시 큰돈인 5천 불을 모았다. 그 돈으로 교토에 대학을 세워 영어와 신학을 가르쳤는데, 그 대학이 바로 도시샤, 즉 동지사대학(同志社大學)이다. 일본의 3대 사립학교로 손꼽히는 이 대학은 일제강점기 때 우리나라의 정지용, 윤동주 시인이 수학한 곳이기도 하다.

니시마 조가 그 어려운 시대를 헤쳐나가며 동지사대학을 설립하기까지 그의 삶을 움직였던 핵심 토대가 무엇이었을까? 바로 '믿음의 모험'이었다. 그는 평생에 걸쳐 '믿음으로 모험하는 인생'을 살아갔다.

오늘날에도 아브라함과 니시마 조 같은 사람이 필요하다. 갈 바를 알지 못하지만 믿음으로 한 걸음 한 걸음을 떼는 믿음의 모험가들을 이 시대는 간절히 찾고 있다. 그러므로 한국교회 주일학교는 '교육 정책'이 아니라 '선교 정책'으로 접근해야 한다고 생각한다. 선교는 하나님께서 명하신 일을 수행하기 위해 믿음의 목표를 가지고 자신을 던져야만 이룰 수 있는 사역이다. 그러니 주일학교는 아이들에게 단순히 교리를 가르치는 정도가 아니라 선교를 위해 생명까지도 거는, 믿음의 모험가를 키우는 데 교육의 초점을 맞춰야 한다. 그래야 다음세대가 진정한 믿음의 세대로 세워질 수 있기 때문이다.

우리는 지금 '부흥인가, 쇠퇴인가'의 기로에 선 시대를 살고 있다. 지금이야말로 결사적인 믿음의 모험을 감행해야 할 때다. 당신은 어느 쪽을 택하겠는가? 당신 한 사람의 선택에 따라 한국의 복음주의가 쇠퇴할 것인지, 아니면 다시 한번 박차고 날아오를 것인지 결정될 수도 있다. 그리스도인 한 사람 한 사람이 믿음의 모험을 결단함으로, 다시 한번 부흥의 시대가 오기를 간절히 바란다.

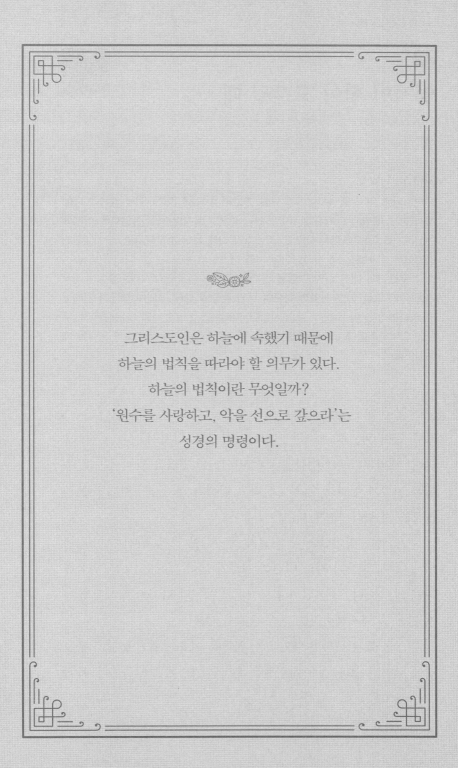

그리스도인은 하늘에 속했기 때문에
하늘의 법칙을 따라야 할 의무가 있다.
하늘의 법칙이란 무엇일까?
'원수를 사랑하고, 악을 선으로 갚으라'는
성경의 명령이다.

22
영적인 힘이 고갈될 때
WHEN SPIRITUAL STRENGTH RUNS DRY

시편 13:1–6

1 여호와여 어느 때까지니이까 나를 영원히 잊으시나이까 주의 얼굴을 나에게서 어느 때까지 숨기시겠나이까 2 나의 영혼이 번민하고 종일토록 마음에 근심하기를 어느 때까지 하오며 내 원수가 나를 치며 자랑하기를 어느 때까지 하리이까 3 여호와 내 하나님이여 나를 생각하사 응답하시고 나의 눈을 밝히소서 두렵건대 내가 사망의 잠을 잘까 하오며 4 두렵건대 나의 원수가 이르기를 내가 그를 이겼다 할까 하오며 내가 흔들릴 때에 나의 대적들이 기뻐할까 하나이다 5 나는 오직 주의 사랑을 의지하였사오니 나의 마음은 주의 구원을 기뻐하리이다 6 내가 여호와를 찬송하리니 이는 주께서 내게 은덕을 베푸심이로다

요즘 들어 피로를 호소하는 사람들이 점점 많아지는 것 같다. 모든 걸 태워버리는 한여름을 보내고 선선한 가을을 맞이했는데, 수확의 기쁨과 평안한 쉼은 고사하고 인생의 피로감이 한꺼번에 몰려오는 것 같다고 말한다.

한숨 자고 일어났을 때 피로가 풀린다면 그건 '안전한 피곤'이다. 그런데 충분히 자도 여전히 피로가 남아 있으면 그건 '위험한 피곤'에 속한다. 이는 단비나 보슬비가 아니라 갑자기 세차게 쏟아져 많은 걸 파괴해버리는, 폭우와 같은 피로다.

피로를 풀지 못하면 나이 드신 분들은 여유와 활기를 잃고 우울감에 빠지기 쉽다. 젊은 사람들은 온라인 게임에 탐닉하거나, 폭식

하나님의 사람 다윗 2

하거나, 도박에 빠지는 등 중독 증세에 시달린다. 풀지 못한 피로가 결국 인생을 파괴하는 지경으로 이끈다. 특히 우리나라 사람들 중에는 이와 같은 파괴적 피로를 가진 사람이 많다. 이는 마치 시한폭탄을 안고 살아가는 것과 같다. 평소 가벼운 피로감을 무시한 채 계속 달리다 보니 피로가 쌓이고 쌓여, 결국 '위험한 피곤'까지 이르게 된 것이다.

영적 세계도 이와 비슷하다. 영적 갈증이 깊어지면 점점 더 피곤해지고, 피곤이 쌓이다 보면 영적 세계가 무너져 내리기 시작한다. 그러므로 영적 갈증이 찾아올 때 방치해서는 안 된다. 무시해서도 안 된다. 반드시 해갈해야만 한다.

누구나 영적으로 고갈될 수 있다

삶의 의욕이나 에너지가 고갈되는 것은 근본적으로 인간의 타락과 관계가 깊다. 타락한 인간에게 나타난 가장 큰 변화는 영적으로나 육적으로 에너지가 고갈된다는 것이다. 아담과 하와가 에덴동산에서 하나님과 마음껏 교제했던 시절에는 이런 문제가 없었다. 그러나 아담의 범죄 이후, 육신을 가진 모든 사람은 이러한 현실에서 벗어날 수 없게 되었다.

영적인 힘이 고갈될 때 나타나는 현상은 여러 가지다. 어떤 사람은 몸이 아프기도 하고, 어떤 사람은 우울증 같은 마음의 병을 앓는다. 어떤 사람은 작은 일에도 주체할 수 없는 분노를 보이고, 어떤 사람은 깊은 무기력증에 빠지기도 한다.

신앙의 거장 중에도 안팎으로 감당할 수 없는 시련을 지속적으로 만나면서, 영적인 힘이 고갈되고 신앙조차 흔들리는 경험을 한 사람들이 많다.

종교개혁자 루터는 잘못된 종교적 관행과 신학에 맞서 싸우는 동안 가톨릭 교회로부터 엄청난 박해를 받았다. 너무도 큰 짐을 안고 살았던 루터는 그의 일기에 "일주일 이상 죽음과 지옥의 문턱에 서 있었던 것 같다. 온몸이 떨리고 고통스러워 죽을 것 같다"라고 심경을 토로했다. 19세기 영국 교회의 부흥을 일으켰던 스펄전 목사님도 "극도의 비참한 정신적 고통을 겪고 있다"라고 고백한 바 있다.

영적인 에너지가 고갈되면 하나님이 나를 외면하는 것 같고, 내가 마치 버려진 존재처럼 느껴진다. 그래서 나도 모르게 욥처럼 탄식하게 된다.

> 그가 폭풍으로 나를 꺾으시고 아무런 이유 없이 나에게 많은 상처를 주시며 나로 숨을 쉬지 못하게 하시고 괴로운 슬픔으로 내게 채우시는구나(욥 9:17-18, 현대인의성경).

성경은 욥과 같은 의인도 삶의 막다른 절벽 앞에서는 숨 쉬는 것조차 힘들어한다는 것을 알려준다. 인생길에서 이런 탄식을 한 번도 안 하는 사람이 몇이나 될까? 그래서 우리에게는 쉼이 필요하다. 마크 뷰캐넌 목사님은 다음처럼 말했다.

"나는 하나님 안에서 더욱더 쉬는 법을 배웠다. 그리고 하나님을 더욱더 맛보고 있다."

진정한 안식과 쉼을 누릴 때, 우리의 심령이 하나님을 더욱 경험하며 그분과 가까워질 수 있다는 뜻이다. 쉼 없이 분주한 상태로는 하나님을 인격적으로 경험하기 어렵다.

그렇다면 그리스도인은 어떻게 해야 진정한 쉼을 누릴 수 있을까? 아름다운 자연 속에서 쉬는 것일까? 아니다. 그런 것은 부차적이다. 진정한 쉼이란 하나님께 나의 모든 짐을 내려놓는 것을 말한다. 아무리 멋지고 아름다운 자연 속에서 휴식을 취해도 정작 하나님께 짐을 내려놓지 못하면 진정한 쉼을 얻지 못한다.

따라서 하나님께 내 짐을 내려놓는 그곳이 진정한 쉼의 장소라 할 수 있다. 그곳은 기도하는 곳이나 말씀을 읽는 곳, 또는 찬양의 자리가 될 수도 있다. 심지어 집에서 청소를 하거나 직장에서 일을 하면서 하나님께 내 짐을 내려놓을 수 있다면, 그곳이 바로 진정한 쉼의 장소다.

마태복음 11장 28절은 가장 완벽한 쉼의 비결을 알려준다.

수고하고 무거운 짐 진 자들아 다 내게로 오라 내가 너희를 쉬게 하리라.

예수님 안에서의 쉼은 세상 사람들이 이해할 수도 경험할 수도 없다. 기독교의 쉼은 다른 종교에서 말하는 것과 전혀 다르다. 세상에서 말하는 쉼의 개념은 복잡한 일상에서 벗어나 마음을 비운 상태에 가깝다. 그러나 기독교의 쉼은 하나님을 향한 믿음과 감사를 통해 얻는다. 삶에 여러 가지 어려움이 있어도 하나님이 함께하신다는 믿음을 가지고, 내 소유가 세상의 기준으로는 초라하더라도 모든 필요를 채우시는 하나님께 감사할 때, 내 영혼은 진정한 쉼을 얻게 된다.

아무리 부자라 해도 믿음과 감사가 없으면 참된 쉼을 누릴 수 없다. 더 갖고 싶은 인간의 욕심 때문에 늘 노심초사하기 때문이다. 결국 영혼의 쉼은 돈이 많든 적든, 고난이 크든 작든 내게 주어진 삶을 하나님께 진심으로 감사할 때 주어진다.

영적 해갈의 단계 1. 탄식

시편 13편은 다윗의 탄원기도로, 그가 힘들고 어려울 때 이 문제를 어떻게 해결했는지 보여준다. 다윗은 이 시에서 영적으로 고갈된 상태와 파괴적인 피곤을 실감 나게 묘사한다. 그 표현이 어찌나 생생한지 마치 하나님께 버림받은 사람 같다. 1절을 보라.

> 여호와여 어느 때까지니이까 나를 영원히 잊으시나이까 주의 얼굴을 나에게서 어느 때까지 숨기시겠나이까.

다윗은 지금 굉장히 당혹스럽고 혼란스러운 상태다. 하나님을 신실하게 섬겼는데 왜 이토록 곤고한 지경에 내몰려 허우적거려야 하는지 의아해한다. 왜 나를 돌아보지 않으시냐고 하소연도 해본다. 심지어 2절에서는 보다 고조된 감정을 엿볼 수 있다.

> 나의 영혼이 번민하고 종일토록 마음에 근심하기를 어느 때까지 하오며 내 원수가 나를 치며 자랑하기를 어느 때까지 하리이까.

여기에서 원수가 나를 쳤다는 것은 나를 완전히 제압했다는 뜻이 아니다. 원수가 정치적으로나 사회적으로 승승장구하고 있음을 가리킨다. 원수의 역량이 점점 더 커져서 나를 향한 압박 수위가 높아지고 있다는 뜻이다. 더구나 그 기간도 잠시가 아니라 계속 이어지고 있다는 게 다윗이 탄원하는 이유다.

우리는 다윗이 상대적 좌절감이나 박탈감에 시달릴 때마다 먼저 하나님께 탄식했다는 사실을 주의 깊게 봐야 한다. 다윗은 영적 해갈을 위한 첫 단계로 '탄식'을 택한다. 1절과 2절을 영어 성경으로 보면 '어느 때까지'라는 뜻의 "how long?"이 네 번이나 나온다. "주님, 언제까지 기다려야 됩니까? 주님의 얼굴을 언제까지 숨기실 겁니까? 내 영혼이 언제까지 고통을 당해야 합니까? 언제까지 원수가 승승장구하는 것을 봐야만 합니까?"라는 고백에서 오랜 기다림으로 지친 다윗의 상태가 여실히 느껴진다.

고난이란 어쩌면 '기간'의 문제와 더 깊이 연관될 수도 있다. 고통이 끝나지 않고 오랫동안 지속된다는 것은 참으로 견디기 힘든 일이다. 그래서 다윗은 하나님 앞에 탄식하며 "언제까지입니까"라는 고백을 반복해서 할 수밖에 없었다.

다윗의 생애를 연구하면서 새삼 놀라는 건 다윗 인생의 봄, 여름, 가을, 겨울마다 각각의 고통이 있었고 각각의 원수가 있었다는 점이다. 각 계절마다 그를 괴롭히는 이들이 꼭 있었다.

무명 시절이었던 다윗의 봄의 계절에 골리앗 같은 큰 대적이 있었다. 그 대적을 물리치자 봄의 끝자락부터 초여름까지 사울이 그를 핍박하고 괴롭혔다. 그렇다면 인생의 가을에 찾아와 다윗을 괴롭힌 사람은 누구인가? 바로 다윗의 측근들이었다. 특별히 다윗에게 충성했던 요압의 배신은 그를 한숨짓게 만들었다. 또한 그토록 아끼고 사랑했던 아들 압살롬의 배신 앞에서 다윗의 심장은 난도질을 당하는 것처럼 고통스러웠다.

본문은 그와 같은 고통 가운데 드리는 탄원시다. 다윗이 얼마나 힘들었는지는 "어느 때까지니이까?"라는 구절만 봐도 짐작할 수 있다. 6개월을 기도해도 응답이 없고 1년, 2년, 3년을 기도해도 아무런 변화조차 없는 기도 제목 앞에서 다윗의 영혼은 완전히 메말라가고 있었다.

이렇게 영적으로 고갈되어 컨디션이 하강곡선을 그릴 때 우리에게 나타나는 두드러진 현상 중 하나는 남 탓, 즉 책임전가다. "이 모든 문제의 원인이 당신"이라며 배우자 탓, 지도자 탓, 부모 탓, 자식 탓을 한다. 이렇게 본능적으로 남 탓을 하는 우리의 모습이야말로 우리가 아담의 계보를 이은 사람들임을 보여준다.

역사적으로 공산주의가 득세할 때도 이 '책임 전가' 현상이 얼마나 두드러졌는지 모른다. 사람들이 모인 곳에선 항상 무차별적 비판과 비난이 쏟아졌다. 남이 잘되기 때문에 내가 잘못된다는 생각으로 분노와 상처를 버무리다 보니, 책임 공방을 벌이며 숱한 피를 흘리고 말았다. 단적인 예로 러시아 볼셰비키가 혁명을 일으켰을 때 이 책임 전가로 수천만 명이 피를 흘렸고, 수많은 사람이 시베리아로 유형을 떠났다.

한국 사회도 이와 같은 '남 탓 증후군', 즉 내 불행의 원인을 남의 탓으로 돌리는 책임 전가 현상이 매우 강하다. 특히 타인의 시선을 의식하는 체면 문화는 내면보다 외적인 치장에 치우치면서 영혼의 메마름으로 이어지기 일쑤다. 오랫동안 괜찮은 척 가면을 쓰다가 급기야 파괴적인 피곤 상태에 빠지면 남 탓을 더 많이 하게 된다. 그런데 우리에게 찾아오는 영혼의 고갈 상태를 꼭 남들 때문이라고만 말할 수 있을까?

이에 대해 사람마다 복잡하고 미묘한 답을 하겠지만, 나는 근본적으로 우리에게 찾아오는 고갈의 원인이 결코 '특정한 사람이나 환경' 때문은 아니라고 생각한다. 남편 때문에, 아내 때문에 내가 스트레스를 받는다는 건 맞는 이야기일지 몰라도, 내 영적 고갈의 근본적 원인이 '그 사람'은 아니라는 이야기다. 예를 들어, 휴대폰에 배터리가 방전된 건 휴대폰 자체 결함이나 사용자의 부주의라기보다 배터리를 충전하지 않은 이유 때문인 것처럼 말이다.

영혼의 문제도 마찬가지다. 우리 인생에는 영혼을 고갈시키는 여러 환경적 압박이 산재해 있는 게 사실이다. 하지만 내가 제때 주님을 통해 충전하지 않았다면, 환경 혹은 어떤 사람이 내 영혼을 메마르게 했다며 책임을 물을 수는 없다. 스마트폰 배터리를 충전하듯 우리에게도 주님께 가서 영혼을 충전해야 할 책임이 있다는 걸 먼저 인식해야 한다.

그렇기에 우리는 먼저 '하나님 앞에서' 우리 영혼이 고갈된 상태를 탄식해야 한다. 사람 앞에서의 끝없는 남 탓은 또 다른 문제와 고통을 불러오기 때문이다. 탄식하되 하나님 앞에서 탄식하는 것, 그것이 영적 해갈로 가는 첫 번째 길임을 잊지 말자.

영적 해갈의 단계 2. 기도

영혼의 고갈 앞에서 낙심하고 탄식하는 건 우리의 전형적인 모습이다. 다윗 역시 본문 1-2절에서 매우 낙담하는 모습을 보였다. 그러나 3-4절에 가면 벌써 다음 단계로 나아갔음을 알 수 있다.

> 여호와 내 하나님이여 나를 생각하사 응답하시고 나의 눈을 밝히소서
> 두렵건대 내가 사망의 잠을 잘까 하오며 두렵건대 나의 원수가 이르기
> 를 내가 그를 이겼다 할까 하오며 내가 흔들릴 때에 나의 대적들이 기뻐
> 할까 하나이다.

다윗은 여기서 "여호와 내 하나님이여" 하고 자신의 하나님을 불렀다. 하나님을 부르며 자신을 좀 생각해달라고 토로한다. 이는 다윗이 탄식을 넘어 기도의 단계로 들어갔다는 뜻이다.

신실한 신앙의 선배들은 대체로 이와 비슷하다. 사무엘의 어머니 한나를 보라. 아이를 갖지 못해서 브닌나로부터 괴롭힘과 업신여김을 당할 때, 하나님 앞에 나아가 처절하게 울부짖었다. "하나님 나를 한 번만 생각해주옵소서"라고 말이다.

우리는 어떤가? 영적으로 고갈된다는 건 기도할 힘조차 잃어버렸다는 뜻이기도 하다. 그래서 우리가 그런 상태가 되면 탄식밖에 나오지 않는다. 그러나 탄식도 하나님 앞에서 하다보면 기도로 이어지고, 기도로 이어지면 살길이 열린다. 탄식의 자리는 도리어 회복의 자리, 소망의 자리가 될 수 있다.

다윗의 위대함은 그 절망적인 탄식을 항상 기도로까지 연결했다는 점이다. 그가 "어느 때까지니이까"라고 탄식할 때의 뉘앙스를 보면 하나님을 향한 불신과 삶에 대한 두려움이 가득해서 도무지 상황을 극복할 수 없을 것만 같다. 그런데 그는 3절에서 "내 하나님이여"라고 부르짖으며 곧바로 하나님께 돌진하는 듯하더니, 이내 기도의 깊은 단계로 들어간다. 여기서 우리는 하나님께서 우리를 낙심의 자리로 끌고 가시는 이유를 알게 된다.

나는 그 이유를 짚어볼 때마다 인간 존재의 독특함을 생각하게 된다. 인간이 어떤 존재인가? 전적으로 타락한 존재다. 그 때문에 우리는 낙심의 자리로 가지 않으면 제대로 된 기도를 할 수 없다. 물론 낙심하지 않아도 항상 기도할 정도로 성숙한 분들을 가끔 만나기도 한다. 하지만 그들 역시 사망의 음침한 골짜기를 오랫동안 지나오면서 삶의 고갈을 미리 경험했던 까닭에 평소에도 기도의 자리에서 사시는 분들이다.

　주님이 우리에게 영적 고갈 상태를 허락하시는 이유는, 우리를 기도의 자리로 밀어 넣기 위함임을 잊어선 안 된다. 우리 영혼의 고갈과 낙심의 상태는 주님과 깊이 만나는 고귀한 순간이 될 수 있는 절호의 찬스다.

　그리스도인과 불신자의 근본적인 차이도 이런 관점으로 접근할 수 있다. 주님을 모르는 사람들은 낙심되고 핍절한 고갈 상태가 오면 아담의 후예로서의 본색이 여실히 드러난다. 남 탓을 하고 책임을 전가하며, 자기 통제력을 상실한다. 그러나 둘째 아담이신 예수 그리스도의 피로 구원받은 그리스도인들은 탄식하다가도 이내 기도의 자리로 나가게 된다. 본문 3절처럼 "여호와 내 하나님이여 나를 생각하사 응답하시고, 나의 눈을 밝혀 주시옵소서"라고 기도하면서 낙심의 자리에서 영안이 밝아지는 자리로 나아간다.

　보통은 삶의 문제가 앞에 떡하니 버티고 있으면 그 문제에만 깊이 함몰되어 멀리 내다보지 못한다. 하지만 낙심과 갈등의 순간에 올바로 기도하면서 영안이 열리면 눈앞의 문제만이 아니라 문제 너머의 하나님을 보게 된다. 그때부터 문제를 대하는 태도가 확 달라져 삶의 터닝 포인트를 맞게 된다.

　그런 면에서 한국교회 여자 성도들은 특별한 강건함을 지닌 것 같다. 영적으로 낙심하고 좌절하고 환경적으로 어려워질 때, 하나님 앞으로 달려 나오는 사람들 대부분은 남자가 아니라 여자 성도들인 경우가 많다. 똑같이 가정적으로 어려움을 겪어도 여성도들이 먼저 교회로 나온다. 어릴 때 부친께서 교회를 개척하셨을 때도 기도하러 나오시는 분들을 보면 대부분 여자 성도들이었다. 그 어려웠던 시절, 그분들은 기도의 자리에 나와 "무거운 짐을 나 홀로

지고 견디다 못해 쓰러질 때 불쌍히 여겨 날 구원해줄 이 은혜의 주님 오직 예수"라고 찬송하며 새벽마다 기도하고 밤을 새워 기도하셨다.

그래서 나는 지금도 남자 성도들에게 우스갯소리처럼 말씀드리곤 한다. "아내가 만약 기도하는 사람이라면 웬만해선 아내의 말에 순종하세요."

왜 그런가? 낙담할 때 기도의 자리로 가는 아내라면, 그렇게 기도하는 어머니라면 크게 실수하지 않을 것이기 때문이다. 기도의 자리에서 영안이 열리는 축복을 받은 사람은 문제를 대하는 태도가 결코 협소하지 않다.

다윗도 낙심의 자리에서 기도의 자리로 옮겨간 사람이다. 그리고 거기에서 영안이 밝아지는 은혜를 입었다. 본문 4절에서 이를 확인할 수 있다.

두렵건대 나의 원수가 이르기를 내가 그를 이겼다 할까 하오며 내가 흔들릴 때에 나의 대적들이 기뻐할까 하나이다.

다윗은 "하나님, 내가 이렇게 계속 어려워지면 그건 나만의 어려움으로 끝나지 않아요. 원수들이 득세해서 잘난 체하면 하나님의 영광도 가려지잖아요? 그러니 하나님, 나를 도와주세요"라고 절박하게 기도한다. 이런 기도에 하나님께서 어찌 응답하지 않으실 수 있을까?

영적 플러그를 다시 꽂으라

살다 보면 누구나 낙심할 때가 있다. 그러니 핵심은 "어떻게 낙심하지 않을까?"보다는, "어떻게 해야 하루라도 빨리 그 낙심의 자리에서 기도의 자리로 옮겨갈 수 있을까?"이다. 이를 위해 몇 가지 원리를 정리해보았다.

첫째, 기도의 자리로 올라가려면 영적 플러그를 다시 꽂아야 한다. 마치 스마트폰 배터리가 방전되면 전기와 배터리를 이어줘야 하듯이, 우리 영혼이 메말라 방전되면 공급자이신 하나님과 우리 영혼을 연결시켜야 한다. 아무리 세상적으로 잘나가는 사람도, 또 신앙생활을 오래한 사람도 주님과의 연결 플러그가 빠져 있으면 영적으로 고갈될 수밖에 없다.

플러그를 끼우는 방법은 단순하다. 주님 앞에 진실한 마음을 담아 단순하고 소박하게 기도하면 된다.

"하나님 아버지, 저는 좌절한 상태입니다. 완전히 고갈되었어요. 어쩌면 제게 위험한 일이 일어날 수도 있어요. 시한폭탄과도 같은 문제가 생길 수 있어요. 주님, 제가 이렇게 연약하고 부족하니 저 좀 도와주세요."

주님께 이렇게만 마음을 쏟아도 우리 영혼의 플러그를 다시 꽂을 수 있다. 하나님 앞에서만큼은 굳이 정돈되고 화려한 단어로 기도할 말을 찾을 필요가 없다. 가식적인 기도는 가식적인 신앙을 낳기에, 마음을 솔직히 털어놓는 게 무척 중요하다. 진실하고 소박한 기도가 진실하고 소박한 신앙을 낳는다.

낙심의 자리를 기도의 자리로 만드는 두 번째 방법은 '용불용설(用不用說)의 원리'를 적용하는 것이다. 용불용설이란 "쓰면 쓸수록 더 강화되고 안 쓰면 안 쓸수록 약화된다"라는 뜻이다. 물론 이 말을 진화론 범주에 적용하는 것은 어불성설이지만, 단지 우리의 습관적인 삶이나 신체 기관에 적용하는 데는 무리가 없어 보인다.

그 한 예가 근육이다. 근육은 사용할수록 발달하지만 사용하지 않으면 사라져버린다. 자주 사용하는 손은 기능적으로 발달하지만, 그렇지 않은 손은 기능도 떨어진다. 집도 마찬가지다. 아무리 멋지고 고급스러운 수십 억짜리 집도 한 2년 정도 비워두면 을씨년스러워진다. 아무리 비싼 자동차도 오랫동안 세워두면 움직이지 않는다. 우리 영혼도 오랫 동안 시동조차 걸지 않고 가만히 있으면 영적 배터리가 방전되고 만다. 한때 기쁨과 감사로 충만했던 영혼이라도 하나님을 찾지 않으면 결국 영혼의 노후화가 찾아올 수밖에 없다.

영혼을 충전한다는 건 다른 게 아니다. 하나님께서 우리에게 주신 귀한 선물을 활용하는 것이 그 충전의 한 방법이다. 하나님이 한국교회에 풍성하게 주신 말씀자본과 찬양을 통한 기쁨의 자본을 활용하는 지혜가 필요하다는 뜻이다. 결코 우리는 한 달란트 받은 자처럼 그 은사들을 묵혀두면 안 된다.

영적인 용불용설을 기억하기 바란다. 기도의 자리로 갈수록 더 기도하게 되고, 말씀을 볼수록 더 말씀의 능력 안에 살게 된다. 물론 그 반대가 되기도 한다. 말씀과 기도와 찬양의 자본을 자주 활용함으로 더욱 뜨겁게 기도의 자리로 올라가는 성도들이 되기를 바란다.

기도의 자리로 가기 위한 세 번째 방법은, 영적 퓨즈를 점검하는 일이다. 퓨즈가 왜 끊어지는가? 과부하 상태이기 때문이다. 신앙생활을 오래하신 분들이나 모태신앙인 분들을 보면 종종 과부하

상태에 걸려 있다. 잘못된 신앙습관을 점검하지 않고 그대로 끌고 갈 때 과부하가 오기 때문이다. 마치 종교생활을 하듯 교회생활을 하면, 영적 과부하에 걸릴 수밖에 없다.

기독교 신앙은 한마디로 '관계'다. 주님과 친밀한 관계를 맺어야 생명력 있는 신앙생활이 가능하다. 그런데 이런 관계없이 습관적인 종교생활만 거듭한다면, 이 영적 퓨즈도 오래가지 못한다. 결국 신앙생활에 문제가 생기고 영적 고갈 상태가 찾아온다.

예수님이 제자들을 선택하실 때 가장 먼저 했던 말씀이 있다.

"나를 따르라."

나와 관계를 맺자는 말이다. 그런데 오늘날 많은 성도가 이 사실을 놓치고 있다. 예수님을 믿는다고 하면서도 예수님을 따르지는 않는다. 예수님의 말씀에 순종하기로 다짐하지만, 실상 예수님과 친밀한 관계를 맺는다는 것이 어떤 건지 잘 모른다.

하나님과 우리의 관계를 이해할 때 성경에서 놓치지 말고 묵상해야 할 말씀이 마태복음 7장 22절이다.

> 그 날에 많은 사람이 나더러 이르되 주여 주여 우리가 주의 이름으로 선지자 노릇 하며 주의 이름으로 귀신을 쫓아 내며 주의 이름으로 많은 권능을 행하지 아니하였나이까 하리니.

이 말씀에서 잘못된 행동이 있는가? 겉으로 볼 땐 하나도 없는 것 같다. 자기의 이름이 아니라 예수님의 이름으로 복음을 전하고 귀신도 쫓아내고 권능을 행했으니 잘한 것 같다. 그런데 예수님은 이어지는 23절에서 충격적인 말씀을 하신다.

그 때에 내가 그들에게 밝히 말하되 내가 너희를 도무지 알지 못하니 불법을 행하는 자들아 내게서 떠나가라 하리라.

이해하기 어려운 말씀이다. 예수님의 이름으로 복음을 전하고 권능을 행했지만, 예수님은 그들을 보며 "나는 너희를 도무지 모르겠다"라고 말씀하신다.

과연 무엇이 문제인가? 이들은 나름대로 신앙적인 원리를 붙잡고 살았지만, 가장 중요한 예수님과의 관계 속에 있지 않았다. 교리보다 더 중요한 것이 예수님과의 관계다. 그 관계 속에 살지 않으면, 어떤 신앙적인 행위도 예수님께 인정받지 못한다. 그러한 삶은 마치 전원 플러그가 빠진 기계나 다를 바 없다. 기독교 미래학자 레너드 스위트도 이 부분을 지적했다.

"오늘날 교회와 성도들은 예수님과의 참된 관계는 잃어버리고 신학적인 신념과 종교적인 습관만 남았다."

형식적이고도 잘못된 신앙 습관이 주님과의 친밀함을 방해하는 주범임을 알아야 한다. 신앙의 연륜이 깊어질수록 주님과의 관계도 더 깊어진다면 얼마나 아름다운 일인가? 가끔 그런 사람들을 만나면 심령이 촉촉해지면서 나도 모르게 닮고 싶어진다. 그러나 오랜 신앙 연륜에도 대화할수록 심령이 메말라지고 감정을 곤두서게 하는 사람과는 다시 만나고 싶지 않을 것이다.

그 차이가 무엇이겠는가? 이는 십자가에 대해 말하는 사람과 십자가의 길을 걷는 사람의 차이라고 할 수 있다. 복음에 대해 말하는 사람과 복음으로 사는 사람의 차이라고도 할 수 있다. 하나님의 사랑에 대해 말하는 사람과 하나님의 사랑을 실천하는 사람의 차이라고 할 수 있다. 또한 앞서 이야기했듯이 주님과의 연결선이 이어졌느냐 끊어졌느냐의 차이로도 볼 수 있다. 모든 그리스도인은 이 퓨즈가 나가버리면 주님의 생명력을 발휘할 수 없다는 것을 기억해야 한다.

영적 해갈의 단계 3. 은혜의 고지로 오르라

탄식의 단계를 지나 기도의 자리로 나아갔다면 이제 '은혜의 고지'로 올라가는 것만 남았다. 다윗을 보라. 탄식하다가 기도의 자리로 나아간 다윗은 당장 문제를 해결받은 건 아니었다. 그렇다고 마음이 치유되지도 않았다. 그런데도 5-6절에서 전혀 상반된 고백을 드리고 있다.

> 나는 오직 주의 사랑을 의지하였사오니 나의 마음은 주의 구원을 기뻐하리이다 내가 여호와를 찬송하리니 이는 주께서 내게 은덕을 베푸심이로다.

다윗은 지금 은혜의 고지로 힘차게 올라가 승리의 깃발을 꽂고 있다. 그 증거가 무엇인가? 영혼이 메마르고 에너지가 고갈되었음에도 여호와를 찬송하고 있다는 점이다.

이처럼 하나님을 찬송하는 것, 그게 바로 은혜의 고지로 올라갔다는 증거다. 전투 상황에서 모든 난관을 극복하고 고지를 점령했을 때를 상상해보라. 그때의 희열은 이루 말할 수 없다. 마찬가지로 영적인 곤고함이 오래 지속되는 상황에서 기도의 자리를 거쳐 은혜의 절정인 하나님을 찬양하는 데까지 다다를 때, 우리에게는 마치 고지에 깃발을 꽂는 것 같은 영적 희열이 솟구칠 것이다. 영적, 육적으로 피로한 상태에서 하나님을 찬양하는 자리에 간다는 것은 이토록 중요하다.

이 은혜의 고지에 올라간 후 다윗은 이렇게 고백했다.

내가 여호와를 찬송하리니 이는 주께서 내게 은덕을 베푸심이로다(6절).

은덕이란 '은혜와 덕'을 뜻한다. 즉, 주님이 베풀어주신 인자하심과 너그러우심과 후대하심에 대한 통칭이다. 다윗이 이렇게 고백하는 것은 당연한 일이 아니다. 왜냐하면 다윗은 현재, 누구보다 곤고하고 낙심한 상태이기 때문이다. 낙심한 상태일 때는 '은혜'가 보이지 않는다. 그런데 그 낙심의 자리에서 기도의 자리로 올라가 영혼의 눈을 뜨고 보니 찬송할 이유를 찾게 되었다. '아, 이 어려운 가운데서도 주님이 내 생애를 은덕으로 이끌어주셨구나!'라는 깨달음을 얻게 된 것이다. 자신의 생애가 '주님이 베풀어주신 은덕'이라는 하나의 줄로 이어지고 있음을 보게 되자, 주님을 찬송하지 않을 수 없었던 것이다.

인간적인 눈으로만 보면 다윗은 자기 인생을 자기 능력으로 충분히 살 수 있는 사람이었다. 우리가 보통 한 사람의 지도력을 평가할 때 "저 사람은 신언서판(身言書判)을 두루 갖췄다"라고 말하지 않는가? 그 말대로 다윗은 몸가짐, 말솜씨, 글솜씨, 판단력을 두루 겸비한 사람이었다. 외모는 준수하고 말은 지혜로웠다. 다윗은 모든 면에서 타의 추종을 불허할 만큼 뛰어났다. 사무엘상하에 나타난 다윗의 판단력은 정확했다.

그렇게 신언서판을 다 갖춘 다윗이 6절에서 뭐라고 말하는가?

"내 생애를 이끌어온 힘은 나의 신언서판이 아니라 하나님의 은덕이었다."

다윗의 이 한 마디는, 인생을 이끄는 힘이 결국은 하나님의 은혜에 있음을 보여주는 진실하고도 정직한 고증이 된다. 마치 모든 걸 다 가진 솔로몬이 그걸 다 누려본 후에 '해 아래 모든 게 헛되고 헛되니 오직 하나님을 경외하는 것만이 참되다'고 말할 때, 우리가 동의하게 되는 것과 비슷하다.

다윗은 신언서판을 모두 갖추었지만 그의 삶은 우여곡절의 연속이었다. 삶의 각 계절마다 치열한 싸움과 핍박, 고통과 슬픔이 따랐다. 그래서 그는 자신의 무력함과 하나님의 크심을 언제나 대면해야 했다. 만약 다윗이 골리앗을 물리친 이후, 아니 통일왕국의 왕이 된 이후 아무런 갈등 없이 평탄하기만 했다면, 은혜의 고지로 힘겹게 올라 승리의 깃발을 꽂지 못했을 것이다. 다윗의 그 많은 고통이 그를 탄식의 자리에서 기도의 자리로, 기도의 자리에서 은혜의 고지로 올라가게 했던 것이다. 그리고 하나님은 그 자리에서 다윗의 영적 갈증과 고갈을 해갈해주셨고, 열정과 순수성까지도 회복시켜 주셨다.

자주 강조하는 말이지만, 은혜의 고지로 올라가면 3P, 곧 Power(능력), Passion(열정), Purity(순수성)가 회복된다. 하나님께서 우리에게 이 세 가지를 주시면 우리는 끝까지 승리하는 삶을 살 수 있다. 어떤 파괴적 피곤도 하나님의 능력(power)을 이길 수 없고 어떤 좌절도 열정(passion)을 이길 수 없으며, 어떤 낙심도 순수성(purity)을 이길 수 없음을 끝까지 믿고 나아가자.

은혜의 장소, 은혜의 사람들

이 외에도 영혼의 낙심에서 벗어나기 위한 방법은 다음과 같다. 영적인 고갈 상태가 찾아왔을 때 나를 회복시키는 장소를 찾는 일은 영혼의 회복에 있어 매우 중요하다. 교회 예배실이든 다락방이든 기도의 골방이든, 아니면 어릴 때 기도하던 곳이든 각 개인의 맞춤 회복 장소를 찾아가는 일이 필요하다. 사람은 하나님을 만나야 회복된다. 야곱도 벧엘에서 하나님을 만났듯, 우리도 하나님을 만나는 자신만의 벧엘이 있어야 한다.

그래서 나는 한국교회의 각 예배당이 모든 성도의 영적 소진 상태를 채우는 충만의 장소가 되기를 줄곧 기도해왔다. 그렇게 되면 어떤 분들은 주일날 교회 예배당에서 참회의 기도만 드려도 회복되는 은혜가 있다고 고백할 것이다. 또 어떤 분들은 다 함께 회중 찬송을 부르다가 영혼의 곤고함에서 벗어났다고 고백할 것이다. 어떤 분들은 잘 준비한 예물을 주님 앞에 드리는 순간, 영적 회복의 은혜를 충만히 맛보았노라 고백할 것이다. 나는 부디 그와 같은 은혜가 한국교회 각 예배의 장소에 임하기를 간절히 기도한다.

우리가 영적 고갈에 빠지지 않도록 조심하고, 영적 회복을 위해 애써야 하는 이유는 자신은 물론 형제와 이웃을 위해서다. 우리는 영적인 힘이 고갈될 때, 마음을 다스리는 힘이 약해지기 때문에 알게 모르게 자기자신에게, 혹은 주위 사람들에게 쉽게 상처를 주고받는다. 또 영적인 힘이 고갈되면 잘못된 탈출구를 찾아 중독에 빠지는 경향도 있다. 그뿐만 아니라 모든 일을 쉽게 포기하거나 좌절하게 된다.

그러므로 "영적인 힘이 고갈될 때 어떻게 회복할 수 있을까?"라는 질문은 "어떻게 해야 내가 상처와 좌절과 중독에서 해방될 수 있을까?라는 질문과 같다. 적지 않은 사람들이 이 상처와 좌절과 상습적인 죄, 혹은 중독과 씨름하고 있다. 이러한 문제로부터 회복하려면 먼저 약속의 말씀을 붙들어야 한다.

> 그의 탐심의 죄악으로 말미암아 내가 노하여 그를 쳤으며 또 내 얼굴을 가리고 노하였으나 그가 아직도 패역하여 자기 마음의 길로 걸어가도다 내가 그의 길을 보았은즉 그를 고쳐줄 것이라 그를 인도하며 그와 그를 슬퍼하는 자들에게 위로를 다시 얻게 하리라 입술의 열매를 창조하는 자 여호와가 말하노라 먼 데 있는 자에게든지 가까운 데 있는 자에게든지 평강이 있을지어다 평강이 있을지어다 내가 그를 고치리라 하셨느니라(사 57:17-19).

이처럼 하나님은 내가 어떤 자리, 어떤 처지에 있다 해도 반드시 나를 고치시고 일으키시는 분이다. 이 사실을 알고 믿을 때, 하나님의 치유가 임할 것이다.

영적 회복을 위한 또 다른 지침도 간단하다. 고갈 상태일수록 충만한 사람들을 만나라는 권면이다. 물론 우리는 고갈된 사람들을 돌아보아 서로 격려해야 하지만, 나 자신이 고갈될 때 고갈된 사람을 만나면 악순환이 반복될 수밖에 없다. 그럴 때는 신앙 좋은 선배들과 멘토들을 만나 사라진 열정과 순수성을 회복해야 한다. 그래야 다시 누군가를 돌아보는 사역도 건강하게 감당할 수 있다.

영적 에너지를 충전하기 위해서 자연 속에 들어가 창조주 하나님과 교제하는 것도 좋은 방법이다. 하나님께서 지으신 자연에는 보이지 않는 하나님의 손길이 곳곳마다 담겨 있기 때문에 자연 속을 거닐다 보면 하나님의 위로가 신선한 공기처럼 우리의 폐부에 깊숙이 스며드는 경험을 하게 된다. 완전히 고갈되어 답답하고 힘들 때 현실을 벗어나 자연 속을 한번 거닐어보라. 함초롬 피어오른 야생화도 보고, 이름이 없어도 싱그럽게 춤추는 들풀도 보라. 그러면 자연 속에서 잠잠히 말씀하시는 하나님의 메시지를 듣게 될 것이다.

가을 들녘을 한번 보라. 충만하게 익은 곡식을 보는 것만으로도 우리 가슴이 충만하게 차오르지 않는가? 쇠잔했던 영혼도 부디 회복되어서, 잘 익은 열매로 우리 자신을 하나님께 드릴 수 있게 되길 소원해 본다.

23

나는 어느 부분이 약한 사람인가?

WHAT IS MY WEAKNESS?

사무엘하 11:1-27

1 그 해가 돌아와 왕들이 출전할 때가 되매 다윗이 요압과 그에게 있는 그의 부하들과 온 이스라엘 군대를 보내니 그들이 암몬 자손을 멸하고 랍바를 에 워쌌고 다윗은 예루살렘에 그대로 있더라 2 저녁 때에 다윗이 그의 침상에서 일어나 왕궁 옥상에서 거닐다가 그 곳에서 보니 한 여인이 목욕을 하는데 심 히 아름다워 보이는지라 3 다윗이 사람을 보내 그 여인을 알아보게 하였더니 그가 아뢰되 그는 엘리암의 딸이요 헷 사람 우리아의 아내 밧세바가 아니니이 까 하니 4 다윗이 전령을 보내어 그 여자를 자기에게로 데려오게 하고 그 여 자가 그 부정함을 깨끗하게 하였으므로 더불어 동침하매 그 여자가 자기 집 으로 돌아가니라 5 그 여인이 임신하매 사람을 보내 다윗에게 말하여 이르되 내가 임신하였나이다 하니라 6 다윗이 요압에게 기별하여 헷 사람 우리아를 내게 보내라 하매 요압이 우리아를 다윗에게로 보내니 7 우리아가 다윗에게 이르매 다윗이 요압의 안부와 군사의 안부와 싸움이 어떠했는지를 묻고 8 그 가 또 우리아에게 이르되 네 집으로 내려가서 발을 씻으라 하니 우리아가 왕 궁에서 나가매 왕의 음식물이 뒤따라 가니라 9 그러나 우리아는 집으로 내려 가지 아니하고 왕궁 문에서 그의 주의 모든 부하들과 더불어 잔지라 10 어떤 사람이 다윗에게 아뢰되 우리아가 그의 집으로 내려가지 아니하였나이다 다 윗이 우리아에게 이르되 네가 길 갔다가 돌아온 것이 아니냐 어찌하여 네 집 으로 내려가지 아니하였느냐 하니 11 우리아가 다윗에게 아뢰되 언약궤와 이스라엘과 유다가 야영 중에 있고 내 주 요압과 내 왕의 부하들이 바깥 들 에 진 치고 있거늘 내가 어찌 내 집으로 가서 먹고 마시고 내 처와 같이 자리 이까 내가 이 일을 행하지 아니하기로 왕의 살아 계심과 왕의 혼의 살아 계심 을 두고 맹세하나이다 하니라 12 다윗이 우리아에게 이르되 오늘도 여기 있 으라 내일은 내가 너를 보내리라 우리아가 그 날에 예루살렘에 머무니라 이튿 날 13 다윗이 그를 불러서 그로 그 앞에서 먹고 마시고 취하게 하니 저녁 때 에 그가 나가서 그의 주의 부하들과 더불어 침상에 눕고 그의 집으로 내려가 지 아니하니라 14 아침이 되매 다윗이 편지를 써서 우리아의 손에 들려 요압

에게 보내니 15 그 편지에 써서 이르기를 너희가 우리아를 맹렬한 싸움에 앞세워 두고 너희는 뒤로 물러가서 그로 맞아 죽게 하라 하였더라 16 요압이 그 성을 살펴 용사들이 있는 것을 아는 그 곳에 우리아를 두니 17 그 성 사람들이 나와서 요압과 더불어 싸울 때에 다윗의 부하 중 몇 사람이 엎드러지고 헷 사람 우리아도 죽으니라 18 요압이 사람을 보내 그 전쟁의 모든 일을 다윗에게 보고할새 19 그 전령에게 명령하여 이르되 전쟁의 모든 일을 네가 왕께 보고하기를 마친 후에 20 혹시 왕이 노하여 네게 말씀하기를 너희가 어찌하여 성에 그처럼 가까이 가서 싸웠느냐 그들이 성 위에서 쏠 줄을 알지 못하였느냐 21 여룹베셋의 아들 아비멜렉을 쳐죽인 자가 누구냐 여인 하나가 성에서 맷돌 위짝을 그 위에 던지매 그가 데벳스에서 죽지 아니하였느냐 어찌하여 성에 가까이 갔더냐 하시거든 네가 말하기를 왕의 종 헷 사람 우리아도 죽었나이다 하라 22 전령이 가서 다윗에게 이르러 요압이 그를 보낸 모든 일을 다윗에게 아뢰어 23 이르되 그 사람들이 우리보다 우세하여 우리를 향하여 들로 나오므로 우리가 그들을 쳐서 성문 어귀까지 미쳤더니 24 활 쏘는 자들이 성 위에서 왕의 부하들을 향하여 쏘매 왕의 부하 중 몇 사람이 죽고 왕의 종 헷 사람 우리아도 죽었나이다 하니 25 다윗이 전령에게 이르되 너는 요압에게 이같이 말하기를 이 일로 걱정하지 말라 칼은 이 사람이나 저 사람이나 삼키느니라 그 성을 향하여 더욱 힘써 싸워 함락시키라 하여 너는 그를 담대하게 하라 하니라 26 우리아의 아내는 그 남편 우리아가 죽었음을 듣고 그의 남편을 위하여 소리내어 우니라 27 그 장례를 마치매 다윗이 사람을 보내 그를 왕궁으로 데려오니 그가 그의 아내가 되어 그에게 아들을 낳으니라 다윗이 행한 그 일이 여호와 보시기에 악하였더라

사무엘하 11장은 설교자가 별로 다루고 싶지 않은 본문이다. 믿음의 영웅인 다윗의 생애에 이 사건이 없었다면 참 좋았을 거라는 생각이 절로 든다. 하지만 성령님은 성경을 기록할 때 추상화가 아니라 극사실화를 담듯 있는 그대로 보여주셨다. 하나님은 성경을 거울 삼아 우리 자신을 비춰보길 원하신다. 만일 이런 장면들을 피해 간다면 하나님의 마음을 피하는 것이나 다름없다.

연세 높은 어르신들은 본문을 보면서 "나는 그런 시기가 지나서 괜찮아. 나는 해당 사항이 없어"라고 말씀하실지도 모른다. 그러나 요즘은 나이와 상관없이 누구나 이런 위험에 노출되어 있다. 청년은 청년대로, 노인은 노인대로, 여성은 여성대로 모두가 유혹의 문제에서 자유롭지 못한 시대다. 우리는 마귀가 약점을 파고드는 순간 언제든 넘어질 수 있는 존재이기 때문이다.

큰소리칠 수 있는 사람은 없다

본문은 성경 중에서도 무척 유명한 사건을 다룬다. 믿음의 영웅 다윗이 밧세바와 간음하고, 그것도 모자라 살인까지 한다는 내용은 충격을 넘어 경악을 불러일으킨다. 이 사건을 보면서 자기에게 해당되지 않는 일이라고 자부하는 사람은 고린도전서 10장 12절을 기억하라고 당부하고 싶다.

그런즉 선 줄로 생각하는 자는 넘어질까 조심하라.

유혹 앞에서 큰소리칠 수 있는 사람은 아무도 없다. 다윗이 넘어졌다면 우리도 쉽게 넘어질 수 있다. 그러므로 주위에 넘어진 사람들이 있다면 우선 그들에게 비난의 칼을 던지는 일부터 멈추기 바란다. 이미 넘어진 사람에게 비수를 꽂기보다는 넘어진 사람이 다시 일어설 수 있도록 기도하며 도와주어야 한다. 아울러 우리 역시 다윗 같은 비극을 맞지 않도록 대비해야 한다.

성경에는 실수한 사람들, 약점을 가진 사람들의 이야기가 가득하다. 노아는 술 문제로 큰 실수를 했다. 믿음의 조상 아브라함은 권력가 앞에서 아내를 누이라고 속였고, 그의 손자인 야곱은 사기꾼 기질이 있었다. 모세는 열등감과 자격지심이 심했으며 살인죄까지 저질렀다. 미리암은 선지자였지만 동생을 헐뜯고 비난했다. 삼손은 정욕 때문에 넘어졌고 요나는 편견으로 가득 찬 도망자였으며, 예레미야는 우울증이 심한 사람이었다. 베드로는 한때 배신자의 삶을 살았고 마가는 사역을 하다가 도중하차했다.

믿음의 영웅이라는 사람들조차 이토록 치명적인 약점을 가졌다면, 세상에 약점 없는 사람은 없을 것이다. 이렇듯 사람은 연약한 존재다. 그렇다면 우리에게 이런 약점이 있는 근본적인 이유는 무엇일까?

우리는 육신의 본성을 지닌 아담의 자손이며 육신의 몸을 입고 사는 존재들이기 때문에 죄와 흠이 있을 수밖에 없다. 그래서 육신에 머무는 동안 유혹의 욕심을 따라서 썩어져가는 구습을 따르게 된다(엡 4:22). 오죽하면 나중에 다윗이 "내가 죄악 중에서 출생하였음이여 어머니가 죄 중에서 나를 잉태하였나이다"(시 51:5)라고 말하며 자신의 나약함을 고백했을까?

우리의 죄 문제는 예수님의 십자가로 해결되었다. 그러나 우리가 이 땅에 발을 딛고 사는 한, 죄의 유혹에서 벗어날 수 없다. '죄 문제'는 해결되었지만 '죄의 유혹'과 관련된 문제는 남아 있기 때문이다. 로마서 7장에서 바울은 원하는 선은 행하지 않고 도리어 원하지 않는 악을 행하는 자신에게 절망하며 탄식한다.

오호라 나는 곤고한 사람이로다 이 사망의 몸에서 누가 나를 건져내랴 (롬 7:24).

바울을 통해 다시금 확인하게 되는 것은, 사람은 누구나 예외없이 약점을 지녔고 그 약점 때문에 넘어질 수밖에 없다는 사실이다. 중요한 것은 '약점이 있느냐 없느냐'가 아니라 '약점을 어떻게 다룰 것인가'의 문제다. 특별히 그리스도인들에게는 이 문제가 매우 중요하다. 예수님을 모르는 사람들은 "약점을 잘 다루면 인격이 도야된다"라며 긍정적으로 이야기하지만, 그리스도인들은 그저 인격 수양의 차원으로만 약점을 다루면 안 되기 때문이다.

약점을 대하는 자세

우리가 약점을 잘 다루어야 하는 핵심 이유는, 마귀가 우리의 약점을 이용해 우리를 넘어뜨리려 하기 때문이다. 약점을 그대로 두면 인생 전체가 무너질 수도 있다. 따라서 자신의 약점을 파악하고 이에 적극 대처하는 태도가 필요하다.

예를 들어, 어떤 사람은 물질에 약해서 이 문제로 자주 넘어진다. 어떤 사람은 먹는 것에 약하고, 어떤 사람은 갑자기 화를 내는 등 감정 조절이 잘 안 된다. 어떤 사람은 육신의 정욕에 약하고, 어떤 사람은 입이 가볍다. 심지어 한 번 상처를 받으면 끝까지 보복해야 직성이 풀리는 사람도 있다. 그런데 이런 약점을 스스로 알아차리고 영적 대비를 하면 마귀의 꾐에 넘어갈 확률은 낮아진다. 그러나 자신에게 이런 약점이 있는지조차 모르거나 아예 알려고 하지 않으면, 마귀의 유혹에 넘어가는 것은 시간문제다. 그런 면에서 우리의 약점이 마귀에게 문고리가 될 수 있다는 사실을 기억해야 한다.

다윗이 그런 일을 겪었다. 자신의 약점을 마귀의 손에 내어주자

마자 마귀는 문고리를 열어 그의 안방까지 침투했다. 그리고 훗날 다윗이 이 일로 인해 겪은 고통은 말로 다 할 수 없다. 그리스도인이 자신의 약점을 잘 다루려면 삶이 영적 전쟁임을 인식하고 내 약점이 마귀의 먹잇감이 되지 않도록 예의주시하며, 믿음의 전신 갑주를 입어야 한다.

가령 성적인 욕망이 우리를 흔들 때, 돈에 대한 탐욕이 우리를 가득 채울 때, 상처에 대한 복수심을 진정하기 어려울 때, 정신을 바짝 차려서 마귀가 나의 약점을 붙잡고 내 마음의 문고리를 흔들고 있음을 자각해야 한다. 그런 다음 이 문제를 들고 하나님 앞에 나아가야 한다. 단지 마음을 수양하는 정도로는 해결할 수 없다.

> 믿음이 강한 우리는 마땅히 믿음이 약한 자의 약점을 담당하고 자기를 기쁘게 하지 아니할 것이라(롬 15:1).

믿음이 강한 자가 믿음이 약한 자를 도와주라는 말씀은 무슨 뜻인가? 단지 음식을 나눠주고 짐을 들어주는 식의 도움을 의미하는 게 아니다. 약점 때문에 흔들리는 자가 있다면, 그가 마귀에게 문고리를 내어주지 않도록 믿음이 강한 사람이 그를 적극 지키며 보호해주라는 의미로 해석 가능하다. 약점을 잡고 흔드는 마귀의 집요한 공격을 알려줌과 동시에, 영적 전쟁에서 승리하도록 믿음으로 도와주는 '영적 전선'을 형성해야 한다.

문고리를 내주면 안방도 빼앗긴다

'다윗' 하면 무엇이 떠오르는가? 우선 그가 하나님의 마음에 맞는 사람이었다는 사실이다. 그는 하나님께 마음을 드린 사람이었다. 그래서 하나님께서는 다윗을 기뻐하셨고 그가 하는 모든 일에 복을 주셨다. 다윗이 전쟁에서 항상 승리했던 것도 그의 내면이 하나님께로 향해 있었기 때문이다.

그런 그도 자신이 선 줄로 생각하다가 그만 넘어져버린 것일까? 본문에서 다윗은 어찌 된 일인지 하나님께로 향하던 마음을 한 여자에게 돌린다. 그러자 그의 가장 큰 강점이 약점으로 바뀌었다. 탐해서는 안 될 외간 여자를 향한 욕망이 마음속에 활활 타오르고 말았다. 그 여자가 바로 우리아의 아내 밧세바였다. 왕궁 옥상을 거닐다 목욕하는 밧세바를 본 뒤로 다윗의 마음엔 밧세바를 향한 탐심이 가득했다. 더구나 다윗은 들끓는 마음을 하나님께로 가져가지도 않았다. 결국 마음이 원하는 대로 우리아의 아내를 궁으로 불러들여 동침을 하고 말았다. 이어서 밧세바의 임신 소식이 들려왔고 다윗은 그 사실을 은폐하기에 급급했다.

다윗이 시도한 플랜 A는 밧세바의 남편인 우리아를 전장에서 불러들여 밧세바와 관계를 맺게 하는 일이었다. 우리아가 아내 뱃속의 아이를 자신의 씨라 믿게 하려 했던 것이다. 그러나 이 계획은 우리아의 충성된 성품 때문에 수포로 돌아갔다. 다윗의 명을 따라 잠시 돌아온 우리아가 "전우들은 지금 전장에서 풍찬노숙(風餐露宿)하며 지내는데 나만 어떻게 따뜻한 집에서 아내와 함께 지내리오?" 하며 집으로 돌아가지 않았기 때문이다.

그러자 다급해진 다윗이 플랜 B를 시도한다. '술을 먹이면 되겠지' 싶어 우리아에게 술을 내렸다. 그러나 우리아는 술에 잔뜩 취했음에도 왕의 신하들, 부하들과 함께 밤을 보냈다. 이처럼 플랜 B 역시 실패로 돌아갔다.

그러자 다윗은 급기야 플랜 C를 꺼내 들었다. 한창 싸움 중에 있는 요압에게 편지를 보내 우리아를 제일 치열한 전쟁터의 선봉에 세워 그를 죽게 하도록 명했다. 이는 명백한 권력 남용이다. 그 결과, 다윗의 몇몇 부하와 우리아가 전쟁터에서 죽었다. 왕의 범죄 때문에 충직한 신하들이 죽임을 당한 것이다. 그 소식을 들은 다윗은 완전범죄가 이루어진 줄 알고 내심 좋아했던 것 같다. 실제로 사무엘하 12장에서 이 사건을 언급하기 전까지의 몇 달 동안, 이 일은 완벽하게 은폐된 듯하다.

이 사건을 보는 우리의 마음은 너무나 아프고 슬프다. '그토록 지혜로웠던 다윗이 어떻게 이럴 수 있을까' 하는 마음에 회의감마저 든다. 다윗은 옛날 사울 왕을 죽일 수 있는 절호의 기회에도 벌벌 떨며 사울의 옷자락만 베었던 사람이다. 다윗이 목이 마르다는 말에 그의 충성스러운 용사들이 목숨을 걸고 베들레헴의 우물물을 길어왔을 때도 "이것은 부하들의 피다"라고 하면서 그 물을 마시지 않고 하나님께 부어 드렸던 사람이다.

그 정도로 사람의 생명을 존중하고 아꼈던 사람이 어떻게 부하를 죽음으로까지 내몰 수 있었을까? 시쳇말로 무엇에 씌었다고밖에 말할 수 없는 일이었다. 다윗은 마치 이 사건에서 이전과는 완전히 다른 사람이 된 것 같다.

하나님께서도 이 일을 지켜보고 계셨다. 27절에 나타난 하나님의 평가를 보라.

다윗이 행한 그 일이 여호와 보시기에 악하였더라.

나는 이 말씀을 읽다가 눈물이 났다. 믿음의 사람 다윗이 하나님 보시기에 악한 행동을 하게 된 일련의 과정이 너무나 안타까웠기 때문이다. 다윗의 약점은 결국 마귀에게 문고리를 내주는 빌미가 되었고, 마귀는 그 문고리를 당겨서 문을 연 뒤 다윗의 안방을 차지해버렸으니 얼마나 통탄할 일인가?

인생의 정점에 오를수록 조심하라

본문을 읽다 보면 다윗 같은 사람도 한순간에 넘어질 수 있다는 사실이 당황스럽다. 다윗은 왜 이토록 허무하게 죄의 유혹에 굴복했을까? 오랜 세월 동안 사망의 음침한 골짜기를 지나면서도 하나님만 바라보며 그분의 뜻대로 행동했던 다윗이, 왜 인생의 정점에서 이와 같은 치명적 실수를 저지른 것일까?

다윗이 인생의 정점에 올랐기 때문에 이와 같은 실수를 더 쉽게 행했다는 걸 부인할 수 없다. 모든 것을 내 뜻대로 이룰 수 있는 전성기였기에 다윗은 욕망을 따라 행동하다가 넘어지고 말았다. 그래서 우리는 모든 일이 잘될수록 조심하고 또 조심해야 한다.

다윗은 수십 년간 사선을 넘나들며 환란과 고통의 풀무불 속에서도 아름답게 연단받아 하나님의 사람으로 빚어진 지도자였다. 어느 모로 보나 흠잡을 데라곤 없는 원숙한 경지의 지도자로 백성에게 존경을 받았다. 판단력과 지혜, 용기와 결단, 정복왕으로서의 자질 등 다윗은 모든 사람이 흠모할 만한 것들을 갖추고 있었다.

그렇게 정점에 섰을 때 다윗에겐 순간적으로 마귀의 유혹이 찾아왔고, 그 유혹이 그를 삽시간에 무너뜨리고 말았다. 하나님으로 가득 차 있던 그의 마음속은 탐심이 부글부글 들끓었다. 마찬가지로 마귀가 문고리를 잡고 흔들며 우리를 유혹해올 때, 그 어디에도 안전지대는 없다. 특별히 정상에 가까이 갈수록 마귀의 공격을 받을 위험은 더 커진다. 그러니 사회에서 지위가 높아지고 삶이 안정될수록 하나님을 갈망하는 마음이 느슨해진 것은 아닌지, 혹 마귀에게 틈을 주고 있지는 않은지 정신을 차리고 살펴야 한다.

다윗에게 다가온 화근은 밧세바의 목욕 장면이었다. 여자가 목욕하는 걸 본 일이 모든 사건의 발단이었다. 무언가를 본다는 게 이토록 강력한 유혹이 될 수 있음을 성경은 곳곳에서 보여준다. 창세기 3장에서 하와가 범죄할 때의 모습을 보라. 그녀의 눈에 선악과가 '보암직'하다고 했다. 즉, 선악과를 자꾸 바라보다 보니 먹지 말라는 하나님의 명령도 대수롭지 않게 여길 만큼 탐스럽게 보였던 것이다.

보는 것을 조심해야 한다. 특히 마음이 느슨해지는 인생의 정점에서는 무엇을 보느냐에 따라 한순간에 비극적인 결과를 맞이할 수 있다. 그간 기도와 경건으로 하나씩 쌓아 올렸던 삶의 아름다운 결과물도 무언가를 보는 그 찰나의 순간, 한꺼번에 무너지고 만다. 인간의 욕망이란 하나님의 은혜로 다스려질 뿐 사라지는 건 아니다. 따라서 해이해진 마음으로 무언가를 보다 보면 복병처럼 숨어 있던 욕망이 사정없이 튀어나와 우리 인생의 목덜미를 물어뜯게 되는 것이다.

그런 의미에서 인생이 고달프고 형편이 너무 어려운 나머지 즐길 거리조차 없다면, 그 또한 복으로 받는 지혜가 필요하다. 하나님께 내 모든 삶을 전적으로 위탁할 수밖에 없는, 실오라기 하나조차 주님께 구해서 받아야 할 만큼 가난한 삶이 영적으로 승리할 수 있는 토대가 되기 때문이다.

그러나 우리는 그걸 축복으로 받을 줄 모른다. 더 누릴 게 없으면 불행하다고 여기면서 하나라도 더 갖고 더 보며 더 많은 걸 즐기려 한다. 그래서 삶의 형편이 조금이라도 좋아지면 볼거리를 찾아 두리번거리다가 죄의 유혹에 걸려 넘어지고 만다. 고통을 자초하는 그 길을 끊임없이 가는 존재가 바로 인간이다.

"그런즉 선 줄로 생각하는 자는 넘어질까 조심하라"(고전 10:12)라는 바울의 권면은 인생의 정점을 향해 나아가거나 이미 그 자리에 선 이들이 어떻게 행해야 하는지를 알려준다. 인간은 쉽게 '자만'하는 경향이 있다. 자만은 죄의 근본적인 속성이라 할 수 있다. 알다시피 마귀는 처음부터 마귀가 아니었다.

에스겔서는 마귀가 본래 완전하게 지음을 받은 존재였으나(겔 28:15), 교만 때문에 하나님께로부터 던져진 존재(겔 28:17)임을 알려준다. 이사야서에서도 마귀는 본래 천사로서 그 빛남이 아침의 계명성과 같았지만 교만으로 인해 하늘에서 떨어졌다고 말씀한다(사 14:12-15). 이처럼 성경은 마귀에 대해 완전하게 창조되어 누구보다 빛났지만 교만 때문에 땅에 떨어진 존재로 표현한다. 죄의 뿌리인 마귀가 교만과 자만으로 하늘에서 떨어졌기 때문에, 이 땅의 모든 죄악에는 마귀의 속성인 교만과 자만이 스며들어 있다.

그래서 우리는 남들보다 빨리 정상에 오를수록 어쩔 수 없이 교만과 자만의 죄에 빠지게 된다. 이에 대해 19세기 남아프리카의 성자로 불렸던 앤드류 머레이는 "하늘과 땅, 어디에서든 교만과 자기 높임은 지옥에 이르는 문이자 지옥의 현시이며 지옥으로부터의 저주다"라고 경고했다.

예수님을 구주로 모시는 사람들에게도 교만의 문제는 얼마든지 나타날 수 있다. 누가복음 22장 24절을 보라.

또 그들 사이에 그 중 누가 크냐 하는 다툼이 난지라.

제자들 사이에서 누가 더 크냐를 따지는 문제로 다툼이 일어난 때가 언제인가? 예수님의 공생애가 끝날 무렵, 즉 예수님이 십자가에 못 박히시기 직전이다. 제자들은 3년이나 예수님을 따라다녔지만 교만의 문제는 아직 해결하지 못했다.

그러면 교만의 DNA를 가진 우리는 어떻게 해야 인생의 정상에 올라갈 때도 유혹에 넘어지지 않을 수 있을까?

교만이 마귀의 속성이라면, 겸손은 예수님의 속성이다. 예수님은 자기를 낮추시고 십자가에서 죽기까지 하나님께 복종하신 분이다(빌 2:8). 예수님이 이 땅에 성육신 하신 것은 겸손의 절정이며, 그 겸손을 하늘에서 이 땅으로 가져오셨다. 그러므로 우리가 인생의 절정에서도 넘어지지 않는 비결은 예수님의 겸손을 마음에 품는 것뿐이다. 교만은 죽음이며, 겸손은 생명이다. 교만은 지옥의 문이며 겸손은 천국의 문이다. 또한 교만은 피조물의 저주이지만, 겸손은 피조물의 영광이다.

수년 전 미국의 시사 주간지 〈타임〉은 경제계, 정치계, 법조계, 의학계에서 나타나는 윤리적 타락을 조사하면서 그 원인으로 '자만심'을 지적한 바 있다. 자만심은 쉽게 없앨 수 없다. 벤저민 프랭클린도 자만심에 대해 이같이 말했다.

"우리의 타고난 열정 가운데 자만심만큼 누르기 힘든 것도 없습니다. 하지만 그것은 무너뜨려야 하고, 억눌러야 합니다. 그래도 그것은 죽지 않을 것입니다. 설령 내가 그것을 완전히 극복했다고 생각하는 그 순간에도 나 자신의 겸손함에 자랑스러워할 것입니다."

놀라운 통찰이 아닌가? 특히 마지막 구절에서는 끝내 자만심을 극복하지 못하는 인간의 행태를 엿볼 수 있다.

죄는 언제나 최악을 목표로 한다

약점을 조금이라도 극복하려면 죄의 속성을 정확히 알아야 한다. 죄는 무엇보다 점점 자라나는 속성을 지녔다.

다윗을 보라. 처음에 눈으로 보는 것으로 시작했다가 간음죄를 지었고 나중엔 살인죄마저 짓는다. 플랜 C를 시행하면서 죄 없는 부하들까지 사지로 몰아버렸다. 다윗의 마음에 죄가 움틀 때 그 싹을 잘라버렸다면 다음 단계에 이르지도 않았을 텐데, 다윗은 남의 아내를 보는 데서 멈추지 못했다.

요한복음 12장에서도 이런 죄의 속성이 나온다. 예수님의 열두 제자 중 돈궤를 맡았던 가룟 유다를 보라. 그는 처음에 돈궤 속의 돈을 훔치다가 나중에는 예수님까지 팔아버리는 무서운 죄를 저지르지 않았던가?

나는 청년 시절에 제자훈련을 하면서 다음과 같은 이야기를 주고받은 기억이 떠오른다. 길을 가다가 멋진 여자가 지나가면 우리도 모르게 눈이 휙 돌아가지만, 그 다음 단계만은 최선을 다해 지키자는 내용이었다. 그 다음 단계란 여자를 한 번 돌아본 것으로 끝내고 두 번 다시 돌아보지 말자는 것이다.

죄는 자라는 속성이 있기 때문에 시작점에서 끊어야만 한다. 그대로 방치했다가는 무성하게 자란다. 사람마다 자기가 감당할 만한 죄의 경계선이 있다. 어떤 사람은 이성과 손만 스쳐도 죄를 짓는가 하면, 어떤 사람은 음란물을 보면서 죄를 짓는다. 하나님은 성령을 통해서 우리에게 양심의 소리를 들려주심으로 죄의 경계가 어느 선인지를 스스로 정직하게 돌아보고 인정하기를 원하신다. 그리고 그 경계선에 정찰병을 보내어 죄가 더 자라기 전에 조치를 취하길 원하신다.

청교도 신학자였던 존 오웬은 죄가 생물처럼 자라는 것을 가리켜 "죄는 언제나 최악을 목표로 한다"라고 표현했다. 처음에는 죄가 입의 혀처럼 유순하게 다가오지만 사람들 마음에 발뺄을 기회만 주어지면 즉시 모든 공간을 장악해버리기 때문이다. 그래서 야고보 사도는 이렇게 말했다.

욕심이 잉태한즉 죄를 낳고 죄가 장성한즉 사망을 낳느니라(약 1:15).

처음에 살살 들어온 죄가 나중엔 우리 속에서 쑥쑥 자란다. '낙타가 텐트를 차지하는 법'에 나오는 이야기처럼, 낙타가 처음엔 코끝만 텐트에 슬쩍 들여놓더니 나중엔 텐트 속으로 들어와서 그 안에 있던 주인을 쫓아내버리는 식이다.

청교도 신학자 존 오웬은 죄가 네 단계로 자란다고 설명한다.

첫째, 죄가 우리 속에서 일반적인 성향, 즉 정욕으로 나타나는 단계다(갈 5:17). 이 단계는 육체의 소욕, 즉 탐심의 단계로 죄의 불씨가 피어난다.

둘째, 죄가 자신을 거스르는 것과 싸우는 단계다(약 4:1). 이 단계에서는 죄가 목적을 이루기 위해 방해물과 싸우고 전쟁을 한다. 마음의 욕심을 넘어 음욕으로 자신을 태우는 단계라 할 수 있다. 이 단계에 이르면, 우리 안에 죄의 불꽃이 타올라 불길을 이룬다.

셋째, 죄가 방해물과 싸워서 승리를 차지하는 단계다. 이때는 죄가 우리 영혼을 태우고 죄의 법이 영혼을 사로잡는다(롬 7:23).

넷째, 앞 단계의 승리를 기반으로 죄가 계속 자라고 기승을 부리는 단계다. 이 단계에서는 죄가 우리의 영혼을 접수한 후 광기를 일으킨다.

인생의 마음에는 악이 가득하여 그들의 평생에 미친 마음을 품고 있다가(전 9:3).

말하고 행동하는 모든 것이 죄에 사로잡혀 있을 뿐만 아니라, 다른 사람에게까지 죄를 강요하며 죄의 길로 이끈다.

이 네 단계를 통해 분명히 알 수 있는 사실은, 죄가 점진적으로 자란다는 것이다. 그러므로 죄가 처음부터 발을 들여놓지 못하게 해야 한다. 죄의 불씨가 뿌려지면 죄의 불길이 일어나고 그 불길로 인해 결국 영혼의 주인까지도 파멸시켜버리기 때문이다.

다윗이 그와 같았다. 처음 밧세바를 본 것은 어쩔 수 없다 해도, 두 번 다시 돌아보지 않았더라면 좋았을 것이다. 그러나 다윗은 그녀가 누군지 알아보고 데려오라 명했으며 충직한 부하 우리아까지 사지로 몰아넣었다. 다윗에게 떨어진 죄의 불씨를 방치한 결과, 그 불씨가 다윗을 거의 미치광이로 만든 것이다.

죄의 불씨가 우리 속에 점점 자라 불길로 번지고 영혼을 사로잡는 것도 모자라 마침내 영혼의 주인이 되어 광기를 일으키는 단계까지 몰고간다는 사실을 명심해야 한다. 마치 소나무재선충이 솔수염하늘소의 몸에 기생하다가 하늘소가 소나무 잎을 갉아 먹을 때 나무에 침입하여 양분을 빨아먹게 되면, 감염된 소나무가 고사하는 것과 같다. 소나무재선충의 번식력이 얼마나 대단한지, 소나무에 한 쌍이 기생하면 20여 일 만에 20만 마리로 증식할 수 있다고 한다. 그래서 어떤 지역의 경우 산 전체가 초토화된 사례도 있다.

죄는 우리 속에 들어와 영혼의 자양분을 빨아먹다가 마침내 영혼을 고사시킨다. 그래서 초기 단계의 대응이 무척 중요하다. 죄는 반드시 우리의 욕심을 숙주로 하여 자란다는 사실을 기억하자.

실패를 압도하는 하나님의 은혜

본문에 등장하는 다윗을 보면 안타까운 마음이 든다. 믿음의 영웅인 다윗이 이토록 치명적인 죄악을 저지른 것에 대한 당혹감도 크다. 그럼에도 우리는 변함없는 하나님의 은혜를 다시 묵상하게 된다. 다윗이 비록 엄청난 일을 저질렀지만, 그에게 허락하신 하나님의 영원한 언약은 변함없다는 사실을 기억하기 때문이다.

공의로우신 하나님은 다윗에게 이 사건에 대한 책임을 엄중히 요구하셨고 죄의 대가를 혹독히 치르게 하셨다. 그러나 은혜의 하나님은 다윗에게 죄는 물으실지언정, 그 죄 때문에 그를 완전히 버리지는 않으셨다. 뿐만 아니라 하나님의 영원한 언약을 신실하게 이뤄주셨다. 하나님의 은혜가 다윗의 범죄보다 컸던 것이다. 마태복음 1장 6절을 보라.

이새는 다윗 왕을 낳으니라 다윗은 우리야의 아내에게서 솔로몬을 낳고.

이 말씀을 읽다가 인간을 향한 하나님의 크신 은혜에 목이 메었다. 다윗이 누구에게서 예수 그리스도의 계보를 잇는 아들 솔로몬을 낳았는가? 우리야의 아내, 즉 밧세바다. 다윗은 비록 엄청난 실패를 했지만, 하나님께서는 다윗과 밧세바 사이에서 태어난 솔로몬을 예수님의 족보에 넣으시며 영원한 언약을 이루어나가셨다.

인간의 실패보다 하나님의 은혜가 더 크고 위대하다는 사실을 보여주는 대표적인 사람이 베드로다. 베드로는 예수님의 수제자였지만 예수님을 따르는 동안 많은 실수와 약점을 보여줬던 인물이다. 그래서 예수님께 꾸중을 가장 많이 들은 제자이기도 했다.

마태복음 14장에서는 예수님을 보지 않고 풍랑만 보다가 물에 빠져 '믿음이 작은 자'라는 꾸지람을 들었고, 마가복음 8장에서는 인간적인 마음으로 예수님의 죽음을 막으려다가 "사탄아 내 뒤로 물러가라 네가 하나님의 일을 생각하지 아니하고 도리어 사람의 일을 생각하는도다"라는 경고를 들었다. 누가복음 9장에서는 변화산의 예수님을 보면서 여기에 초막 셋을 짓고 머무르자고 말했다가, 훗날 누가로부터 "자기가 하는 말을 자기도 알지 못하더라"라는 비판을 받았다. 또한 예수님이 십자가를 지실 때 예수님을 부인했을 뿐 아니라 심지어 저주까지 했다. 베드로의 실패는 예수님의 부활 이후에도 계속되었다. 예수님이 십자가에 못 박히신 후 방향을 잃은 베드로는 일단 고향으로 돌아가 이전에 하던 고기잡이를 다시 시작했다. 하지만 매번 고깃배를 가득 채울 수 있는 건 아니었다. 밤새도록 한 마리도 잡지 못해 좌절하던 그날 밤, 예수님은 실패를 거듭했던 베드로에게 나타나셨다. 그리고 조반을 차려주시며 떡과 생선을 먹이실 뿐 아니라, 그의 상처를 깊이 어루만져주셨다. 주님은 베드로가 다시금 사명자의 삶을 살도록 격려하셨다. 나아가 이방인 고넬료에게 복음을 전함으로 이방 전도의 문을 여는 중대한 역할을 맡기기도 하셨다.

성경에서 베드로의 거듭된 실수와 실패가 기록된 이유는 다른 게 아니다. 인간의 실패보다 하나님의 은혜가 얼마나 더 큰지를 오고 오는 믿음의 세대들에게 생생히 보여주기 위함이다. 따라서 우리는 더더욱 죄 문제를 그대로 둘 수 없다. 인생의 정점에서 죄 문제를 더욱 조심할 뿐 아니라, 죄는 언제나 쑥쑥 자란다는 사실 앞에 겸비해야 한다.

또한 우리 모두가 은혜의 손에 붙들리지 않는 한, 실수할 수밖에 없는 존재임을 인정하며 하나님의 손에 붙들리기를 소망해야 한다. 천국과 지옥의 차이는 다른 데 있지 않다. 우리가 하나님의 손에 붙잡혀 있으면 천국을 사는 것이고, 그 손에서 벗어나면 지옥을 사는 것이다.

세상 사람들은 "인생을 살아보니 운칠기삼(運七技三)이더라"라는 말을 한다. 제아무리 똑똑하고 잘난 사람들도 인생은 '70퍼센트의 운과 30퍼센트의 실력'으로 결정된다고 생각하는 것이다. 그러나 하나님을 경험한 우리는 세상 사람들이 말하는 그 '운'조차도 하나님의 손안에 달려 있음을 안다. 그러니 모든 순간 인생의 주인이신 하나님의 손에 붙잡혀 살아야 한다. 성공의 비결은 하나님의 손안에서 사는 것뿐이다.

신앙 인격도 '사람들이 보기에'가 아니라 '하나님이 보시기에'로 판가름 난다. 아무도 없을 때 나는 '하나님이 보시기에' 어떤 사람인가? 성경에는 사람들 보기에 완벽한 사람으로 비춰졌지만, 하나님이 보시기에는 썩은 냄새가 진동하는 사람들이 등장한다. 그들은 율법대로 금식하고 십일조를 드리며, 전통을 따르고 안식일을 지켰다. 세상적으로는 흠잡을 데가 없는 사람들이었다.

그런데 예수님은 그들을 향해 "너희 속에는 탐욕과 악독이 가득하도다"(눅 11:39)라고 질책하셨다. 그들이 경고와 질책을 받았던 이유는 무엇일까? 율법을 지키고 십일조를 드리며 안식일을 지킨 행위가 잘못되었기 때문이 아니라, 마태복음 23장 5절처럼 "모든 행위를 사람에게 보이고자" 했기 때문이다. 사람들이 보기에는 흠 잡을 데가 없었을지 몰라도, 그들의 인격과 삶은 하나님 보시기에 함량 미달이었다.

우리는 이 땅에 발을 딛고 사는 한, 함께 사는 사람들의 눈을 의식하지 않을 수 없다. 또 그렇게 하는 게 잘못된 것도 아니다. 다만 우선순위가 바뀌면 안 된다. 그리스도인은 하나님 앞에 서는 것이 먼저다. 하나님이 나를 어떻게 보시느냐를 가장 중요하게 여기지 않으면 바리새인처럼 경고를 받을 수밖에 없다.

누가복음 18장에 나오는 세리는 사람들이 경멸하고 회피하는 존재였지만, 하나님이 보시기에는 의로웠다. 하나님은 사람의 중심을 보시는 분이기에 아무리 겉으로 치장한다 해도 하나님을 속일 수는 없다.

이스라엘 왕들의 행위를 기록한 열왕기상·하를 보면 "여호와 보시기에"라는 어구가 반복적으로 나타난다. 이 어구 뒤에 어떤 말이 붙느냐에 따라 왕의 일생이 한마디로 정리되는 것이다.

성경 기자가 "여호와 보시기에"를 반복적으로 기록한 이유가 무엇이겠는가? 왕의 일생이 사람들의 눈에 아무리 치적이 많고 영웅적으로 보인다 해도, 그의 일생은 하나님께서 어떻게 보시는가로 결정된다는 것을 알려주기 위해서다. 사람의 선악은 하나님이 어떻게 보시느냐에 따라 결판난다.

본문에서 다윗은 탐심 때문에 하나님의 손을 벗어나려 했다. 그분의 눈을 가릴 수 있다고 여기며 완전범죄를 꿈꾸기도 했다. 그러나 인간은 어느 한 순간도 하나님의 눈을 피할 수 없다. 그분을 떠나 내 힘과 내 뜻대로 살려고 할수록 인생은 망가지고 만다.

그러므로 우리는 항상 '아무도 보는 이 없을 때 내가 어떤 사람인가?'를 생각해야 한다. 사람들이 보지 않는 순간에도 하나님의 눈을 의식하며 그분의 손안에서 신실하게 살아야 한다. 우리는 모두 때를 따라 돕는 하나님의 보좌 앞으로 나아가지 않으면 죽을 수밖에 없는 인생이기 때문이다.

24
회개, 회복
REPENTANCE, RESTORATION

사무엘하 12:1-25

1 여호와께서 나단을 다윗에게 보내시니 그가 다윗에게 가서 그에게 이르되 한 성읍에 두 사람이 있는데 한 사람은 부하고 한 사람은 가난하니 2 그 부한 사람은 양과 소가 심히 많으나 3 가난한 사람은 아무것도 없고 자기가 사서 기르는 작은 암양 새끼 한 마리뿐이라 그 암양 새끼는 그와 그의 자식과 함께 자라며 그가 먹는 것을 먹으며 그의 잔으로 마시며 그의 품에 누우므로 그에게는 딸처럼 되었거늘 4 어떤 행인이 그 부자에게 오매 부자가 자기에게 온 행인을 위하여 자기의 양과 소를 아껴 잡지 아니하고 가난한 사람의 양 새끼를 빼앗아다가 자기에게 온 사람을 위하여 잡았나이다 하니 5 다윗이 그 사람으로 말미암아 노하여 나단에게 이르되 여호와의 살아 계심을 두고 맹세하노니 이 일을 행한 그 사람은 마땅히 죽을 자라 6 그가 불쌍히 여기지 아니하고 이런 일을 행하였으니 그 양 새끼를 네 배나 갚아 주어야 하리라 한지라 7 나단이 다윗에게 이르되 당신이 그 사람이라 이스라엘의 하나님 여호와께서 이와 같이 이르시기를 내가 너를 이스라엘 왕으로 기름 붓기 위하여 너를 사울의 손에서 구원하고 8 네 주인의 집을 네게 주고 네 주인의 아내들을 네 품에 두고 이스라엘과 유다 족속을 네게 맡겼느니라 만일 그것이 부족하였을 것 같으면 내가 네게 이것 저것을 더 주었으리라 9 그러한데 어찌하여 네가 여호와의 말씀을 업신여기고 나 보기에 악을 행하였느냐 네가 칼로 헷 사람 우리아를 치되 암몬 자손의 칼로 죽이고 그의 아내를 빼앗아 네 아내로 삼았도다 10 이제 네가 나를 업신여기고 헷 사람 우리아의 아내를 빼앗아 네 아내로 삼았은즉 칼이 네 집에서 영원토록 떠나지 아니하리라 하셨고 11 여호와께서 또 이와 같이 이르시기를 보라 내가 너와 네 집에 재앙을 일으키고 내가 네 눈앞에서 네 아내를 빼앗아 네 이웃들에게 주리니 그 사람들이 네 아내들과 더불어 백주에 동침하리라 12 너는 은밀히 행하였으나 나는 온 이스라엘 앞에서 백주에 이 일을 행하리라 하셨나이다 하니 13 다윗이 나단에게 이르되 내가 여호와께 죄를 범하였노라 하매 나단이 다윗에게 말하되 여호와께서도 당신의 죄를 사하셨나니 당신이 죽지 아니하려니와 14 이 일로 말미

암아 여호와의 원수가 크게 비방할 거리를 얻게 하였으니 당신이 낳은 아이가 반드시 죽으리이다 하고 15 나단이 자기 집으로 돌아가니라 우리아의 아내가 다윗에게 낳은 아이를 여호와께서 치시매 심히 앓는지라 16 다윗이 그 아이를 위하여 하나님께 간구하되 다윗이 금식하고 안에 들어가서 밤새도록 땅에 엎드렸으니 17 그 집의 늙은 자들이 그 곁에 서서 다윗을 땅에서 일으키려 하되 왕이 듣지 아니하고 그들과 더불어 먹지도 아니하더라 18 이레 만에 그 아이가 죽으니라 그러나 다윗의 신하들이 아이가 죽은 것을 왕에게 아뢰기를 두려워하니 이는 그들이 말하기를 아이가 살았을 때에 우리가 그에게 말하여도 왕이 그 말을 듣지 아니하셨나니 어떻게 그 아이가 죽은 것을 그에게 아뢸 수 있으랴 왕이 상심하시리로다 함이라 19 다윗이 그의 신하들이 서로 수군거리는 것을 보고 그 아이가 죽은 줄을 다윗이 깨닫고 그의 신하들에게 묻되 아이가 죽었느냐 하니 대답하되 죽었나이다 하는지라 20 다윗이 땅에서 일어나 몸을 씻고 기름을 바르고 의복을 갈아입고 여호와의 전에 들어가서 경배하고 왕궁으로 돌아와 명령하여 음식을 그 앞에 차리게 하고 먹은지라 21 그의 신하들이 그에게 이르되 아이가 살았을 때에는 그를 위하여 금식하고 우시더니 죽은 후에는 일어나서 잡수시니 이 일이 어찌 됨이니이까 하니 22 이르되 아이가 살았을 때에 내가 금식하고 운 것은 혹시 여호와께서 나를 불쌍히 여기사 아이를 살려 주실는지 누가 알까 생각함이거니와 23 지금은 죽었으니 내가 어찌 금식하랴 내가 다시 돌아오게 할 수 있느냐 나는 그에게로 가려니와 그는 내게로 돌아오지 아니하리라 하니라 24 다윗이 그의 아내 밧세바를 위로하고 그에게 들어가 그와 동침하였더니 그가 아들을 낳으매 그의 이름을 솔로몬이라 하니라 여호와께서 그를 사랑하사 25 선지자 나단을 보내 그의 이름을 여디디야라 하시니 이는 여호와께서 사랑하셨기 때문이더라

어느 날 한 젊은이가 내게 편지를 보내왔다.

"목사님, 제가 문고리를 내주면서 죄를 저질렀습니다. 어떻게 하면 좋겠습니까?"

육신의 부패한 본성을 이기지 못해 죄를 범하는 것은 마치 마귀에게 내 마음의 문고리를 내주는 격이라고 설교한 뒤였다. 편지를 읽는 내내 마음이 너무 아팠다. 아마도 우리 주위엔 비슷한 사연을

가진 이들이 많을 것이다. 또한 다윗과는 다른 경우지만 죄 문제로 하나님 앞에서 가슴을 찢는 이들까지 포함하면 본문과 상관없는 사람은 아무도 없을 것이다. 우리는 모두 하나님 앞에서 죄인 아닌가?

다윗이 범죄한 후에 기록된 이 본문이 우리 삶에 나침반이 되어 올바른 방향을 제시해주기를 간절히 기도한다.

죄와 함께 날아든 고통

다윗은 간음죄와 살인죄를 범한 후 1년 가까운 시간을 보냈다. 그 시간 동안 다윗의 심정은 어땠을까? 죄를 범한 직후 매우 뻔뻔한 태도를 보이긴 했지만, 그의 평소 성격과 신앙 양심으로 보건대 괴로운 날들의 연속이었을 것이다. 마치 날카로운 칼이 양심을 난도질하는 듯한 고통 속에 살았을 것이다. 다윗이 쓴 시편 32편을 보면 어느 정도 짐작할 수 있다.

> 내가 입을 열지 아니할 때에 종일 신음하므로 내 뼈가 쇠하였도다 주의 손이 주야로 나를 누르시오니 내 진액이 빠져서 여름 가뭄에 마름 같이 되었나이다 (셀라)(시 32:3-4).

다윗은 죄를 범한 후 하나님 앞에서 이 문제를 해결하지 못한 채로 살았다. 그래서 그의 영혼은 거의 죽을 지경에 이르렀다. 외적으로는 형통한 삶을 살았지만, 속으로는 고문을 받는 듯한 고통에 시달렸다. 마치 독사에 물리면 그 독이 혈관을 타고 서서히 퍼지는 것처럼, 다윗도 같은 고통을 겪고 있었다.

다윗은 시인이자 음악가였다. 그만큼 영적으로나 감성적으로 민감했다는 뜻이다. 무엇보다 평소 그의 인격은 고결했다. 그러니 죄를 범하고 난 후에 그가 느낀 심령의 고통은 말로 다 할 수 없을 것이다.

과거에 죄를 범한 경험이 있는 사람이라면 이 말을 금세 이해할 것이다. 특히나 영적으로 민감한 사람들은 죄에 대해서도 민감하게 반응하기 때문에 마음의 고통도 클 수밖에 없다. 그래서 한 번이라도 죄를 범하고 회개했던 사람은 이렇게 고백할 수밖에 없다.

"이런 고통을 겪을 바에는 차라리 죄를 안 짓고 말지."

그런 면에서 우리는 영적으로 민감해져야 한다. 민감한 사람들은 죄 앞에서 남다른 고통을 느끼지만, 덕분에 죄를 멀리할 수 있기 때문이다.

사람이 죄를 범하고 뼈가 말라 갈라지는 듯한 고통으로 신음할 때, 하나님은 무엇을 하고 계실까? 어떤 사람들은 하나님을 "아이고 고놈, 내 말 안 듣더니 쌤통이다"라고 말씀하시는 분으로 여긴다. 하지만 이는 하나님의 성품을 오해한 것이다. 그분은 죄를 지은 당사자보다 더 아파하신다. "어떻게 해결할 길이 없을까?" 하시며 애가 타도록 자녀가 살길을 찾으신다. 하나님은 우리의 아버지요 선한 목자이시기 때문이다.

죄를 두드리는 책망

본문에서도 하나님은 미궁에 빠진 다윗의 죄 문제를 해결해주시려고 나단 선지자를 다윗에게 보내셨다. 다윗이 죄를 범한 지 1년이나 지난 뒤였다. 나단은 다윗의 아주 가까운 친구요 조언자였다. 그에겐 '책망의 은사'도 있었다. 책망도 은사가 될 수 있을까? 잘못을 저지른 사람에게 인간적인 언어와 태도로 무조건 비난한다면 그건 은사라 할 수 없다. 하나님의 때에 하나님의 말씀으로 권면해야 은사라 할 수 있다. 나단이 그랬다. 그는 자신의 생각이 아니라 하나님의 말씀과 깊은 사랑으로 다윗을 책망했다.

한번 상상해보라. 나단은 다윗이 죄를 범한 사실을 언제 알았겠는가? 아마도 다윗의 범죄 직후 곧바로 알았을 것이다. 그런데도 나단은 1년 가까이 다윗의 잘못을 지적하지 않았다. 왜냐하면 그는 하나님의 때를 기다릴 줄 아는 성숙한 선지자였기 때문이다. 나단은 마음으로 다윗을 깊이 사랑했다. 그는 당장이라도 다윗을 책망할 수 있었지만 책망 자체가 목적이 아니라 다윗의 영혼을 살리는 일이 중요했기에 때가 무르익을 때까지 중보하며 기다렸다.

나단이 다윗을 위해 1년 가까이 사랑으로 기도하며 애타게 중보했다는 사실은 시사하는 바가 크다. 누군가를 책망하려면 죄를 지은 상대방을 위해 먼저 사랑으로 기도하며 기다려야 한다. 기도하면서 내게 온유한 심령이 찾아들면 그때 비로소 그를 찾아가 권면해야 한다. 갈라디아서 6장 1절을 보라.

형제들아 사람이 만일 무슨 범죄한 일이 드러나거든 신령한 너희는 온유한 심령으로 그러한 자를 바로잡고 너 자신을 살펴보아 너도 시험을 받을까 두려워하라.

우리에게 필요한 것은 '온유한 심령'이다. 내게 온유한 심령이 무르익지 않았다면 섣불리 책망해선 안 된다. 만약 나단이 온유한 심령이 될 때까지 기다리지 않고 정의감에 불타 분노부터 했다면 어떻게 되었을까? 온 천하에 다윗의 죄악을 공포하고 다윗을 찾아갔다면 무슨 일이 벌어졌을까? 그랬다면 다윗도 죽고 나단도 죽고 궁중의 모든 사람이 다 죽었을 것이다. 그러나 나단은 온유한 심령이 되기를 기다리며 기도하다가 때가 이르자 간절한 마음으로 다윗을 찾아가 권면했다. 그 결과, 나단도 살고 다윗도 살고 궁중의 사람들도 모두 살 수 있었다.

나단은 1년 가까이 기도하며 준비했기에 책망의 방식이 남달랐다. 만약 그가 다윗이 범죄한 직후에 찾아가 책망했다면 평소처럼 이렇게 말했을 것이다.

"율법에 살인하지 말라고 명했는데, 어찌하여 왕은 율법을 어기고 이같은 죄를 지으셨단 말입니까? 율법에 간음하지 말라고 명했는데, 어찌하여 왕은 율법을 어기고 하나님께 죄를 범하셨단 말입니까?"

나단이 이렇게 나왔다면 다윗은 스스로를 방어하느라 화부터 냈을 것이다.

"무슨 소리를 하는 거요? 당신이 어찌 왕인 내게 이토록 무례할 수 있는 거요?"

그렇게 되면 영영 돌이킬 수 없는 사태가 벌어졌을 지 모른다. 나단은 아마 그것까지도 예측하며 다윗을 위해 사랑으로 중보했을 것이다. 자신에게 지혜로운 책망의 길을 알려주셔서, 다윗이 자신의 죄를 인정하고 회개하게 해달라고 기도했을 것이다.

자신의 죄를 돌아보지 않고 회개 없이 사는 인생에 얼마나 고통스러운 악순환이 거듭되는지 나단은 알고 있었다. 그래서 다윗에게 회개를 촉구하기 위해 비유를 들어 말했다.

"어떤 마을에 가난한 사람이 살았는데 그에게는 양이 한 마리 있었습니다. 그러다 보니 가난한 사람은 그 양을 가족처럼 대했습니다. 자기가 먹는 것을 양에게도 주었고 자기 잔으로 양에게 마실 것을 줄 정도였지요. 심지어 양이 품에 파고들어 잘 정도로 그에게 양은 딸과 같았습니다."

양을 딸처럼 여겼다는 말에서 우리는 그가 얼마나 양을 아꼈는지 알 수 있다. 나단은 계속해서 말했다.

"그런데 그 동네에 큰 부자가 있었습니다. 양도 많이 갖고 있는 부자였지요. 하루는 그 부잣집에 손님이 찾아왔습니다. 부자는 손님을 위해 양을 잡아야겠다고 생각했습니다. 그러고는 가난한 사람에게 딸 같은 양을 빼앗아 와서는 그 양을 잡아 손님에게 대접했다고 합니다. 이 일을 어쩌면 좋습니까?"

다윗은 정의로운 사람이었기에, 불같이 화를 냈다.

> 다윗이 그 사람으로 말미암아 노하여 나단에게 이르되 여호와의 살아 계심을 두고 맹세하노니 이 일을 행한 그 사람은 마땅히 죽을 자라 그가 불쌍히 여기지 아니하고 이런 일을 행하였으니 그 양 새끼를 네 배나 갚아 주어야 하리라 한지라(5-6절).

사람은 죄를 짓고 나면 다른 사람의 죄에 대해 가혹할 정도로 엄격해지는 성향이 있다. 다윗이 그랬다. 자신의 잘못은 지나치면서도 남의 잘못에 대해서는 분을 참지 못했다. "여호와의 살아 계심을 두고 맹세하노니 저놈을 반드시 죽여야 된다. 네 배나 갚아야 된다"라며 의분을 토해냈다. 율법에 남의 물건을 탈취했을 때 네 배를 갚게 하는 규정이 있었기 때문에 다윗은 법에 따라 정확한 판결을 내리는 듯 보였다. 사람은 이렇듯 남의 티, 남의 먼지에는 더욱 예민한 법이다.

나단 선지자는 그 순간을 놓치지 않고 벼락같은 선포를 한다. 7절 앞부분을 보라.

나단이 다윗에게 이르되 당신이 그 사람이라.

이 말을 듣는 순간, 말씀의 능력 앞에 다윗은 그대로 거꾸러질 수밖에 없었다. 자신이 무슨 죄를 저질렀으며, 그 죄가 얼마나 심각한지 죄의 실상을 정확히 보게 된 것이다.

하나님을 업신여기는 죄

하나님의 말씀을 통한 거룩한 책망에는 강력한 능력이 있어서, 듣는 자에게 저항할 수 없는 두려움을 준다. 살아 있고 원동력이 있는 하나님의 말씀은 좌우의 날 선 어떤 검보다도 예리하여 혼과 영과 관절을 찌르고 골수를 찔러 쪼개기 때문이다(히 4:12). 하나님의 말씀은 그 사람의 마음과 생각과 뜻을 판단하신다.

존 파이퍼 목사님은 히브리서 4장 12절을 이렇게 해석했다. "관절과 골수는 혼과 영에 대한 비유적 표현이다. 하나님의 말씀은 날카로운 칼 같아서 뼈 바깥의 딱딱하고 두꺼운 부분을 충분히 쪼개며, 뼈 안쪽의 부드럽고도 살아 있는 부분까지 파고 들어갈 수 있다. 하나님의 말씀이 혼과 영을 찔러 쪼갠다는 표현 역시, 말씀이 우리의 참된 모습을 있는 그대로 밝혀 보여준다는 뜻이다. 하나님의 말씀은 우리 속에 깊숙이 파고 들어와서 우리의 생각과 동기 그리고 우리 자신의 모습을 있는 그대로 드러내준다."

말씀은 우리를 있는 그대로 보여주는 영적 거울과 같기에 말씀의 거울에 자신을 비추는 사람마다 자신의 부패한 모습, 죄에 찌든 몰골을 보고 회개하지 않을 수 없다. 이 말씀의 구약적인 해석이 예레미야 23장 29절이다.

여호와의 말씀이니라 내 말이 불 같지 아니하냐 바위를 쳐서 부스러뜨리는 방망이 같지 아니하냐.

하나님의 말씀은 불과 같고 방망이와 같아서 성령의 역사로 하나님의 말씀이 임하면, 아무리 딱딱하게 굳은 마음과 영혼이라도 이내 부서져내린다. 오염되고 음습한 죄악에 하나님의 불 같은 말씀이 임하면 모두 불타서 사라진다는 뜻이기도 하다.

다윗에게도 하나님의 말씀이 그렇게 임했다. 불처럼, 방망이처럼 말씀이 다윗을 찾아왔다. 이어서 날 선 검과 같은 말씀이 다윗에게 선포된다.

그러한데 어찌하여 네가 여호와의 말씀을 업신여기고 나 보기에 악을 행하였느냐 네가 칼로 헷 사람 우리아를 치되 암몬 자손의 칼로 죽이고 그의 아내를 빼앗아 네 아내로 삼았도다 이제 네가 나를 업신여기고 헷 사람 우리아의 아내를 빼앗아 네 아내로 삼았은즉 칼이 네 집에서 영원토록 떠나지 아니하리라 하셨고(9-10절).

하나님은 다윗에게 '네가 여호와의 말씀을 업신여겨서 악을 행했다'고 하신다. 나단은 다윗에게 죄의 속성과 핵심을 알려주고 있다. 다윗이 밧세바와 간음하고 우리아를 죽인 죄도 심각하지만, 그 죄를 지은 근본적 이유는 다윗이 하나님의 말씀을 업신여겼기 때문이라는 것이다. 다윗이 태평성대를 누리던 1년 전의 행동을 보라. 다윗은 자기도 모르게 하나님을 업신여기면서 마음 가는 대로 행동하고 있었다. 다윗이 지은 죄의 핵심은 바로 그것이다.

이 사실을 깊이 이해하면, 우리는 죄와 회개에 대한 정의를 명확히 내릴 수 있다. 죄는 하나님 말씀을 업신여기는 것이고, 회개는 하나님 앞으로 다시 돌아오는 것이다. 이를 알려주는 말씀이 아모스 2장 4절이다.

여호와께서 이와 같이 말씀하시되 유다의 서너 가지 죄로 말미암아 내가 그 벌을 돌이키지 아니하리니 이는 그들이 여호와의 율법을 멸시하며 그 율례를 지키지 아니하고 그의 조상들이 따라가던 거짓 것에 미혹되었음이라.

여기서 "서너 가지 죄"는 아모스만의 독특한 표현이다. 아모스 1장에서도 이스라엘을 압제한 나라들인 다메섹, 가사, 두로, 에돔의 죄를 가리킬 때 "서너 가지 죄"로 언급하고 있다(암 1:3, 6, 9, 11). 즉, "서너 가지 죄"란 셀 수 없이 많은 죄악이 넘쳐나는 것을 상징하는 표현이다.

"유다의 서너 가지 죄"도 같은 맥락으로 해석이 가능하다. 하나님 앞에 가장 무서운 죄, 하나님께서 가장 무섭게 심판하시는 죄를 그렇게 표현한 것이다. 즉, 하나님의 말씀을 멸시하는 죄요, 율례를 지키지 않는 죄다.

그렇다면 하나님의 말씀을 듣고도 여전히 말씀을 외면하면서 고의적으로, 지속적으로 하나님을 멸시한 자들에게는 어떤 심판이 임할까? "그런 사람은 여호와의 말씀을 멸시하고 그의 명령을 파괴하였은즉 그의 죄악이 자기에게로 돌아가서 온전히 끊어지리라"(민 15:31). 또한 잠언 13장 13절은 말씀을 멸시하는 자는 자기에게 패망을 이룬다고 경고한다. 말씀을 듣고도 회개하지 않는 인생은 패망할 수밖에 없다.

회개하면 하나님과 나 사이에
거리끼는 것이 제거된다

다윗은 하나님의 강력한 말씀이 선포될 때 그 자리에서 거꾸러졌다. 전적으로 옳은 하나님의 말씀 앞에서 더 이상 방어막을 치거나 가면을 쓸 수 없었다. 그는 그 자리에 납작 엎드렸다.

> 다윗이 나단에게 이르되 내가 여호와께 죄를 범하였노라(13절).

다윗이 엎드려 했던 말은 매우 단순하다.
"내가 여호와께 죄를 범했습니다."
하나님께 항복하고 회개하는 데는 그 어떤 수식어도 필요하지 않다.
이후 다윗은 자신이 범한 죄를 시편 51편에서 자세히 고백한다.

> 하나님이여 주의 인자를 따라 내게 은혜를 베푸시며 주의 많은 긍휼을 따라 내 죄악을 지워 주소서 나의 죄악을 말갛게 씻으시며 나의 죄를 깨끗이 제하소서 무릇 나는 내 죄과를 아오니 내 죄가 항상 내 앞에 있나이다(시 51:1-3).

시편 51편 1절의 '죄악'은 '반란' 혹은 '저항'을 의미한다. 2절의 '죄악'은 '왜곡'을 의미하고, 3절의 '죄'는 '과녁을 빗나갔다'는 뜻이다. 자신이 하나님께 반란을 일으키고 저항했으며, 하나님의 뜻을 왜곡하고 하나님의 과녁을 맞추지 못했다는 고백이다. 그 고백의 시작이 바로 사무엘하 12장 13절의 "내가 여호와께 죄를 범하였노라"였다.

자신의 죄를 고백할 때 다윗의 심정은 처절하고도 처참했을 것이다. 그러나 회개가 시작되었다는 것만큼 큰 희망은 없다. 우리가 회개할 때, 하나님은 즉시 손을 내밀어 안아주시기 때문이다.

마음속에 부끄러운 일이 가득할 때, 다윗처럼 "내가 하나님께 죄를 범했습니다"라고 고백하는 사람에게는 소망이 있다. 죄를 범한 것 자체는 비극이지만, 죄를 깨닫고 회개하는 순간 성령 하나님께서 우리를 찾아와 우리 마음을 충만하게 채워주시기 때문이다.

다윗은 하나님 앞에서 범한 죄를 각성하여 고백한 후에야 자기가 얼마나 오염된 존재인지를 알아차렸다. 자기의 영혼을 똑바로 바라볼 수 있는 눈이 뜨인 것이다. 회개는 이렇게 자신의 더러움을 깨닫는 것부터 시작된다. 그래야 비로소 "하나님, 이 더러움을 해결해주소서. 다시는 이 더러움을 삼키는 자가 되지 않게 하소서"라고 회개할 수 있게 된다.

회개는 죄로 더러워진 영혼을 깨끗하게 하기 위해 스스로 노력하고 애쓰는 일이 아니다. 죄는 죄를 용서하시는 하나님께 초점을 맞춰야 해결된다. 그래서 다윗은 "하나님께서 저를 깨끗하게 해주십시오. 하나님께서 저를 용서해주십시오. 하나님께서 저를 회복시켜주십시오"와 같이 모든 주어에 하나님을 붙여 이 문제를 해결하려 했다.

죄를 짓는다는 건 결국 우리 인생의 주인이신 하나님의 주권을 침범하는 것이다. 다윗은 그걸 알았기에 시편 51편에서 자신으로 인해 상처받은 사람들까지 주께서 회복시키시길 간절히 구했다. 그 모든 회복이 여호와께 있음을 고백했다.

내게 즐겁고 기쁜 소리를 들려 주시사 주께서 꺾으신 뼈들도 즐거워하게 하소서(시 51:8).

우리는 어떤가? 우리 삶에 찾아든 죄의 문제를 하나님께 초점을 맞춰 해결해가고 있는가?

다윗은 지은 죄 때문에 부끄럽고 죄송해서 견딜 수 없었지만, 그 모습 그대로 하나님께로 돌아갔다. 다시 돌아가면 회복이 시작된다. 그것이 핵심이다.

생각해보라. 우리가 어머니께 죄를 지었다면 어머니의 품이 아니고서는 그 어디에도 우리의 상한 얼굴을 둘 데가 없다. 다른 데로 도망친다고 그 얼굴이 펴지지 않는다. 어머니의 품 안으로 돌아가야만 상한 얼굴이 회복될 수 있다. 그래서 나는 문고리를 내줌으로 죄를 지었다는 한 젊은이의 편지에 이렇게 답장했다. 어머니의 품과 같은 하나님의 품으로 돌아가라고, 하나님께 돌아가야만 살 길이 열린다고. 우리의 부족한 부분과 약점을 내려놓고 "내가 여호와께 죄를 지었습니다"라고 단순하게 고백해보라. 하나님의 품속으로 뛰어들면, 하나님께서 내시는 회복의 길을 따라 걸을 수 있다.

다윗은 그렇게 하나님께로 돌아갔다. 그러자 곧바로 하나님의 응답이 이어진다.

다윗이 나단에게 이르되 내가 여호와께 죄를 범하였노라 하매 나단이 다윗에게 말하되 여호와께서도 당신의 죄를 사하셨나니 당신이 죽지 아니하려니와(13절).

놀랍지 않은가? 다윗이 "여호와께 죄를 범하였노라"고 고백하는 즉시, 나단은 "여호와께서도 당신의 죄를 사하셨[다]"라고 선언한다. 이 한 구절 속에 복음의 핵심, 복음의 정수인 즉각적인 회개를 통한 즉각적인 용서가 들어 있다.

여기서 '죄를 사하신다'는 말의 히브리어 원문은 '하나님과 나 사이에 거리끼는 것이 제거되었다'는 뜻이다. 하나님과 나 사이의 장벽과 베일이 모두 걷히고 사라졌음을 가리킨다. 예수님이 십자가에서 숨을 거두실 때 지성소 휘장이 찢어졌던 것처럼, 다윗이 자신의 죄를 인정하고 하나님께로 돌아갔을 때, 하나님은 그의 앞을 가리웠던 모든 장벽을 완벽하게 제거하셨다.

크고도 놀라운 용서의 은혜

다윗은 죄를 완전히 용서받았지만, 죄의 결과는 감당해야 했다. 본문 14절을 보자.

이 일로 말미암아 여호와의 원수가 크게 비방할 거리를 얻게 하였으니 당신이 낳은 아이가 반드시 죽으리이다 하고.

다윗이 감당해야 할 죄의 결과는 우리의 가슴을 서늘하게 할 정도로 가혹해 보인다. 다윗과 밧세바 사이에 낳은 아이가 죽을 거라는 내용뿐만 아니라 다윗이 밧세바를 간음했듯, 사람들이 다윗의 아내들을 범한다는 내용까지 들어 있다. 이후 다윗은 정치적 고통과 가정 파탄을 겪게 된다. 모략가 아히도벨(그는 밧세바의 할아버지였다)의 배신과 아들 압살롬의 반역 등으로 궁중에서 쫓겨나 또 한 번의 광야를 경험하게 된다.

어떤 이들은 이렇게 물을 것이다. "목사님, 우리도 다 죄인이라 하셨는데요. 죄를 회개해서 용서받아도 다윗처럼 엄청난 죄의 결과를 감당해야 하는 건가요?"

어떤 면에서는 맞지만 어떤 면에서는 맞지 않는 말이다. 만약 하나님께서 오늘을 사는 우리를 다윗처럼 혹독하게 다루셨다면, 우리 중 누구도 살아남을 자가 없었을 것이기 때문이다. 뼈도 못 추리고 나가떨어졌을지도 모른다. 다윗은 하나님 나라의 영원한 언약을 받은 사람이자, 하나의 롤모델이었다. 그래서 하나님께서는 다윗을 강하게 다루셨다. 다윗뿐만 아니라 다윗을 지켜보는 우리에게 교훈을 주기 위해 말이다.

신약성경에 등장하는 삭개오를 보라. 그는 못된 짓을 많이 했다. 사람들이 그와 어울리기 싫어할 정도였다. 그런데 예수님은 삭개오가 주님 앞으로 돌아왔을 때 하나님의 크신 은혜를 주셨을 뿐 그간 지은 죄의 책임을 묻지 않으셨다. 베드로가 예수님을 세 번이나 부인한 후 회개하고 돌아왔을 때도 마찬가지였다. 예수님은 그를 세우시고 귀하게 사용하셨다. 간음했던 여인에게도 주님은 은혜를 부어주셨다. 그들이 지은 모든 죄를 예수님의 영원한 보혈로 모두 덮어주셨다. 우리 또한 그 피로 인해 완벽한 용서의 은혜를 받았다.

누가복음 15장에 기록된 탕자의 비유는 우리의 죄보다 하나님의 긍휼이 더 크다는 사실을 생생하게 보여준다. 아버지에게 떼를 써서 얻은 재산을 허랑방탕하게 낭비한 탕자는 자신이 아버지께 얼마나 큰 죄를 지었는지 잘 알았다(눅 15:18). 그래서 '이처럼 큰 잘못을 범한 나는 더 이상 아버지의 아들이 될 자격이 없다. 그저 나를 품꾼으로 삼아주시기만 해도 좋겠다'고 생각할 정도였다(눅 15:19). 그런데 아버지의 태도는 탕자의 예상을 완전히 벗어난다. 아버지는 아들을 멀리서 보고는 측은히 여겨 달려가 목을 안고 입을 맞춘다. 그리고 그에게 가장 좋은 옷을 입히고 손에 가락지를 끼워주며, 신을 신긴 뒤 송아지를 잡아 잔치까지 연다.

20절에는 아버지가 아들을 측은히 여겼다는 표현이 나오는데, 이것이 바로 '긍휼'의 문자적 의미다. 아들이 행한 죄를 이미 잊어버리고, 죄 때문에 비참한 상태에 처한 아들을 불쌍히 여기는 게 긍휼이다.

우리는 탕자의 비유를 잘 알고 있다. 그런데 예수님이 이 비유를 누구에게 말씀하셨는지는 모르는 사람이 많다. 누가복음 15장 1절을 보라.

모든 세리와 죄인들이 말씀을 들으러 가까이 나아오니.

예수님이 탕자의 비유를 말씀하시는 대상은 당시 유대 사회가 외면했던 죄인들이다. 세리는 당시 사람들에게 배척당하고 미움을 받는 죄인의 부류에 속했다. 즉, 1절에 나오는 죄인들은 이름만 유대인이지 실상은 이방인처럼 여겨졌던 사람들이다. 예수님의 비유에 나오는 탕자란 바로 이런 이들을 의미한다. 그래서 바리새인들은 이들에 대해 수군거리고 비난하고 정죄했다. 그럼에도 예수님

하나님의 사람 다윗 2

은 세리와 죄인들이 회개하고 하나님께 돌아오기만 하면, 아버지 되신 하나님께서 그들의 모든 죄를 사하시며, 그들에게 좋은 것을 누리게 하실 것이라고 말씀하셨다.

우리 자신을 정직하게 돌아보기 바란다. 당시 바리새인들이 그토록 비난하고 배척했던 세리와 죄인들에 비해 나는 더 낫다고 말할 수 있는 사람이 몇이나 될까? 하나님께서 우리의 중심을 보고 계시기에 우리가 세리와 죄인들보다 나은 사람이라고 말할 수는 없을 것이다.

예수님은 그런 우리를 향해 죄악 된 자리에서 돌이켜 아버지께로 돌아오라고 요청하신다. 회개하고 돌아서기만 하면 하나님께서는 우리에게 가장 좋은 옷을 입히시고 가락지를 끼워주시며, 우리를 위해 잔치를 여실 것이다. 이것이 바로 우리의 죄악보다 더 크신 하나님의 긍휼이다.

다윗은 죄의 대가를 혹독하게 치렀지만, 그럼에도 "내가 너의 죄를 사했노라"라는 사죄의 음성을 듣고 위로부터 부어지는 큰 능력을 체험했다. 죄를 지은 후 줄곧 다윗을 따라다니며 그의 심장을 눌렀던 죄책의 고통이 그 순간 안개가 걷히듯 깨끗하게 사라졌다. 너의 죄를 사했다는 하나님의 음성을 듣는 순간, 오랜 목마름의 고통이 시원하게 해갈되었다.

죄를 용서받는다는 건 이와 같다. 숨통을 죄어오던 압박이 사라지면서 죽어가던 사람이 살아나는 게 용서다. 이런 용서가 임하면 우리는 새사람이 된다. 내 목을 칭칭 동여맸던 죄의 사슬을 하나님께서 친히 풀어주셨는데, 어떻게 이전과 똑같이 살 수 있겠는가? 그래서 사죄의 은혜는 회복의 은혜로 이어질 수밖에 없다. 하나님께서는 우리 죄를 용서하심으로써 우리를 새사람으로 살게 하시며 참된 회복의 은혜까지 허락하신다.

누군가는 "내 문제는 다윗처럼 큰 사건이 아니니 그렇게까지 참회할 필요가 없다"라고 말할지도 모른다. 그러나 그것은 우리 자신에 대해, 그리고 하나님에 대해 잘 몰라서 하는 말이다. 일단 우리가 범하는 죄의 경중을 우리 스스로 판단할 수 없지 않은가? 내가 일상에서 짓는 작은 죄도 하나님 앞에 가면 다윗이 지었던 큰 죄와 똑같이 취급될 수 있다. 그러므로 우리가 범한 작은 죄들을 큰 죄로 여기며 돌이키는 사람에게 복이 있다. 그런 자에게 하나님은 큰 은혜를 부어주신다.

다음의 이야기에서도 이를 확인할 수 있다. 우리 교회 한 집사님이 특별새벽부흥회 참석해 많은 은혜를 받았다. 은혜를 받고 보니 지난 20년 동안 남편에게 잘못한 일들이 하나씩 떠올랐다. 집사님은 은혜 받기 전에는 남편이 잘못한 일만 떠올랐는데, 은혜를 받고 보니 자신의 잘못이 떠올라 견딜 수 없었다. 그래서 그 내용을 두 페이지에 걸쳐 글로 정리했다. 그런데 그렇게 자신의 죄를 정리해서 혼자 간직하려는 순간, 성령님이 그 글을 남편에게 보여주라는 마음을 주셨다. 그래서 남편에게 전해줬더니 남편은 글을 다 읽고 나서 펑펑 울면서 "여보, 나는 이날만 기다렸어"라고 말했다. 그렇게 그 가정은 하나 됨을 경험하게 되었다.

남편은 본래 예수님을 안 믿었는데 이후 새생명축제에서 예수님을 영접했다. 그후 그 가정의 매일 아침 출근 풍경도 달라졌다. 항상 그 집사님이 남편보다 먼저 출근하는데, 하루는 출근길에 남편이 말을 걸어왔다. "여보, 그냥 나가지 말고 나를 한 번 안아주고 출근해." 아내는 남편의 그 말에 큰 웃음으로 남편을 따뜻하게 안아준 뒤에 집을 나섰다. 지금 두 사람은 더없이 좋은 부부 관계를 이어가고 있다.

하나님의 은혜를 받으면 내가 얼마나 부족한 인간인지, 나의 부족함으로 인해 얼마나 많은 사람이 아팠을지 보이기 시작한다. 또한 하나님의 은혜를 받으면 성령님이 주시는 마음에 민감해지고 순종하게 된다. 그리고 그 결과는 하나 됨과 회복이다.

회복으로 가는 멀고도 험한 길

회복으로 가는 첫걸음은 회개다. 회복은 회개의 문을 열고 들어가는 자에게만 주시는 하나님의 선물이다.

우리가 죄 중에 있을 때 하나님은 우리에게 죄에서 돌이켜 돌아오라고 하신다. 그때 주님의 음성에 반응하여 많은 사람이 "내가 죄를 지었습니다"라고 고백하며 돌아오는 것처럼 보인다. 그러나 실제로는 진정한 회개를 하지 않고 입술로만 죄를 고백하는 경우가 많다. 그저 지금 마주한 어려운 상황을 피하기 위한 방책으로 진심이 담기지 않은 신앙고백을 하며 주님께로 돌아오는 이들이 적지 않다는 말이다.

성경에도 진짜든 가짜든 "내가 죄를 지었습니다"라고 회개의 고백을 하는 사례가 소개된다. 아래에 소개하는 이 여덟 사람의 고백을 통해 우리의 심령을 새롭게 하는 진짜 회개가 무엇인지 찾을 수 있다.

첫 번째 사람은 하나님께서 열 가지 재앙으로 애굽을 심판하셨을 때, "내가 죄를 지었다"라는 말을 두 번이나 했던 바로다(출 9:27; 10:16). 두 번째는 탐욕스러웠던 선지자 발람(민 22:34), 세 번째는 불순종한 아간이다(수 7:20). 사울 왕 역시 이 말을 세 번이나 했다(삼상 15:24, 30, 26:21). 시므이도(삼하 19:20), 가룟 유다(마 27:4)도 같은 고백을 했다.

놀랍지 않은가? 이들은 모두 죄를 지었다며 고백했지만, 하나님께로 돌아와 새사람이 되지 않았다. 그들의 회개 속에는 영혼의 진심이 담기지 않았다는 뜻이다.

반면, 다음 두 사람은 앞서 말한 이들과는 다르다. 한 사람은 본문의 다윗이다. 다윗은 "내가 죄를 지었나이다"라고 네 번 말했는데, 이 말을 할 때마다 상한 심령으로 고백했다고 성경은 증언한다(삼하 12:13; 24:10, 17; 시 51:4).

다른 한 사람은 누가복음 18장에 나오는 세리이다(눅 18:13).

그렇다면 우리는 위의 여덟 명 중 어떤 사람의 심정으로 죄를 고백하고 있는가? 말씀을 듣고 '아, 내가 죄를 지었구나'라는 생각이 든다면, 심령을 다해 다윗처럼 철저한 회개의 고백을 하나님께 드려야 한다. 바로나 발람, 아간과 사울 왕, 시므이 혹은 가룟 유다처럼 죄를 고백한다면, 그것은 회개라 할 수 없으며 우리를 새롭게 이끌어줄 수도 없다.

그런데 우리는 철저한 회개조차도 하나님의 은혜 없이는 안 된다는 것을 기억해야 한다. 회개란 죄를 이기는 최선의 길이다. 그러나 자신의 죄를 고백하고 죄에서 돌이키는 회개의 행위가 아무리 중요해도 회개 자체가 우리를 구원할 수는 없다. 회개는 반드시 은혜와 결합되어야 한다는 뜻이다. 이 말은 곧, 자칫하면 회개가 인간의 노력이나 의지로 끝날 수 있다는 말이다.

구원은 전적으로 하나님께 달려 있고, 하나님의 주권에 속한 일이다. 인간의 노력이나 의지가 담긴 회개로는 하나님께 나아갈 수 없다. 바울이 자신의 죄 문제를 해결하기 위해 던진 질문인 로마서

7장 24절을 주의 깊게 보라.

오호라 나는 곤고한 사람이로다 이 사망의 몸에서 누가 나를 건져내랴.

바울은 마음으로는 하나님의 법을 섬기지만, 죄성을 가진 육신은 여전히 죄의 법을 섬기고 있다는 사실 때문에 탄식한다(롬 7:25).

교회를 오래 다닌 사람들 중에도 죄를 이기려면 '무얼' 해야 한다, 혹은 '어떻게' 해야 한다에 초점을 맞추는 경우가 있다. 우리가 회개하는 방식의 거의 대부분이 내가 무엇을 잘못했고, 그래서 이제는 내가 어떻게 해야겠다는 각오와 결심을 중심으로 이루어지고 있다는 이야기다. 이는 회개에 잘못 접근한 것이다. '내가' 무엇을 어떻게 한다는 것은 회개가 '내게' 달려 있음을 의미한다. 그러나 죄를 이기는 승리의 열쇠는 내게 있지 않다.

다시금 바울의 질문을 생각해보자. 바울은 "이 사망의 몸에서 누가 나를 건져내랴"라고 질문한다. "내가 사망의 몸에서 이기기 위해서 내가 무엇을 해야 하는가?", 혹은 "내가 사망의 몸에서 이기기 위해 내가 어떻게 해야 할까?"라고 질문하지 않았다. 죄를 이기는 열쇠는 '무엇을', '어떻게'가 아니라 '누가'에 달려 있기 때문이다. 즉, '누가'에 해당하는 예수님만이 나를 죄의 사슬에서 건져낼 수 있다.

이것이 은혜요 긍휼이다. 예수님이 나를 죄의 힘으로부터 건져내셔야만 그 후에 내가 무엇을 하고, 어떻게 하는 것이 의미가 있다. 철저한 회개조차도 결코 예수님이 함께하시는 은혜가 없으면 안 된다는 말이다.

예수님의 은혜로 죄를 회개한 뒤에는 회복으로 나아가야 한다.

회개는 회복으로 가는 첫 단계이기에 거기서 머무르면 안 된다. 하지만 죄로 무너진 삶의 폐허 위에서 회복을 이루기란 좀처럼 쉽지 않다. 회개함으로 마음의 죄책에서 벗어났다 해도, 무너진 삶의 현실이 실제로 회복되기까지는 멀고 험한 길을 헤쳐 나가야 한다.

그러면 어떻게 해야 회복의 수순을 잘 밟아나갈 수 있을까? 크게 두 가지로 정리해 보았다.

첫째는 나단 같은 사람을 가까이해야 한다. 우리에게는 사랑으로 기도하며 권면해줄 나단 같은 사람이 필요하다. 성숙하고 신실한 믿음의 형제자매를 가까이하면서 그들의 조언을 듣는 일이 우리에게는 복이 될 수 있다.

나단을 사람으로 국한할 필요는 없다. 우리는 언제나 성경을 통해 살아 계신 하나님의 말씀을 들을 수 있다. 그러므로 성경을 읽고 묵상하는 일, QT를 통해 하나님의 뜻을 깨닫는 일, 또한 강단에서 선포되는 말씀을 통해 그분의 메시지를 듣는 일을 통해 우리는 매일 나단과 만나며 살 수 있다. 그렇게 우리는 우리를 향한 하나님의 위로와 권면을 날마다 들을 수 있다.

둘째는 '참된 기도 응답에 눈을 뜨는 일'이다. 어쩌면 나는 이 말을 하고 싶어 지금까지 긴 이야기를 나누었는지도 모른다.

본문에서 다윗은 하나님의 은혜로 죄 사함을 받은 뒤에도 심히 괴로운 나날을 보내고 있다. 자신과 밧세바 사이에서 태어난 아들이 위독한 상태였기 때문이다.

다윗이 그 아이를 위하여 하나님께 간구하되 다윗이 금식하고 안에 들어가서 밤새도록 땅에 엎드렸으니 그 집의 늙은 자들이 그 곁에 서서 다윗을 땅에서 일으키려 하되 왕이 듣지 아니하고 그들과 더불어 먹지도 아니하더라(16-17절).

하나님은 나단을 통해 말씀하신 대로 밧세바가 낳은 첫 아들을 병으로 치셨다. 그러자 다윗은 그 아이를 위해 칠일 동안이나 먹지도 않고 애타게 기도했다. 아마 다윗 때문에 궁중에 있던 모든 사람이 함께 금식기도를 했을 것이다. 그러나 간절한 기도에도 다윗의 아들은 결국 죽고 말았다. 마치 재산을 잃어버릴 위기에 처한 사람이 하나님께 모든 것을 걸고 기도했지만, 결국 전 재산을 잃어버리는 것과 같다. 교회 공동체가 한 가지 사안을 놓고 금식기도를 하며 마음을 모았지만, 그 기도가 응답되지 않는 것과도 비슷하다.

마음을 다해 목숨을 걸고 기도했는데도 주님이 그 기도를 거절하신다면 우리는 어떻게 반응할까? 많은 분이 "될 대로 되라" 하면서 주저앉을지도 모른다. 그러나 우리가 정말 그런 태도를 취한다면, 그것이야말로 사탄에게 마음의 문고리를 내주는 일이다. 우리가 그토록 간절히 기도하고 매달렸는데도 응답이 없다면, 우리는 사탄이 이끄는 대로 자포자기해선 안 된다. 오히려 이 과정을 통해 우리 삶을 더 높은 차원으로 올라가게 하실 하나님의 새로운 응답을 기대해야 한다.

마음을 다해 간절히 기도한다고 해서 항상 기도가 응답되는 건 아니다. 하나님과 그토록 친밀했던 다윗을 보라. 그는 식음을 전폐하면서까지 아이의 병이 낫기를 간절히 기도했지만, 아이는 결국 하늘나라로 떠났다.

성경에는 이런 일들이 종종 나온다. 욥이 그 대표적인 사례다. 그는 자식을 모두 잃고 전 재산을 잃었으며 온 몸에 종기가 나서 아프기까지 한데, 아내마저 떠나버렸다. 그런 상황에서 하나님을 찾지만 하나님은 아무런 응답도 주시지 않았다. 결국 욥은 더 많은 시간을 보낸 후에야 폭풍 가운데 응답하시는 하나님을 만났고, "내가 지금까지 하나님을 귀로만 들었더니 이제는 하나님을 눈으로 봅니다"(욥 42:5)라며 차원 높은 고백을 드렸다.

바울도 그랬다. 그는 몸에 가시와 같은 병을 갖고 있었다. 그래서 병 낫기를 위해 마음과 뜻과 정성을 다해 간절히 기도했다. 바울이 얼마나 유명한 기도의 사람이던가? 하지만 간절히 기도해도 그의 병은 낫지 않았다. 대신 하나님은 바울에게 새로운 차원의 응답을 주셨다. "내 은혜가 네게 족하도다"(고후 12:9)라고 말씀이다. 실로 바울에게 하나님은 '약할 때 나를 강하게 하시는' 분이셨다. 그 하나님께 받은 응답으로 바울은 더 성숙해질 수 있었다.

모세는 40여 년간 백성들과 함께 풍찬노숙하면서 가나안에 들어가기만을 간절히 바랐다. 그런데 하나님이 그에게 어떻게 응답하셨는가?

"아니다. 너는 새 차원으로 올라가라. 가나안보다 더 좋은 천국으로 와라."

하나님의 응답을 들은 모세는 가나안 땅으로 향하던 마음을 툴툴 털어버리고 천국에 대한 열린 눈으로 신명기를 기록하게 된다.

이처럼 우리도 이 땅을 살면서 간절히 기도해도 응답되지 않는 경험을 할 때가 많다. 그럴 때 어떤 태도를 취해야 할까?

사람들은 대부분 한 곳에 안주하기를 원한다. 또한 평안히 살고 싶어 한다. 그러나 하나님의 사람은 평안히 사는 삶만 추구해선 안 된다. 하나님은 우리의 평안보다 '성숙'에 더 관심을 기울이신다. 우리가 더욱더 성숙해지기를 원하시기에, 안주하지 말고 깨어 있으라 명하신다. 왜냐하면 우리의 삶은 항상 '영적 전쟁'이기 때문이다. 깨어 있지 않고 흐느적거리면 결국 누군가의 밥이 되고 만다. 치열한 영적 전투를 외면한 채 안주하려 하거나 행복을 누리려고만 하면 영원히 패배할 수밖에 없다. 그래서 하나님은 때로 당장의 기도에 응답을 주시기보다 더 높은 차원의 응답을 주신다.

다윗은 아마 그걸 깨달았던 것 같다. 자신의 간절한 기도가 이루어지지 않자, 더 높은 차원의 응답을 주실 하나님을 신뢰했다. 본문 20절 상반절을 보라.

> 다윗이 땅에서 일어나 몸을 씻고 기름을 바르고 의복을 갈아입고 여호와의 전에 들어가서 경배하고.

다윗은 회개한 후 회복의 단계를 밟고 있다. 회복의 첫 번째 증거인 예배가 회복되었기 때문이다. 하나님을 예배한다는 건 내 중심이 아니라 하나님 중심으로 산다는 뜻이다. 지금까지 자기가 주인이 되어 살인죄와 간음죄를 저질렀던 다윗이 이제는 하나님을 주인으로 인정하고, 그분 앞에 영광 돌리는 삶을 살기 시작했다.

본문 24절에서는 회복의 두 번째 증거가 나타난다.

> 다윗이 그의 아내 밧세바를 위로하고.

다윗은 아들이 죽은 후 밧세바를 위로했다. 그가 죄악 가운데 거할 때와는 다른 모습이다. 이전에 밧세바와 간음하고 우리아와 부하들을 죽였다는 건 사람을 인격적으로 대하지 않고, 자신의 욕망을 채우기 위한 도구로 이용했다는 뜻이다. 죄에 빠지면 그렇게 된다. 만약 다윗이 자신의 죄를 회개하지 않았다면 그 상황에서 밧세바를 원망했을 수도 있다. 밧세바를 탓하고 멀리했을지도 모른다. 그런데 다윗은 자신의 죄를 인정하고 돌이킨 후, 밧세바를 아내로 대우하며 진심으로 위로했다.

지금껏 살펴본 내용을 토대로 회복에 대해 두 가지를 정리할 수 있다. 첫째는 하나님을 예배하는 일이다. 하나님과의 수직적인 관계 회복이다. 둘째는 사람들을 위로하는 일, 즉 사람들과의 수평적인 관계 회복이다. 이 두 가지 단계를 밟는다면 우리 삶은 진정으로 회복될 것이다. 하나님께서 허락하신 높은 차원의 응답이 이루어지기 때문이다.

여디디야의 축복을 주시는 하나님

다윗에게 이런 회복이 있은 후, 하나님은 선지자 나단을 다시 보내셔서 그분의 음성을 들려주셨다. 24-25절을 보라.

> 다윗이 그의 아내 밧세바를 위로하고 그에게 들어가 그와 동침하였더니 그가 아들을 낳으매 그의 이름을 솔로몬이라 하니라 여호와께서 그를 사랑하사 선지자 나단을 보내 그의 이름을 여디디야라 하시니 이는 여호와께서 사랑하셨기 때문이더라.

나단은 다윗과 밧세바 사이에 태어난 아들 솔로몬을 영광스럽게 축복한다. 하나님께서 나단을 통해 아이에게 주신 이름은 '여디디야'였다. 여호와께 사랑을 입었다는 뜻이다. 회개와 회복이 이루어지자 하나님은 다윗과 밧세바에게 예수님의 계보를 잇는 아들 솔로몬을 허락하실 뿐 아니라 그분의 사랑을 담은 이름까지 안겨주셨다.

우리에게도 이와 같은 회복이 임하기를 기도하자. 우리는 부족하고 연약해서 자주 죄로 넘어지지만, 하나님 앞에 회개함으로 진정한 회복의 자리까지 이르기를 바란다. 그러려면 기도가 당장 응답되지 않아도 하나님께서 주실 새 차원의 응답을 믿고 기다리는 믿음이 필요하다. 하나님께서 반드시 여디디야의 복을 주실 것을 믿는 소망으로 이 과정을 통과해야 한다.

인생길을 걷다 보면 크고작은 파도를 만나게 된다. 이때 베드로처럼 거센 바람에만 주목한다면 물속으로 가라앉을 수밖에 없다. 그러나 여디디야의 복을 주시는 하나님을 바라본다면 우리도 바다 위를 걷게 될 것이다. 부디 믿음을 가진 모든 성도가 여디디야의 복을 받아 누림으로 거친 파도 위를 걷는 기적을 경험하게 되길 소원한다.

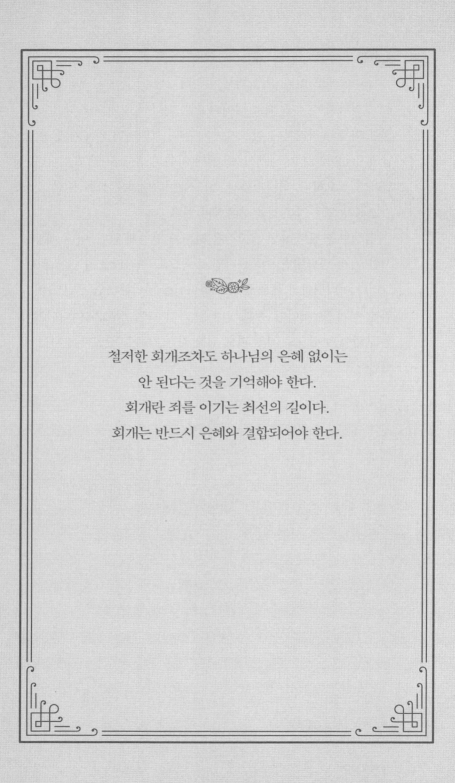

철저한 회개조차도 하나님의 은혜 없이는
안 된다는 것을 기억해야 한다.
회개란 죄를 이기는 최선의 길이다.
회개는 반드시 은혜와 결합되어야 한다.

25

중년의 위기 극복

OVERCOMING MIDLIFE CRISIS

시편 102:1-7; 여호수아 14:10-11

시 102:1 여호와여 내 기도를 들으시고 나의 부르짖음을 주께 상달하게 하소서 2 나의 괴로운 날에 주의 얼굴을 내게서 숨기지 마소서 주의 귀를 내게 기울이사 내가 부르짖는 날에 속히 내게 응답하소서 3 내 날이 연기 같이 소멸하며 내 뼈가 숯 같이 탔음이니이다 4 내가 음식 먹기도 잊었으므로 내 마음이 풀 같이 시들고 말라 버렸사오며 5 나의 탄식 소리로 말미암아 나의 살이 뼈에 붙었나이다 6 나는 광야의 올빼미 같고 황폐한 곳의 부엉이 같이 되었사오며 7 내가 밤을 새우니 지붕 위의 외로운 참새 같으니이다

수 14:10 이제 보소서 여호와께서 이 말씀을 모세에게 이르신 때로부터 이스라엘이 광야에서 방황한 이 사십오 년 동안을 여호와께서 말씀하신 대로 나를 생존하게 하셨나이다 오늘 내가 팔십오 세로되 11 모세가 나를 보내던 날과 같이 오늘도 내가 여전히 강건하니 내 힘이 그 때나 지금이나 같아서 싸움에나 출입에 감당할 수 있으니

사람은 누구나 두 번의 사춘기를 겪는다고 한다. 십대 때 한 번 그리고 중년에 사추기라고도 하는 제2의 사춘기를 맞이한다. 그래서 이런 말도 생겨났다.

"인생에서 가장 어려운 두 시기가 있는데 첫 번째는 사춘기를 지날 때고, 두 번째는 십대 자녀를 둔 때다."

요즘은 사춘기보다 중년기에 더 큰 어려움을 느낀다고들 말한다. 사실 인생에서 중년은 위기의 때라고 할 수 있다. 이 시기가 되면 감정을 고갈시키는 사건이 집중적으로 일어나기 때문이다. 아

이들은 머리가 컸다며 부모 말을 잘 들으려 하지 않고 직장에서는 가장 불안한 위치에 내몰리며, 청년기와는 다르게 몸 여기저기가 아파온다. 가장 친밀해야 할 배우자는 언제부터인가 나를 대하는 태도가 데면데면해진 것 같아 집에 있어도 늘 고독하다. 이처럼 중년이 되면 젊었을 때 가졌던 꿈과 목표가 현실에 부딪혀 깨어지고 몸은 서서히 생물학적 쇠퇴를 경험하며, 직업적으로도 성공과 성취의 한계를 깨닫게 된다.

같은 중년이라고 해도 사람마다 실감하는 위기는 제각각 다르다. 어떤 이는 돈은 있지만 고독감을 견디지 못해 방황하고, 어떤 이는 상대적인 가난이나 빈곤에 함몰된 나머지 자신은 실패한 인생이라고 한탄한다. 어떤 이는 자식 농사를 망친 것 때문에 자기 인생이 끝난 것마냥 괴로워하고, 다른 이는 중년의 여유를 성적 욕망을 채우는 데 소비하다가 가정이 파탄되어 우울증에 빠지기도 한다.

중년의 위기를 겪는 것은 그리스도인들이나 믿지 않는 사람들이나 다르지 않다. 경건한 그리스도인들도 얼마든지 위기를 맞을 수 있다. 문제는 중년의 위기에 대처하는 그리스도인들의 모습이 세상 사람들과 별반 다르지 않다는 사실이다. 그리스도인이라면 중년의 위기에 대처하는 자세가 세상과 질적으로 달라야 하는데, 현실은 그렇지 않다는 게 문제다. 그 이유가 무엇일까?

많은 그리스도인들이 주일마다 교회에 나오지만, 교회 밖에서의 삶은 믿지 않는 사람들과 별반 다르지 않다. 세상 사람들처럼 생각하고 행동한다. 그렇게 산다면 세상 사람들과 다른 삶의 자세와 열매를 기대할 수는 없다.

이 장에서는 다윗의 시편과 갈렙의 이야기를 통해 중년의 위기를 어떻게 극복할 수 있는지 나누려 한다. 물론 이 책을 읽는 이들 중에는 청년이거나 노년기에 이른 분도 있겠지만, 이 내용은 중년뿐만 아니라 모든 세대의 위기 극복과도 관련된다. 말씀에 기반한 중년 위기 극복법이라면, 결국 인생의 모든 시기를 관통하여 적용할 만한 진리가 될 수 있기 때문이다.

중년의 위기 : 가슴이 뻥 뚫린 것 같은 실존적인 진공상태

시편 102편은 중년의 위기를 맞은 이들의 전형적인 반응을 노래한 시처럼 느껴진다. 3절에서 "내 날이 연기 같이 소멸하며 내 뼈가 숯 같이 탔음이니이다"라고 하더니, 4절에선 "내가 음식 먹기도 잊었으므로 내 마음이 풀 같이 시들고 말라 버렸[다]"고 한다. 5절은 "나의 탄식 소리로 말미암아 나의 살이 뼈에 붙었나이다", 6절에선 "나는 광야의 올빼미 같고 황폐한 곳의 부엉이 같이 되었[다]"고 고백한다. 7절에선 "내가 밤을 새우니 지붕 위의 외로운 참새 같[다]"고 말한다.

젊음의 시절을 보내고 중년기가 찾아왔을 때 하는 우리의 고백과 비슷하지 않은가? 다음 페이지에 이 말씀을 근거로 중년기에 느끼는 상태를 정리해보았다. 당신은 이 중에 몇 가지나 해당이 되는지 체크해보기 바란다.

아마 어떤 분들은 "저는 전부 해당되는데요"라고 말할지도 모른다. 그렇다면 그가 바로 중년의 위기 앞에 서 있는 사람이다. 중년의 위기란 한마디로 '가슴이 뻥 뚫린 것 같은 실존적인 진공상태'다. 여기서 '실존적'이란 말은 가슴이 뚫린 상태가 실제로 와닿는다는 의미다. 그래서 중년들은 이별 노래를 좋아하고, 낙엽 따라

가버린 사랑을 읊조리곤 한다.

시편 102편을 중년의 노래라고 전제했을 때, 이 시기에 나타나는 위기를 다음 세 가지로 정리할 수 있다.

첫째, 본문 1-2절을 통해 볼 수 있듯이 중년에는 '관계지수(Relationship Quotient)'가 낮아진다. 중년이 되면 이상하게 외로움을 많이 탄다. 그동안 많은 사람을 알고 지냈지만 정작 만날 사람이 없다고 느낀다.

나의 괴로운 날에 주의 얼굴을 내게서 숨기지 마소서(시 102:2상).

이 구절은 현재 시인이 느끼는 외로움이 크다는 것을 나타낸다. 왜 그런지는 모르겠지만, 시인은 지금 (수평적)관계지수가 매우 낮은 상태다.

둘째, 중년이 되면 '건강지수(Health Quotient)'마저도 낮아진다. 본문 3-5절이 이와 관련된 내용이다. 시인은 지금 식욕이 떨어져 먹는 즐거움조차 사라졌다. 소화력마저 약해져 속이 항상 더부룩하다. 몸이 지나치게 마르거나 살이 찐다. 시편 102편 23절도 같은 맥락으로 이해할 수 있다.

그가 내 힘을 중도에 쇠약하게 하시며 내 날을 짧게 하셨도다.

중년이 되니 기운이 떨어져서 무병장수의 꿈도 사라져버린 것 같다. 갈수록 건강지수가 낮아지기만 한다.

셋째, 중년이 되면 '감성지수(Emotional Quotient)'도 젊었을 때보다 낮아진다. 6-7절을 보라.

중년기 위기의 전형적인 반응

자신이 해당하는 항목에 체크하세요.

- ○ 좌절감
- ○ 목적이나 방향의 상실, 허탈감
- ○ 고립감
- ○ 무가치하다는 느낌
- ○ 덫에 걸린 느낌
- ○ 성적인 유혹에 민감해짐
- ○ 피로와 권태
- ○ 자기 연민, 내향적 성격 강화
  (특별히 남성들, 이전에 침착하게 반응했던 영역에서 안절부절못하는 태도)
- ○ 걸핏하면 포기하고 싶은 생각
- ○ 의욕 상실
- ○ 쓴 뿌리
  (사람들에 대해)
- ○ 내가 무엇을 해도 상황이 나아지지 않을 거라는 절망감
- ○ 쉽게 감정을 드러냄
- ○ 영적으로 성숙한 분들 가운데 영적 예비 자원이 고갈되어
  영혼 섬김의 중요성을 알면서도 피곤해함

나는 광야의 올빼미 같고 황폐한 곳의 부엉이 같이 되었사오며 내가 밤을 새우니 지붕 위의 외로운 참새 같으니이다.

시인은 자신을 광야의 올빼미 같다고 표현한다. 6절의 '올빼미'를 '펠리컨'으로 번역한 영어 성경들도 많다. 펠리컨은 본래 해안에 서식한다. 그런데 시편 102편에서는 바닷가에 있어야 할 펠리컨이 광야에 있다. 무슨 뜻인가? 시인이 지금 헤매고 있음을 보여 준다. 있어야 할 곳이 아니라 엉뚱한 데 가서 앉아 있다는 이야기다. 그러니 그 마음이 어떻겠는가?

황폐한 곳의 부엉이도 마찬가지다. 울창한 숲속에 거처를 두어야 할 부엉이가 황폐한 곳에 있으니 정서적인 혼돈을 겪을 수밖에 없다. 이는 시인이 뭔가 뒤죽박죽인, 감정적 위기 상태를 맞고 있다는 증거다.

더군다나 7절에선 "내가 밤을 새우니 지붕 위의 외로운 참새 같다"라고 말한다. 새들도 밤이 되면 무리와 함께 집으로 돌아가야 하는데 지붕 위에 홀로 앉아 있으니 얼마나 외롭겠는가?

시인은 지금 자신이 마치 지붕 위의 외로운 참새처럼 홀로 밤을 새우고 있다고 말한다. 이 시를 누가 썼는지는 확실하게 밝혀지지 않았다. 하지만 저자가 누구인지 보다 더 중요한 것은 이 시편을 통해 중년의 위기에 공감하며 함께 해결책을 찾는 일이다. 그렇기에 중년의 위기를 겪었던 다윗의 삶에 적용하여 이 시를 읽는 것도 큰 무리는 없어 보인다.

다윗은 통일 왕국을 다스렸지만, 중년에 큰 위기를 맞았다. 첫째, 정욕을 그릇된 방법으로 채운 탓에 결혼 생활이 파탄되었다(삼하 12:11). 둘째, 아이를 잃었다(삼하 12:18). 셋째, 아들 중 하나가 이복누이를 강간했다(삼하 13:14). 넷째, 아들들 간에 미움과 증오가 가득했다. 특히 이복형제였던 압살롬과 암논은 2년 동안 서로 말을 하지 않았고, 증오가 압살롬의 심장을 파먹었다(삼하 13:20,32). 다섯째, 아들들 간에 피비린내 나는 살인이 행해졌다(삼하 13:28-29). 여섯째, 아들의 반역으로 궁중에서 도망을 쳤다(삼하 15:14). 일곱째, 그토록 사랑했던 압살롬이 부하 요압의 손에 죽었다(삼하 18:14).

다윗처럼 중년에 큰 위기를 맞은 사람도 드물 것이다. 하지만 다윗은 그토록 무지막지한 위기에서 결국 벗어났다. 그 비결은 무엇일까?

첫째, 진실을 피하지 않고 현실을 직시했다(삼하 12:13). 둘째, 잘못을 회개하며 하나님께 기도했다(시 51편). 셋째, 하나님을 예배했다(삼하 12:20). 넷째, 처한 상황에 함몰되지 않고, 큰 슬픔 속에서도 오히려 함께한 사람을 위로했다(삼하 12:24).

다윗이 위기 앞에서 행한 일은 오늘날 중년의 위기를 맞은 사람들에게 출구를 열어준다. 성경은 진실과 직면하여 자신의 문제를 들고 하나님께 나아가 기도하고 하나님을 예배하고 주어진 상황 속에 함몰되거나 휩쓸리는 게 아니라 오히려 다른 사람의 아픔을 헤아리는 큰 마음을 가지라고 권면한다.

중년의 위기가 찾아왔을 때, 한동안 어쩔 줄을 몰라 하는 게 우리의 현실이다. 젊을 때 위기가 닥치면 패기로 이겨낼 수 있다지만, 중년의 위기는 무엇으로 이겨내야 할까? 같은 아픔이라도 예전 같으면 훌훌 털고 일어섰을 텐데, 이젠 세상과 맞서 싸우는 면역력도 떨어졌는지 모진 풍파를 견뎌낼 재간이 없다고 느낀다. 30대에는 인생의 무게가 30킬로그램 같고 50대에는 50킬로그램 같으며, 60대에는 60킬로그램 같다는 말이 있다. 이 말에 고개를 끄덕인다면 그 또한 서글픈 일이다.

우리에게 주어진 특별한 영적 자본

중년에는 관계와 건강과 감정의 문제가 나타난다. 그렇다면 예수님을 믿는 우리는 중년의 위기를 어떻게 극복해야 할까?

예수님을 믿는 우리에게는 특별한 자본이 주어졌다. 첫 번째는 '생명 자본'이다. 중년이 되면 가진 것도 점점 줄어들기 마련이지만, 우리 안에 계신 예수님의 생명만큼은 변함이 없다. 예수 그리스도가 나의 구세주와 주님임을 고백하는 순간부터 중년에 이르기까지, 그분의 생명은 변함없이 우리 안에서 살아 숨쉰다. 그러니 중년의 위기 앞에서 몸을 사릴 이유가 없다. 지금 죽어도 천국 갈 수 있다는 믿음으로 담대하게 살면 된다.

2018년, 세계적인 천체 물리학자 스티븐 호킹이 죽었을 때 세상은 그의 사후 세계관을 보도하며 떠들썩했다. 그는 숨을 거두기 전, "죽음이란 무엇입니까?"라는 물음에 "나는 모른다"라고 답했다. 또 "그럼 죽은 다음에는 어떻게 될까요?"라고 묻자 그는 "죽음의 거대한 공간 속에 우리의 인생이 내팽개침을 당할 것이다"라고 답했다. 죽음이 무엇인지, 죽음 이후에 어떻게 될지 탁월한 천체 물리학자도 알 수 없다는 것이다.

그러나 예수님을 믿으면 명확하게 답할 수 있다. 새벽기도회에 나온 열 살짜리 초등학생에게 같은 질문을 던지자 그 아이는 분명히 말했다. "우리는 죽으면 영원한 생명을 얻어요."

우리에게는 이처럼 '생명 자본'이 있다. 이 자본은 중년이 되어도, 노년을 맞이해도 약해지거나 사라지지 않는다. 그러니 아무리 커다란 위기를 만나더라도 이 자본을 붙잡으면 생명의 역사가 우리 삶에 약동할 수 있다.

예수님을 믿는 우리에게 주어진 두 번째 자본은 '성령 자본'이다. "우리에게 무엇이 있는가?"라는 질문에 즉시 할 수 있는 대답은 "보혜사 성령님이 우리와 함께하신다"일 것이다. 그것만큼 영광스럽고 좋은 일이 어디 있을까? 우리가 힘들고 어려울 때마다 보혜사 성령님은 우리를 도우실 뿐 아니라, 우리 마음까지도 붙잡아주신다.

모든 인생은 부평초와 같다. 매일 흔들리고 매 순간 흔들린다. 하지만 보혜사 성령님이 우리와 함께하시면 놀라운 일이 벌어진다. 베드로후서 1장 3절을 보자.

그의 신기한 능력으로 생명과 경건에 속한 모든 것을 우리에게 주셨으니.

성령님이 우리와 함께하시면 우리에게 생명과 경건에 속한 모든 것이 주어진다. 성령님이 우리와 함께하신다는 건 이처럼 놀라운 일이다.

세 번째 자본은 '말씀 자본'이다. 우리에게는 영원불변한 말씀이 주어졌다. 언제나, 어디서나, 심지어 길을 잃고 헤맬 때도 말씀이 있으면 다시 길을 찾아갈 수 있다. 말씀은 항상 답을 주기 때문이다. 빌리 그레이엄 전도단의 솔리스트였던 조지 베버리 쉐어 (George Beverly Shea)의 이야기가 이를 증명한다.

그는 열 살 때 예수님을 믿었고, 찬송가 94장 〈주 예수보다 더 귀한 것은 없네〉의 작곡자이기도 하다. 오페라 가수였던 그는 1965년에 그래미상을 수상할 정도로 젊은 시절부터 명성이 자자했는데, 그래서인지 중년에 이르자 영적 자원이 고갈되면서 깊은 침체와 허탈감에 빠지고 말았다. 그러나 그에게는 여전히 생명 자본,

성령 자본, 말씀 자본이 있었다. 어느 날, 기운 없이 성경을 펼쳐보던 그의 눈앞으로 말씀 한 구절이 확대되어 다가왔다. 잠언 3장 6절이었다. "너는 범사에 그를 인정하라 그리하면 네 길을 지도하시리라."

말씀이 우리를 사로잡으면 어떤 일이 일어나는가? 말씀에 담긴 놀라운 생명력이 죽어가는 영혼을 소생시켜 전혀 다른 사람으로 살아가게 한다. 쉐어에게도 그런 일이 일어났다. 잠언 3장 6절 말씀이 그의 영혼을 각성시키자 시든 중년이 아니라 다시 살아난 청년이 되어 사명에 붙들렸다. 그래서 '앞으로 무슨 일을 해야 할까?'를 고민하다가 지금처럼 유명한 오페라 가수로 살기보다는 주님만 찬양하는 찬양 사역자가 되겠다고 결단한다.

그 후 그에게는 신기하게도 찬양 사역자의 삶이 펼쳐졌다. 한 기독교 방송에서 〈조지 베버리 쉐어와 함께〉라는 프로그램을 맡아 진행하게 되었고, 세계적인 부흥사인 빌리 그레이엄 목사님의 요청으로 그가 인도하는 집회 때마다 찬양을 했다. 자신에게 주어진 말씀 자본 덕분에 쉐어는 중년의 위기를 극복하고 사명의 고삐를 바짝 조일 수 있었다.

위기 극복의 길 1. 영적 초점을 유지하라

앞에서 우리는 중년기에 낮아지는 세 가지 지수와 중년기에도 변치 않고 주어지는 세 가지 자본을 살펴봤다. 이 내용을 바탕으로 중년의 위기 극복 방안을 '갈렙'을 통해 찾아보려 한다. 물론 이 원리는 청년기와 노년기에 위기를 맞은 사람들에게도 통용된다.

그리스도인 중에 "중년의 위기를 어떻게 극복할 것인가?"라는 문제 앞에서 신앙적인 답변을 할 수 없는 사람은 드물 것이다. 몰라서 극복하지 못하는 게 아니라 실천이 따르지 않아서 못할 뿐이다. 우리가 어떻게 실천할 수 있는지는 중년의 위기 없이 평생을 신실하게 살았던 갈렙에게 배울 수 있다. 여호수아 14장 14절 하반절은 갈렙을 이렇게 소개한다.

그가 이스라엘의 하나님 여호와를 온전히 좇았음이라.

이 구절은 중년의 위기를 맞아 해결책을 찾는 우리에게 방향키가 되는 말씀이다. 온전히 좇는다는 말은, 주님을 향한 초점이 흐려지지 않는다는 뜻이다. 즉, 갈렙은 평생토록 신앙의 영적 초점을 오로지 하나님께로 모았던 사람이다. 이는 신앙의 영적 초점을 유지하는 것이 중년의 위기 극복을 위한 첫 번째 해결책임을 보여준다.

하나님을 온전히 좇으면 흔들림이 없다. 갈렙은 평생을 한결같이 여호와를 좇아 살았다. 그는 한 번도 모세를 대항하는 무리에 낀 적이 없다. 모세를 비난하거나 불신하는 사람들의 모임에도 참여하지 않았다. 애굽의 부추와 마늘을 사모한 적도 없다. 물질을 숭배하지도 않았고, 금송아지를 섬겼던 무리와도 무관했다. 어떻게 그럴 수 있었을까? 자신의 초점을 오직 하나님께 맞췄기 때문이다. 갈렙처럼 삶의 모든 초점을 하나님께 온전히 맞추면 중년의 위기(Midlife Crisis)가 중년의 희망(Midlife Hope)으로 바뀐다.

갈렙이 45년을 한결같이 하나님께로만 영적 초점을 맞춘 것을 묵상해보니, 그는 '한결같은 하나님'을 깨달았던 게 아닐까 싶다. 갈렙에게 하나님은 자신의 하나님이실 뿐 아니라 모세의 하나님,

아브라함의 하나님이시기도 했다. 또한 창조의 하나님이시기도 했다. 그리하여 다음과 같이 깊은 깨달음에 이르렀던 것 같다.

"아, 하나님은 늙지 않으시는 분이구나!"

이 깨달음이 갈렙의 인생에서 방향키가 되지 않았을까?

우리의 겉사람은 늙고 변해가지만 하나님은 영원히 늙지도 변하지도 않는 분이다. 변함없으신 하나님께 초점을 맞추니 갈렙 역시 한결같이 주님을 온전히 따를 수 있었을 것이다. 마치 '큰 바위 얼굴'을 보다가 닮게 된 어니스트처럼, 변함없고 한결같으신 하나님을 묵상하다 보니 자연스럽게 변함없고 한결같이 하나님을 좇게 된 것이다.

말씀을 묵상하면서 깨달음을 얻자 내게도 신선한 기쁨이 찾아왔다.

"그렇지! 갈렙은 하나님이 늙지 않으신다는 것을 알았어. 하나님은 결코 변하지 않으시는 분임을 알았어. 하나님은 어제나 오늘이나 언제나 동일하셔."

창조의 하나님이 나의 하나님이심을 되새기자, 나도 나이를 잊은 듯 목소리에 생기가 돌았다. 하나님께 온전히 초점을 두면, 이렇듯 날마다 솟는 샘물의 주인이신 하나님 앞에서 중년의 나이에도 물을 만난 물고기처럼 활기차게 헤엄칠 수 있다.

이처럼 신앙이 살아 있으면 중년의 매너리즘과 권태도 극복할 수 있다. 나 자신만 돌아봐도 5년 전에 깨달은 하나님보다 지금 깨닫는 하나님이 더 신선하다. 10년 전에 알았던 복음의 비밀보다 지금 알게 된 복음의 비밀이 더 크고 깊다. 그래서 나이가 들수록 겉모습은 늙어가지만 속사람은 더 신선해지고 깊어질 수 있다는 생각이 든다. 나이가 들수록 하나님을 더 사랑하고, 하나님께 더 감격하면 중년에 찾아오는 매너리즘과 권태도 극복할 수 있다.

본문을 보면 영원한 청년 갈렙은 하나님을 온전히 좇을 뿐만 아니라 하나님께 충성했던 사람이었다.

나는 내 하나님 여호와께 충성하였으므로(수 14:8하).

갈렙과 관련된 말씀 중에는 유독 '충성'이란 단어가 많이 나온다. 갈렙은 언제나 하나님께 충성하면서 성실하게 연단과 훈련을 받았다. 갈렙의 성실한 훈련과 연단이 갈렙의 중년기를 건강하게 해주었다. 이는 다윗이 자신의 생애를 승리로 이끈 비결과도 비슷하다. 다윗 역시 자신의 과거를 추억하며 시편 144편 1절에서 중년의 위기를 극복한 비결을 고백하는데, 그것은 바로 연단과 훈련이었다.

나의 반석이신 여호와를 찬송하리로다 그가 내 손을 가르쳐 싸우게 하시며 손가락을 가르쳐 전쟁하게 하시는도다.

새번역 성경은 이 말씀을 이렇게 번역했다.

나의 반석이신 주님을 내가 찬송하련다. 주님은 내 손을 훈련시켜 전쟁에 익숙하게 하셨고, 내 손가락을 단련시켜 전투에도 익숙하게 하셨다.

다윗과 갈렙은 한결같은 충성으로 하나님의 훈련장에서 훈련을 받았다. 그리고 훈련을 통해 기른 힘으로 중년의 웬만한 위기들을 극복할 수 있었다. 이처럼 교회는 믿음의 훈련장이어야 하고, 교회로 부름받은 우리는 충성스럽게 훈련을 받아야 한다. "내 나이가 몇인데 무슨 훈련을 받느냐?"라며 손사래 칠 일이 아니다. 주일예배만 드렸던 10년보다 제자훈련을 충실하게 받은 1년이 우리의 믿음을 견고하게 다져줄 수 있기 때문이다.

복음주의 영성 신학자 달라스 윌라드는 "은혜만으로는 우리의 변화된 삶을 보장하지 못한다"라고 말했다. 물론 은혜는 매우 중요하다. 우리는 하나님께서 부어주신 은혜를 깨닫고 감사해야 한다. 그러나 주신 은혜를 알고 깨닫는 것만으로는 변화된 삶을 살 수 없다. 왜 그럴까? 사도 바울의 탄식처럼, 죄성을 가진 우리 몸을 그대로 내버려두면 우리의 옛사람, 옛 속성이 우리를 죄의 법으로 끌고 가기 때문이다(롬 7:23).

예수님은 "모든 민족을 제자로" 삼으라는 지상명령을 내리셨다. 제자라는 뜻의 'disciple'이 훈련을 의미하는 'discipline'에서 나왔다는 것은 중요한 의미를 지닌다. 예수님의 온전한 제자가 되기 위해서는 반드시 합당한 훈련을 해야 한다는 것을 말해주기 때문이다. 또한 훈련 없이는 예수님이 원하시는 수준의 제자가 될 수 없음을 함축하고 있다.

'제자'의 본뜻은 '훈련을 받으며 따르는 자(disciplined follower)'다. 예수님은 단지 자신을 따르는 자(follower)가 아니라, 훈련을 받으며 따르는 자(disciplined follower)를 원하신다. "경건에 이르도록 네 자신을 연단하라"는 디모데전서 4장 7절 말씀처럼, 예수님이 원하시는 경건한 신앙을 가지려면 반드시 훈련을 받아야 한다. 훈련을 통하지 않고 경건에 이르는 지름길은 없다.

어떤 이들은 "훈련하다가 실패하면 어쩌나?"라고 하면서 훈련 받기를 극히 꺼린다. 거듭 말하지만 실패해도 괜찮다. 실패는 다시 시작할 수 있는 기회가 아닌가? 훈련하다 실패했다면, 다시 훈련을 시작하면 된다. 시도조차 안 하는 것은 굴복임을 잊지 말아야 한다.

교회는 실패자들이 모이는 병원이지 의인들의 박물관이 아니다. 우리는 자주 실패하고 여러모로 부족하지만, 그 때문에 다시 훈련을 사모하며 주님 앞에 서는 자들이다. 완벽한 의인은 훈련받을 이유가 없다. 우리 중 훈련이 필요 없는 사람은 없다는 이야기다. 주님을 온전히 좇아 충성스럽게 훈련과 연단을 받는 자가 중년기든 청년기든 노년기든, 어느 때 닥친 위기도 해결할 수 있음을 알아야 한다.

위기 극복의 길 2. 건강 관리에 주력하라

중년의 위기를 극복하기 위한 또 하나의 방안은 건강 관리다. 청년이나 노년도 마찬가지겠지만, 중년의 건강 문제는 특히 중요하다. 갈렙이 중년의 위기 없이 노년을 맞이할 수 있었던 이유 중 하나로 그의 강건함을 들 수 있다. 여호수아 14장 11절 상반절을 보자.

모세가 나를 보내던 날과 같이 오늘도 내가 여전히 강건하니.

얼마나 놀라운 고백인가? 나는 믿음의 형제자매들이 갈렙처럼 "오늘도 내가 여전히 강건하니(I am still strong)"라고 고백할 수 있기를 기도한다. 그동안 교회는 영혼의 건강을 강조하면서도 몸의 건강에 대해서는 크게 신경 쓰지 못한 것이 사실이다. 우리 몸이 영혼을 담는 그릇임을 간과했기 때문이다. 육신의 상태가 영혼에 영향을 미치기에, 우리는 육신의 몸을 잘 관리해야 한다. 바울은 고린도전서 6장 19-20절에서 우리 몸은 성령의 전이요 우리 것이 아니며, 값으로 산 것이 되었기에 우리 몸으로 하나님께 영광을 돌려야 한다고 말했다. 우리는 건강한 몸을 만들기 위해 최선을 다해야 한다.

> 그런즉 너희가 먹든지 마시든지 무엇을 하든지 다 하나님의 영광을 위하여 하라(고전10:31).

요즘은 신문에 지면이 따로 구성될 만큼 건강 문제에 관심이 많다. 그래서 나는 일반적인 정보를 제공하는 것이 아니라 목회자로서 나눌 수 있는 건강 이야기를 한두 가지만 하려 한다.

생명은 전적으로 하나님께 속해 있지만 우리에게 주어진 건강을 유지하는 것은 내게 속한 일이다. 이 말은 우리가 우리의 건강을 전적으로 관리할 수 있다는 뜻은 아니다. 건강 지상주의를 말함도 아니다. 비록 남들보다 약체여도 좌절하는 게 아니라 건강 증진에 최선을 다해야 할 책임이 우리에게 있다는 뜻이다. "나는 그냥 이렇게 살다 죽을래"라고 말하며 밤늦게 라면을 끓여먹고 날마다 정크 푸드로 끼니를 때운다면, 그것은 스스로를 학대하는 일이다. 건강 자체를 우상으로 여기면 안 되겠지만, 우리 몸은 하나님의 성전이기 때문에 반드시 건강 관리에 힘써야 한다. 바울이 말한 "귀히 쓰는 그릇"(딤후 2:21)이 무엇이겠는가? 영적으로 깨끗하고 거룩한 그릇을 말하지만, 거기에는 강건하게 준비되는 외적인 상태까지도 포함된다. 주님은 우리를 강하게 쓰고 싶으신데 미리 자포자기해서야 되겠는가?

나의 부친은 가끔 전화 통화를 하면서 이렇게 묻곤 하신다.

"오 목사, 요새 성전 관리 잘하시나?"

주님이 쓰시기에 합당한 그릇으로 내적, 외적 관리를 잘하고 있느냐는 뜻이다.

복음주의 사역자 게리 토마스는 "건강을 진지하게 대하지 않는 그리스도인은 자신의 사명을 진지하게 대하지 않는 것이다"라고 말했다. 그의 조언대로, 우리는 몸에 대한 생각을 전환해야 한다. 예를 들어, "늙어서 힘이 없어지고 병이 들어도 사명을 끝까지 감당하겠습니다"라고 기도하기보다는 "사명을 다하는 날까지 건강하게 해주옵소서"라는 기도부터 드려야 한다.

디모데후서 2장 21절을 다시 한번 강조하고 싶다. 이 말씀처럼 하나님께서 쓰시는 귀한 그릇이 되고 싶다면 자신의 몸부터 건강하게 관리해야 한다. 먹고 싶은 것 다 먹고, 즐기고 싶은 것 다 즐기면서 하나님께 쓰임받기를 바란다는 건 터무니없는 심보다.

어떤 이는 운동을 귀찮아하는 자신의 게으름을 합리화하면서 "나는 육의 일보다 영의 일에 집중하는 거야"라고 말한다. 그러나 육을 영보다 하찮은 존재로 여기는 것은 기독교와 거리가 멀다. 이런 이원론적 사고에 대해 고린도전서 7장 34절은 강하게 경고한다.

> 마음이 갈라지며 시집 가지 않은 자와 처녀는 주의 일을 염려하여 몸과 영을 다 거룩하게 하려 하되 시집 간 자는 세상 일을 염려하여 어찌하여야 남편을 기쁘게 할까 하느니라.

바울은 몸과 영을 모두 거룩하게 하려는 여자들을 칭찬한다. 이는 매우 중요한 개념이다. 우리는 말과 행동으로 그리스도의 주 되심을 일상에서 선포해야 한다. 또한 건강한 몸을 통해 예수 믿는 자임을 나타내야 한다.

몸의 건강이 영적인 건강과 직결된다는 사실을 인정한다면, 다음 질문에 답할 수 있을 것이다.

"간음, 살인, 도둑질이 죄인 것처럼 과식과 게으름도 죄라고 생각하는가?"

우리는 "그런즉 너희 몸으로 하나님께 영광을 돌리라"(고전 6:20)는 말씀 속에 '너희의 식생활을 개선함으로써 하나님께 영광을 돌리라'는 의미도 포함되어 있음을 인정해야 한다.

제자도는 성경을 읽고 기도하는 영적 영역의 훈련 이전에 우리 몸의 건강 관리부터 시작된다. 이에 대해 게리 토마스 목사님은 재미있으면서도 통찰력 있는 질문을 던졌다.

"예수님이라면 다이어트를 하실까?"

이 질문에 뭐라고 답할 것인가? 예수님의 삶은 과식이나 나태함과는 거리가 멀었기에 대답은 분명하다. 그리고 우리는 모두 예수님을 닮아가는 사람들이다. 그러므로 지금부터 과식이나 나태함과는 거리 두기로 결심하고 그렇게 살아야 한다.

우리만의 건강 관리법은 어떻게 찾아야 할까? 전문가들이 건네는 상식적이고 일반적인 조언은 이미 잘 알고 있을 테니 건너뛰는 게 좋겠다. 다만, 다윗이 그랬던 것처럼 좋은 음악을 들으며 정서가 건강해지도록 더욱 힘쓰라는 말을 하고 싶다. 이별 노래만 따라 부르지 말고 생명을 살리는 찬양을 부르며 우리 영혼을 풍성하게 하기를 권한다. 아름다운 미술 작품을 보거나 좋은 책을 읽는 일도 내적 건강을 유지하는 데 한몫한다.

미국의 새들백 교회에서는 21일 동안 다이어트 프로그램인 '다니엘 플랜(The Daniel Plan)'을 실행하고 있다. 이는 믿음, 음식, 건강,

집중력, 친구라는 삶의 필수 요소를 바탕으로 우리가 더 건강하게 살아가도록 이끄는 '생활 방식 플랜'이기도 하다.

나는 그 프로그램이 생긴 뒤에 릭 워렌 목사님을 만난 적이 있다. 그때 릭 목사님은 내게 유머를 섞어가며, 성도들이 체중을 수백 톤이나 감량했다고 자랑스레 이야기했다. 이 프로그램을 왜 시작했냐는 질문에 릭 목사님은 "어느 주일에는 827명에게 침례를 주었는데, 침례 받는 사람의 뒷목을 잡고 물속에 넣었다가 빼는 침례 방식이 당시 110킬로그램에 육박했던 내 몸무게로도 감당이 안 되어 다이어트를 시작할 수밖에 없었습니다"라고 말했다.

새들백 교회에서 왜 이런 프로그램까지 해야 했을까? 《다니엘 플랜》(21세기북스 역간)을 펼쳐 보면, 우리 몸이 신체적·정서적·영적으로 최상의 상태에 이를 때 삶이 어떻게 변화되는지를 구체적으로 알게 된다는 내용이 나온다. 우리 몸이 건강해지면 삶의 여정에도 상상을 초월하는 변화가 일어난다.

모든 인생에는 사명이 있다. 우리는 이 사명을 위해 건강 관리에 최선을 다해야 한다. 몸의 건강뿐 아니라 정서적, 영적 건강 관리도 마찬가지다. 그러므로 당신이 만약 중년의 위기에 처했다면, 다른 문제를 해결하기에 앞서 자신의 건강 상태를 살피며 몸을 돌봐야 한다. 몸과 마음의 회복이 곧 삶의 회복으로 이어지기 때문이다.

위기 극복의 길 3. 가족을 사랑하라

위기를 극복하기 위한 세 번째 해결책이 가장 중요하다. 갈렙은 자식 농사를 잘 지은 사람이다. 그의 딸은 악사였고 갈렙의 사위는 사사 옷니엘이었다. 그 말은 곧, 갈렙이 밖으로는 하나님의 사명을 완수해감과 동시에 안으로는 가정에서 영적 제사장의 역할을 훌륭하게 해냈다는 의미다. 갈렙은 가족을 매우 사랑했고 그 사랑으로 가족들을 돌봤기에 가정도 건실하게 세워졌다. 그리고 그 덕분에 중년의 시기를 잘 마치고 노년에 이를 수 있었다.

독립운동가 조만식 장로님은 "부부는 젊어서는 연인이요, 중년기에는 동지요, 노년에는 보호자가 된다"라고 했다. 그런데 나는 부부는 연인이자 동지요, 보호자라는 말에 하나를 덧붙이고 싶다.

"영적 전쟁을 할 때는 '전우'가 된다."

그래서 나는 아내와 부부애로도 살지만 전우애로도 살고 있다.

신혼기든 중년기든 노년기든 온 가족이 신앙으로 뭉쳐 있으면 어떤 위기가 와도 반드시 해결해 나갈 수 있다. 하지만 가족 안에 주님의 사랑이 없으면 아무리 작은 문제가 찾아와도 가정의 뿌리가 흔들리고 만다.

압축성장을 해온 한국은 유교적 사고방식의 기반 위에 각 가정을 세웠다. 그래서인지 어려움에 처한 가정이 많다. 부부간은 물론, 형제끼리 혹은 부모와 자식 사이에 절연 상태로 지내는 가정도 점점 늘어나는 추세다. 무늬만 가족일 뿐, 서로 안 보고 사는 것이다. 그렇게 되면 중년의 위기를 극복하기가 어려울 수밖에 없다.

우리는 먼저 가족을 사랑하는 일에 집중해야 한다. 젊은 시절에도, 중년기에도 가족을 사랑하고 돌보는 데 가장 많은 에너지를 쏟아야 한다. 가정이 살아야 나도 살고 나라도 살며, 하나님 나라도 확장되기 때문이다.

가족은 피로 맺어진 관계이기에 가족 사랑은 거의 본능적으로 된다고 여기는 사람들이 많다. 그러나 현실에서는 가족 사랑이 말처럼 쉽지 않다. 어떤 경우에는 가족을 사랑하는 일만큼 어려운 일도 없다. 내게 가장 많은 상처를 주는 대상이 가족일 때가 많기 때문이다. 실망과 미움의 감정을 처음으로 알게 한 사람도 가족일 수 있다.

가족 간의 갈등으로 상처를 받아 고통받는 분들은 하나님께서 부어주시는 가족 사랑에 대한 뜨거운 마음을 경험해야만 한다. 이런저런 사연과 이유로 얼굴조차 보고 싶지 않은 부모나 곁에서 숨 쉬는 것조차 싫은 배우자가 있다면, 혹은 생각만으로도 마음에 분노가 일어나는 자녀가 있다면 하나님께로 가서 그분이 부어주시는 사랑의 마음을 받게 되길 바란다.

어떤 사랑도 우리 스스로는 할 수 없다. 남편이나 아내, 아들이나 딸, 아버지와 어머니의 모습을 있는 그대로 사랑할 수 있는 마음은 하나님께서 부어주셔야만 가능하다. 하나님의 사랑을 받아야만 제대로 된 사랑을 할 수 있다. 주님은 우리를 있는 그대로 받아주셨기에, 주님께로 가면 우리도 주님처럼 상대방을 있는 그대로 받아들이게 된다. 예수님이 우리의 상처와 허물을 담당하시고 십자가를 지셨기에 우리도 예수님을 닮고자 노력할 때, 가족의 상처와 허물을 품을 수 있다. 이것이 우리가 진정한 가족 사랑을 할 때 성숙한 신앙의 자리로 나아갈 수 있는 이유다. 물론 여기서 말하는 가족 사랑이란, 자신의 가족만 사랑하는 것을 가리키지 않는다. 오로지 자기 가족밖에 모르는 이기적인 태도는 집착일 뿐이요 성경에서 말하는 참사랑이 아니다.

우리가 가족 사랑에 힘써야 하는 이유를 성경 말씀에서 찾을 수 있다.

누구든지 자기 친족 특히 자기 가족을 돌보지 아니하면 믿음을 배반한 자요 불신자보다 더 악한 자니라(딤전 5:8).

이 말씀에 따르면 가족을 사랑하지 못하는 사람은 자신의 신앙도 제대로 지킬 수 없다. 그러니 지금부터라도 우리 가정이 시편 128편의 복된 가정이 되기를 소원하며 주님의 도우심을 구하는 기도의 자리로 나가야 한다.

하나님은 우리에게 놀랍도록 아름다운 두 가정을 주셨다. 하나는 육적 가정인 가족이고, 다른 하나는 영적 가정인 교회 공동체다. 따라서 우리는 어떤 경우에도 이 두 가정 공동체가 흔들리지 않도록 서로 사랑하고, 돌아보며, 믿음으로 인내하면서 지켜나가야 한다.

가정이 이토록 소중하기에 마귀는 항상 이 두 가정을 파괴하려고 혈안이 되어 있다. 서로를 오해하여 미워하게 만들고 분노와 원망의 씨앗을 심는다. 그럴 때 우리가 마귀를 이길 수 있는 방법은 딱 하나다. '사랑하는 것'이다. 사랑하되 끝까지 사랑하면 우리가 이긴다. 가정이 세워지고 교회는 하나가 된다. 그러면 청년 때든 중년 때든 우리 삶에 찾아온 위기를 자연스럽게 해결할 수 있다.

결국 답은 '사랑'이다. 하나님의 사랑으로 사랑하는 자, 그 사람이야말로 모든 위기 앞에서도 승리의 깃발을 들어 올릴 사람임을 잊지 말기 바란다. 하나님은 사랑이시다. 그리고 모든 그리스도인은 사랑하는 사람들이다. 따라서 하나님의 사람들은 청년기에도, 중년기에도, 또한 노년기에도 그 사랑으로 충만한 시절을 보낼 수 있다.

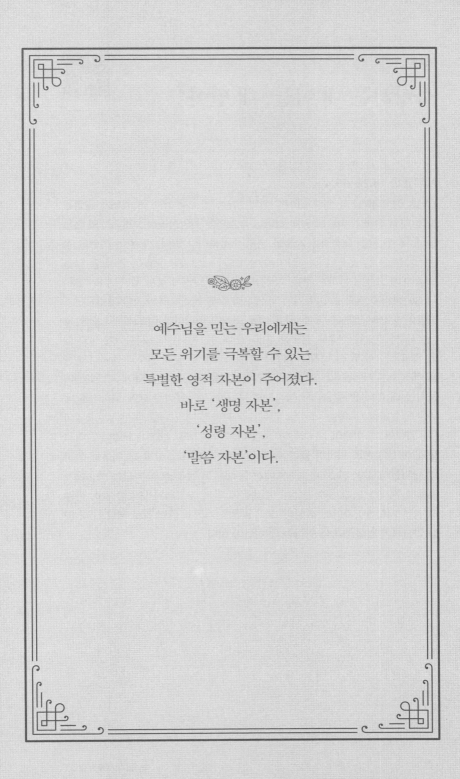

예수님을 믿는 우리에게는
모든 위기를 극복할 수 있는
특별한 영적 자본이 주어졌다.
바로 '생명 자본',
'성령 자본',
'말씀 자본'이다.

26

사랑하는 내 아들, 내 딸아

O MY BELOVED SON AND DAUGHTER

사무엘하 18:28-19:4

18:28 아히마아스가 외쳐 왕께 아뢰되 평강하옵소서 하고 왕 앞에서 얼굴을 땅에 대고 절하며 이르되 왕의 하나님 여호와를 찬양하리로소이다 그의 손을 들어 내 주 왕을 대적하는 자들을 넘겨 주셨나이다 하니 29 왕이 이르되 젊은 압살롬은 잘 있느냐 하니라 아히마아스가 대답하되 요압이 왕의 종 나를 보낼 때에 크게 소동하는 것을 보았사오나 무슨 일인지 알지 못하였나이다 하니 30 왕이 이르되 물러나 거기 서 있으라 하매 물러나서 서 있더라 31 구스 사람이 이르러 말하되 내 주 왕께 아뢸 소식이 있나이다 여호와께서 오늘 왕을 대적하던 모든 원수를 갚으셨나이다 하니 32 왕이 구스 사람에게 묻되 젊은 압살롬은 잘 있느냐 구스 사람이 대답하되 내 주 왕의 원수와 일어나서 왕을 대적하는 자들은 다 그 청년과 같이 되기를 원하나이다 하니 33 왕의 마음이 심히 아파 문 위층으로 올라가서 우니라 그가 올라갈 때에 말하기를 내 아들 압살롬아 내 아들 내 아들 압살롬아 차라리 내가 너를 대신하여 죽었더면, 압살롬 내 아들아 내 아들아 하였더라 19:1 어떤 사람이 요압에게 아뢰되 왕이 압살롬을 위하여 울며 슬퍼하시나이다 하니 2 왕이 그 아들을 위하여 슬퍼한다 함이 그 날에 백성들에게 들리매 그 날의 승리가 모든 백성에게 슬픔이 된지라 3 그 날에 백성들이 싸움에 쫓겨 부끄러워 도망함 같이 가만히 성읍으로 들어가니라 4 왕이 그의 얼굴을 가리고 큰 소리로 부르되 내 아들 압살롬아 압살롬아 내 아들아 내 아들아 하니

신앙생활을 하다가 환란을 만났을 때, 우리는 어떤 말씀을 붙잡고 그 상황을 버텨내는가? 사람마다 차이가 있겠지만 많은 그리스도인이 붙잡는 말씀은 로마서 8장 28절이 아닐까 싶다. "우리가 알거니와 하나님을 사랑하는 자 곧 그의 뜻대로 부르심을 입은 자들에

게는 모든 것이 합력하여 선을 이루느니라." 그렇다면 여기서 '모든 것이 합력하여 선을 이룬다'는 건 무슨 뜻일까?

다윗에게는 여러 고난이 임했다. 중년에 밧세바에게서 낳은 아들을 잃었고 이후 왕자의 난이 벌어지면서 맏아들 암논을 잃었으며, 압살롬의 반역으로 궁에서 도망쳐 나오기도 했다. 이렇듯 필설로는 다 하기 어려운 다윗의 수난사를 보면, 모든 것이 합력하여 선을 이룬다는 말씀을 어떻게 이해해야 할지 난감하다.

암논은 다윗의 맏아들로서 왕위 계승 서열 1위였고 그다음이 압살롬이었다. 왕자의 난과 반역으로 두 아들이 죽었다는 것은 그 자체로 심히 고통스럽고 처참한 일이다. 다윗의 왕가는 이제 끝이 난 듯 보였다. 그런데 이 사건을 깊이 묵상해보면, 하나님께서는 그런 폐허 속에서도 모든 것이 합력하여 선을 이루게 하셨음을 알 수 있다.

암논과 압살롬이 처절한 난리통에 먼저 세상을 떠났기에 저 뒤편에 있던 솔로몬이 왕위를 계승할 수 있었고, 솔로몬 때 이스라엘 왕국은 최전성기를 맞이했다. 만약 솔로몬이 왕위를 계승하지 못했더라면 예루살렘 성전도 건축되지 않았을 뿐만 아니라, 그 외의 많은 일이 엉망이 되었을 것임을 어렵지 않게 추측할 수 있다. 즉, 왕자의 난이나 압살롬의 반역 등은 다윗 왕가에 일어난 매우 비극적인 사건임에 틀림없지만, 그런 일조차 주님 안에서 견디며 주님을 의뢰할 때 합력하여 선을 이루게 됨을 확인할 수 있다.

모든 것이 합력하여 선을 이룬다는 말씀은 다윗의 생애에 걸쳐 역사한다. 아들 압살롬에게 쫓겨서 머리를 가린 채 기드론 시냇가를 맨발로 다니며 피눈물을 쏟은 일은 다윗에게 한없이 비참하고 슬픈 일이었다. 그러나 그때 흘렸던 눈물은 인생의 겨울을 준비하는 밑거름이 되었다. 고통 중에 피눈물을 흘리며 자신을 하나님 앞에서 다시 추슬렀기 때문에 다윗의 인생이 재정비된 것이다. 역대상 29장 28절 상반절을 보라.

그가 나이 많아 늙도록 부하고 존귀를 누리다가 죽으매.

그는 죽을 때까지 존귀하고 존엄하게 살다가 주님 앞에 섰다. 왕으로서 이것만큼 복된 일이 어디 있겠는가? 다윗이 이처럼 복된 노년기를 보낼 수 있었던 이유는 중년기에 맞았던 또 한 번의 광야 때문이었다. 몸과 마음이 피폐해질 만큼 고통스러운 상황에서도 다윗은 인생의 겨울을 잘 준비해나갔고, 그 결과 하나님의 선하신 복을 경험할 수 있었다.

지금 이순간 말로 다 할 수 없이 어려운 상황에 처한 분이 있다면, 다윗의 삶에서 영적 통찰력을 얻고 힘을 내기 바란다. 이런 통찰력이 없으면 우리는 영영 골목대장 신앙에서 벗어나지 못한다. 골목대장 신앙이란 내 인생을 내 마음대로, 내가 관리하겠다는 태도다. 그러나 우리 모두는 인생을 보는 시야가 좁다. 그래서 극심한 고난을 겪기 전까지는 내가 정한 골목 안에서 맘껏 대장 노릇을 하는 것으로 만족하며 살려는 경향이 있다. 그럴 때 하나님은 우리를 보며 말씀하신다.

"내가 너를 이 땅에 보낸 건 네가 해야 할 일이 있어서야. 그저 적당히 인생을 즐기다가 내게 오라고 보낸 게 아니란다. 너의 가정에도, 너의 삶에도 내가 이루고 싶은 계획이 있어. 그걸 너도 볼 수 있으면 좋겠구나. 나는 네가 신앙의 순도를 올리고 삶을 통전적으로 바라보며 믿음의 큰 그림을 그리길 원한다."

본문을 읽으며 이와 같은 하나님의 메시지가 마음속에 그려졌다. 지금이라도 이 말씀 앞에 선 모든 이가 신앙의 큰 그림을 그리며 골목대장 신앙에서 탈피하길 바란다.

골목대장 수준의 아들 VS 하나님 아버지의 마음을 가진 아들

압살롬은 아버지 다윗을 궁에서 쫓아낸 후 모략가 아히도벨의 조언을 따라 거칠게 행동했다. 아히도벨은 압살롬을 부추겨 다윗이 궁에 두고 간 후궁 열 명과 동침하게 만들고, 압살롬은 아버지의 여자들을 상대로 백주에 백성의 눈앞에서 부끄러운 일을 벌인다. 이는 "아버지의 시대가 끝나고 내 시대가 도래했다"라는 것을 선포하기 위함이었다. 압살롬의 안목이 골목대장의 수준이었음을 보여주는 대목이다.

그 후 압살롬은 아버지를 죽이려고 별의별 일을 다 벌였다. 왕권을 완전히 장악해 다윗의 왕좌에 오른 것은 물론, 군대를 동원하여 아버지를 추격했다. 친자식이 맞나 싶을 정도로 아버지에 대한 일말의 동정심조차 찾아볼 수 없었다.

결국 다윗과 압살롬의 군대는 에브라임 수풀에서 최후의 전투를 벌였다(삼하 18:6). 얼마나 치열하게 싸웠던지 그날 전사자만 2만 명에 이를 정도로 싸움터가 아비규환으로 변했다. 그때 다윗의 부하들과 마주친 압살롬이 노새를 타고 달려가던 중 생각지 못한 상황을 맞이했다. 그의 자랑이었던 아름다운 머리채가 상수리나무에 휘감기면서 노새는 나무 밑으로 빠져나가고, 압살롬은 나무에 대롱대롱 매달린 것이다. 이를 본 다윗 진영의 사람들이 총사령관인 요압에게 보고를 올렸다. 그러자 요압은 창 셋을 갖고 가서 한 치의 망설임도 없이 압살롬의 심장을 찔러 죽여버렸다.

　본문은 이후의 장면을 담고 있다. 먼저 사독의 아들이자 제사장인 아히마아스가 다윗에게 전쟁의 소식을 알린다.

　"왕이시여, 이 전쟁에서 승리했습니다."

　승리의 소식에 환호성이 울려 퍼졌다. 그러자 다윗은 아히마아스를 물러나게 한 뒤 또 한 명의 전령인 구스 사람에게 물었다.

　"내 아들 압살롬은 무사하더냐?"

　기대와 달리 압살롬이 죽었다는 소식을 전해 들은 다윗은 순식간에 침통해져서 깊은 슬픔에 잠긴다. 본문 18장 33절을 보라.

　왕의 마음이 심히 아파 문 위층으로 올라가서 우니라 그가 올라갈 때에
　말하기를 내 아들 압살롬아 내 아들 내 아들 압살롬아 차라리 내가 너를
　대신하여 죽었더면, 압살롬 내 아들아 내 아들아 하였더라.

　다윗은 압살롬의 이름을 세 번이나 부르고, 아들이라고 다섯 번이나 말했다. "내 아들 압살롬아 압살롬아, 차라리 내가 너를 대신하여 죽었다면 좋았겠다"라고 통곡하면서 성문 위로 올라가서는 거기서도 다시 "내 아들 압살롬아 압살롬아, 내가 차라리 죽었으면 좋을 뻔했다" 하고 울부짖었다.

　다윗의 태도는 《삼국지》에 나오는 유비의 태도와는 대조적이다. 유비가 박망파 전투 이후 조조에게 공격을 받아 대대적인 후퇴를 했을 때, 장수 조자룡은 미처 피하지 못한 유비의 어린 아들을 구해서 구사일생으로 유비에게 돌아왔다. 그러자 유비는 아들을 땅에 내팽개치며 이렇게 말했다.

　"이 아이 하나 때문에 내 귀중한 장수를 잃을 뻔하다니!"

얼마나 폼나는 모습인가? 결국 조자룡은 그 말에 크게 감동을 받아 유비에게 충성을 맹세했다고 한다.

그런데 다윗은 유비와는 전혀 다르게 자식이 죽었다며 비통해했다. 아버지 다윗의 얼굴에 먹칠을 하고 심지어 다윗과 부하들을 모두 죽이려고까지 했던 못된 아들의 죽음 앞에서 비탄 어린 절규를 쏟아냈다.

이에 왕을 위해 목숨 바쳐 싸우며 왕에게서 유비 같은 모습을 기대했던 요압과 백성의 사기는 땅바닥에 떨어지고 말았다. 왕이 하염없이 슬퍼한다는 소식을 들은 백성은 마치 싸움터에서 도망친 병사들처럼 슬며시 성읍으로 들어갔다(삼하 19:3).

다윗은 왜 그랬을까? 우리는 다윗의 모습을 어떻게 이해해야 할까?

인간적으로 보면, 다윗은 유비와 달리 지도자의 자격을 갖추지 못한 사람처럼 보인다. 자기를 위해 생명을 바쳐 헌신한 측근들을 존중한다면 치열한 싸움의 끝에서 그렇게 행동해서는 안 된다. 울더라도 자신을 위해 목숨 바쳐 싸운 병사들을 위해 울어야지, 배은망덕한 아들을 향해 "압살롬아, 압살롬아, 내 아들 압살롬아, 차라리 내가 너를 대신하여 죽었더라면" 하면서 그리도 통곡할 수 있단 말인가?

다윗이 압살롬의 죽음을 탄식한 사무엘하 18장 33절에 대해 신학자들은 여러 해석을 내놓았다. 성경 주석가 매튜 헨리는 다윗이 압살롬에 대한 과도한 슬픔으로 다윗 왕국을 악인에게서 건져내신 하나님의 은혜를 망각해버렸다고 해석했다. 어떤 신학자는 압살롬의 패륜은 자신의 친누이 다말을 범한 암논을 제대로 징계하지 않은 아버지에 대한 반감과 원망에서 비롯되었다고 말한다. 그래서 다윗의 슬픔은 압살롬에 대한 미안함이 담긴 자책이라고 해석한다.

우리는 다윗의 슬픔을 어떤 눈으로 보고 있는가? 물론 다윗이 과도하게 슬퍼함으로 다윗 왕국을 건져내신 하나님의 은혜를 가리는 측면이 있다. 또 다윗의 슬픔 속에는 자녀를 제대로 양육하지 못한 결과로 벌어진 일이라는 자책도 담겨 있을 것이다. 그러나 이것 역시 일부분에 지나지 않는다. 우리는 압살롬의 죽음에 대한 다윗의 깊은 슬픔 속에서 자녀에 대한 아버지 하나님의 심정을 느낄 수 있어야 한다.

척 스윈돌 목사님은 사무엘하 18장 33절이 구약 전체에서 가장 슬프고 동정이 가는 장면이라고 표현한다. 또 유진 피터슨 목사님은 33절에 대해 이렇게 말한다.

"다윗의 애도는 말로 표현된 가장 슬프고도 비통한 언어다. 이 애절한 표현은 그의 창자를 뒤틀며 나왔다. 다윗은 죽음을 모르지 않고 눈물을 모르지 않으며, 살인을 모르지 않고 실망을 모르지 않으며, 죄를 모르지 않는다. 그러나 평생 자신이 경험했던 그 어떤 사건도 압살롬의 문제처럼 이 모든 것을 합쳐놓은 일은 없었다."

아울러 다윗의 슬픔과 그가 마셔야 하는 쓴 잔을 예수님께서 십자가를 지실 때의 상황과 비교하여 설명한다.

"배신과 파멸의 경험에 빠진 다윗에게서 천 년 뒤 예수님이 하실 말씀을 들을 수 있다. "이르시되 아버지여 만일 아버지의 뜻이거든 이 잔을 내게서 옮기시옵소서 그러나 내 원대로 마시옵고 아버지의 원대로 되기를 원하나이다 하시니"(눅 22:42). 그러나 그 잔은 옮겨지지 않았다. 다윗은 우리 주님처럼 마지막 한 방울까지 다 마시고 그 잔을 비웠다. 그는 쓴맛을 보았고, 죄 때문에 생긴 고통이라는 완전한 실체를 모두 느꼈다. 다윗은 아들의 이름을 세 번

부른다. 그리고 내 아들이라는 말을 다섯 번이나 반복한다. 예루살렘에서 가장 멀리 떨어진 내리막길에 있는 에브라임 광야 수풀 깊은 곳에서 울려 퍼진 다윗 이야기는 복음 이야기, 즉 예수님 이야기를 가장 분명하게 예기(豫期)하고 있으며 예수님 이야기와 가장 비슷하다. 예수님 이야기는 수난 이야기자 고통 이야기다. 그러나 그 고통은 우리를 작게 만들지도 파멸시키지도 않는다. 오히려 우리를 더 인간답게, 더 믿음 있게 만들고 더 사랑하게 해준다.

다윗과 다윗의 자손(예수님)은 모두 가장 어두운 곳에서 버림받은 고통에 절규했다. 두 다윗이 배척당한 것은 하나님이 기름 부으신 지도자에 대한 반역 때문이었으며, 두 반역 모두 실패로 끝났다. 다윗은 예루살렘으로 돌아와 통치를 재개했고, 예수님은 죽었다가 다시 사신 후 승천하셔서 아버지의 우편에 앉아 영원토록 통치하신다."

우리는 압살롬의 죽음에 대한 다윗의 깊은 슬픔을 복음적인 관점으로 생각할 수 있어야 한다. "압살롬아 압살롬아, 내가 너를 대신하여 죽었으면 좋았겠다"라는 이 외침은, 부정적인 비통이 아니라 너무도 복음적인, 거룩한 비통으로 해석할 수 있다. 그 이유는 다음과 같다.

첫째, 다윗의 애도는 사람의 말로 표현된 가장 슬프고도 비통한 언어였기 때문이다.

둘째, 우리는 죽어 마땅한 죄를 지었음에도 압살롬의 죽음을 애통해하는 다윗의 모습에서, 죄로 인해 마땅히 죽을 우리 때문에 슬퍼하시는 예수님의 모습을 볼 수 있기 때문이다. 죽은 압살롬을 내 아들이라고 다섯 번이나 부르는 다윗의 모습에서, 죄로 죽어가는 우리를 십자가의 구속을 통해 내 자녀라고 부르시는 하나님 아버지의 지극한 사랑을 볼 수 있다.

다윗의 이 고백을 깊이 묵상해보면, 패역무도한 우리를 향한 하나님 아버지의 무조건적인 사랑을 발견하게 된다. "차라리 내가 너를 대신하여 죽었더라면"이라는 말 속에서 복음의 핵심인 대속의 진리를 발견하게 된다. 나를 살리려고 이 땅에 오셔서 나 대신 죽으신 예수님의 십자가를 떠올리지 않을 수 없다.

다윗의 외침은 예수님의 십자가 죽음을 예표한다. 예수님이 우리 대신 목숨까지도 내어주셨다는 게 복음의 핵심 아닌가? 아들을 향한 다윗의 외침은 거룩한 복음의 선포요 예수 그리스도를 예표하는 그림자다. 다윗의 고백은 우리를 향한 하나님의 절대적이고 자기 희생적인 사랑, 초월적이고 이해 불가한 사랑, 끝없는 내리사랑을 담고 있다.

구약성경에서 이와 같은 하나님의 사랑을 깨달은 사람이 또 한 명 있다. 이스라엘의 출애굽을 이끈 지도자 모세다. 이스라엘 백성이 출애굽을 한 뒤 계속해서 죄를 저지르자, 하나님께서 모세에게 그들을 진멸하고 모세의 후손으로 역사를 이어가겠다고 말씀하신다. 그러자 모세가 어떻게 반응했는가? "하나님, 감사합니다. 마땅히 그리 하셔야지요"라고 하지 않았다. 오히려 "차라리 생명책에서 제 이름을 지워버릴지언정 그렇게 하시면 안 됩니다"라고 하면서 백성을 향한 심판을 돌이키시길 간곡히 기도했다.

신약성경에 나오는 바울 사도도 마찬가지였다. 그는 "…내 자신이 저주를 받아 그리스도에게서 끊어질지라도 원하는 바로라"(롬 9:3)라며 그의 형제 되는 유대인들의 구원을 놓고 간절히 기도했다. 바울은 본래 압살롬 같은 사람이었다. 우리는 그의 유명한 고백인 "내가 그리스도와 함께 십자가에 못 박혔나니 그런즉 이제는 내가 사는 것이 아니요 오직 내 안에 그리스도께서 사시는 것이라 이제 내가 육체 가운데 사는 것은 나를 사랑하사 나를 위하여 자기 자신을 버리신 하나님의 아들을 믿는 믿음 안에서 사는 것이라"(갈 2:20)라는 고백이 그냥 나온 것이 아님을 알아야 한다.

바울은 사사건건 하나님의 일을 방해하고 스데반 같은 진실한 그리스도인을 죽이는 데 앞장섰던 사람이다. 그런 면에서 바울은 다윗의 이 고백(압살롬아 압살롬아, 차라리 내가 대신 죽었으면 좋을 뻔 하였도다)의 의미를 누구보다 깊이 깨달았을 것이다. 그는 다윗을 통해 보여주시는 하나님 아버지의 마음을 가슴이 미어지도록 느꼈을 지도 모른다.

우리는 다윗의 고백 속에서 하나님 아버지의 이해할 수 없는 '내리사랑'을 깨달아야 한다. 이 사랑을 깨달을 때, 비로소 하나님 께 어떻게 '올리사랑'을 드릴 것인지 고민하게 된다. "내게 주신 모 든 은혜를 내가 여호와께 무엇으로 보답할까"(시 116:12)라는 고백 이 저절로 나올 것이다.

하나님의 내리사랑 1. 사랑할 만한 가치가 없더라도

우리는 하나님을 알아야 한다. 특히 하나님의 사랑을 알아야 한다. 하나님은 본질적으로 사랑이시기에, 사랑을 알아야 하나님을 안다 고 할 수 있다.

본문에서 볼 수 있는 하나님의 내리사랑의 첫 번째 속성은, 하 나님께서 사랑할 만한 가치가 없는 자녀도 끝까지 사랑하신다는 것이다.

압살롬은 인간적인 눈으로 볼 때 사랑할 만한 가치가 없는 불효

자식이었다. 원수도 그런 원수가 없다. 그는 아버지의 명예와 품위와 영광을 다 짓밟았을 뿐만 아니라 권력이라는 목적을 이루고자 아버지에게 칼을 들이대고, 아버지의 후궁들을 범한 패륜아였다.

그런 자식이 걸어오는 싸움을 앞에 두고 다윗은 부하들에게 간곡히 부탁한다. "…나를 위하여 젊은 압살롬을 너그러이 대우하라…"(삼하 18:5). 만약 우리가 진다면 상관없지만 이긴다면 틀림없이 부하들이 압살롬을 죽일 것 같다는 생각에, 다윗은 압살롬을 죽이지 말아달라고 부하들에게 신신당부한다.

이게 부모의 심정이다. 아무리 못된 자식이라 해도 부모는 자식을 살리고 싶다. 자식이 죽으면 더 이상 살아갈 이유를 찾지 못하는 게 부모 마음이다. 그래서 다윗은 압살롬이 죽었다는 소식을 듣고 체면이나 염치를 따질 새도 없이 대성통곡을 한 것이다. 단장지애(斷腸之哀), 즉 창자가 끊어지는 슬픔으로 온 왕궁을 뒹굴 수밖에 없었다.

다윗의 생애는 눈물과 고통과 좌절과 배신의 연속이었다. 그러나 모든 고통을 다 합해도 자식 하나를 잃은 고통보다 크지 않았다. 자신을 죽이려 했던 자식이어도 여전히 자기 자식이기 때문이다. 그래서 다윗은 그 순간 인생 최고의 비통한 고백을 쏟아냈다. "압살롬아 압살롬아, 차라리 내가 죽었으면 좋았을 텐데…. 내 아들아 내 아들아…" 다윗의 외침에서 죄로 죽어가는 우리를 살리시려고 십자가 대속의 길을 열어놓으신 하나님 아버지의 지극한 사랑을 느끼지 않을 수 없다.

아버지였던 다윗은 자식의 죽음 앞에서 자식의 잘못을 자기 탓으로 돌리고 있다. 자식이 아프거나 잘못되었을 때 부모의 마음이 그와 같다. 자식이 아픈 게 마치 내 탓인 것 같아, 차라리 내가 대신 아프기를 간절히 바란다. 그래서 젊은 자식이 암이라도 걸리면 부모는 절규한다. 할 수만 있다면 나와 자식의 생명을 바꾸고 싶다. 자식이 사랑할 만한 가치가 있든 없든 상관없다. 부모의 내리사랑은 자식의 가치 여부에 상관없이 자식을 끝까지 살리려 한다.

하나님께서는 나의 가치 여부와 상관없이 나를 살리시려고 그 아들 예수님을 이 땅에 보내셨다. 그게 바로 나를 향한 하나님 아버지의 내리사랑이다. 제임스 몽고메리 보이스 목사님은 우리를 향한 하나님의 사랑을 이렇게 표현했다. "우리는 은혜롭고 불변하고 영원한 불멸의 사랑으로 살아 계신 하나님께 매여 있다."

여기서 '은혜롭다'는 말은 조건이나 자격과 상관없이 하나님께서 우리를 사랑하신다는 뜻이다. '불변하다'는 말은 하나님을 향한 우리의 마음은 아침저녁으로 바뀌지만, 우리를 향한 그분의 사랑은 변함없다는 뜻이다. 또 '영원하다'는 말은 우리를 향한 하나님의 사랑이 어느 한 순간에 머물지 않고 시공간을 뛰어넘어 언제나 우리를 향한다는 뜻이다. 즉, 하나님의 자녀가 되면 아무리 패역무도하고 불효막심해서 사랑할 가치가 없어진다 해도 우리는 그분의 사랑에 붙들려 있다는 이야기다.

하나님의 사랑을 구체적으로 보여주는 말씀이 고린도전서 13장이다. 4절부터 시작되는 사랑에 대한 구절에 '예수님'을 넣어 읽어보면, 예수님의 사랑이 보다 구체적으로 와닿는다. 예수님의 사랑을 한마디로 표현한 구절이 8절 상반절이다.

사랑은 언제까지나 떨어지지 아니하되.

이 표현을 NIV 성경에서는 "사랑은 절대 끝나지 않는다" 혹은

"절대 폐하지 않는다"로 표현했다. 즉 예수님의 사랑은 '절대 폐하지 않고 절대 멸망하지 않으며, 절대 부서지지 않고 절대 모자라지 않다'는 뜻이다. 그래서 필 라이큰 목사님은 "진정한 사랑의 초상화인 고린도전서 13장은 사랑이신 예수 그리스도의 초상화"라고 말했다.

바울은 로마서 8장 39절에서 세상 어떤 것도 "우리를 우리 주 그리스도 예수 안에 있는 하나님의 사랑에서 끊을 수 없[다]"고 말했다. 중세의 종교개혁 신학자인 카스파 올레비아누스(Kaspar Olevianus)는 죽음을 맞이하면서 이렇게 고백했다.

"나의 청력은 사라지고 나의 후각도 사라지고 나의 시력도 사라졌다. 이제는 말하는 것도 느끼는 것도 힘들다. 그러나 하나님의 온유한 사랑은 지금도 여전히 나와 함께한다. 그리고 그 사랑은 절대로 내 곁을 떠나지 않을 것이다."

카스파 올레비아누스가 임종 때 했던 유언은 언젠가 우리가 해야 할 고백과도 맞닿아 있다. 육신의 모든 감각이 사라지는 날에도 하나님께서는 여전히 우리를 사랑하시고 우리와 함께 계신다. 이것이 우리를 향한 하나님의 '끝까지 사랑'이다. 그리스도인은 이 사랑으로 살아가는 사람들이다.

필 라이큰의 《사랑한다면 예수님처럼》(생명의 말씀사)이라는 책을 읽다가 나의 임종도 이와 같기를 바라는 장면이 있어 소개하고자 한다.

스코틀랜드 종교개혁에 참여했던 로버트 브루스(Robert Bruce)는 죽는 순간에 하나님의 사랑을 아름답게 증언한 사람이다. 어느 날 브루스는 가족과 함께 아침 식사를 하다가 이렇게 외쳤다고 한다. "잠깐만, 딸아. 주님이 나를 부르시는구나." 그는 딸에게 성경을 가져오라고 했다. 그리고 로마서 8장을 펼쳤다. 시력을 거의 잃은 그는 기억에 의존하여 마지막 두 절을 읽어 내려갔다. "사망이나 생명이나 … 다른 어떤 피조물이라도 우리를 우리 주 그리스도 예수 안에 있는 하나님의 사랑에서 끊을 수 없으리라." 그런 뒤에 "나는 하나님의 끊을 수 없는 사랑을 믿는다"라고 고백했다.

가족에게 이 말씀을 읽어준 브루스는 자기 손가락을 그 위에 놓아달라고 청한 뒤에 이렇게 말했다. "애들아, 하나님이 너희와 함께하시길 바란다. 아침은 너희와 먹었지만, 저녁은 예수님과 먹어야겠구나. 나는 이 말씀에 대한 믿음을 가지고 떠난다."

이 부분을 읽으며, 우리 모두 브루스와 같은 유언을 했으면 좋겠다는 간절한 마음이 들었다. 육신의 죽음을 맞이할 때 곁에 있는 가족들에게 "아침은 너희와 먹었지만, 저녁은 예수님과 먹어야겠구나. 나는 이 믿음을 가지고 떠난다"라고 말하면서 한 생애를 마칠 수 있기를 소원한다. 죽는 순간까지 건강한 정신을 가지고 가족에게 하나님의 사랑을 증거하면서 떠나는, 복되고 아름다운 이별은 오직 하나님의 '끝까지 사랑'을 믿는 자들에게만 주어진 은혜요 복일 것이다.

하나님의 내리사랑 2. 자식이 먼저다

본문을 통해 알 수 있는 내리사랑의 속성 두 번째는, 자신의 생명이나 왕의 직분보다도 자식을 앞에 내세운다는 것이다.

다윗은 압살롬이 죽었다는 소식을 듣자, 왕의 권위나 지위 같은 걸 다 잊어버렸다. 지금의 행동이 자칫 부하들로부터 오해를 받아 자신의 권위가 땅에 떨어질 수 있다는 판단조차 하지 못했다. 그런 생각보다 압살롬에 대한 사랑이 다윗을 압도했기 때문이다.

부모의 사랑이 이와 같다. 자기 자신보다 자식이 우선이다. 그래서인지 자식은 부모를 위해 큰돈을 내놓기 어려워하지만, 부모는 자식을 위해 기꺼이 재산을 내놓는다. 부모는 내리사랑을 하기 때문이다. 하지만 자식은 올리사랑을 하는 게 좀처럼 쉽지 않다.

부모의 내리사랑을 가장 잘 보여주는 모습 중 하나가 어머니의 임신과 출산 과정일 것이다. 아이를 임신했다는 사실을 아는 순간부터 어머니는 본능적으로 내리사랑을 한다. 그때부터 자신을 위해서가 아니라 아이를 위한 삶을 산다. 커피 없이는 못 살던 어머니도 태중의 아이를 위해서라면 커피를 단번에 끊는다. 이전의 식습관이 어떠하든지 간에 아이에게 좋은 음식 위주로 식습관을 개선한다. 음악도 자기가 좋아하던 것보다는 태교에 좋은 음악을 선택해서 듣는다.

그리고 어머니의 내리사랑은 출산 과정에서 보다 뚜렷하게 나타난다. 이전까지 손끝에 가시 하나 찔리는 것도 못 참던 이가 아이를 출산할 때가 되면 어마어마한 고통을 묵묵히 참아낸다. 그뿐인가? 어떤 이는 사랑하는 아이를 위해 자신의 목숨을 포기하기도 한다. 아이를 낳다가 자칫 잘못될 수도 있다는 진단을 받고도 끝까지 아이를 포기하지 않는 사랑을 보여준다. 극한 상황에서 내 생명을 줘야 한다면, 그렇게라도 해서 아이를 살리고 싶은 마음이 내리사랑이다.

아버지의 사랑도 마찬가지다. 자식을 향한 아버지의 사랑은 조창인의 소설 《가시고기》에 나오는 이야기대로, 자신의 살점을 떼어주는 사랑이다.

게리 토마스가 쓴 《부모학교》(CUP)에는 아버지의 사랑과 관련해서 프로 헤비급 권투선수 빌리 미스크의 인생이 소개된다. 그는 의사에게서 브라이트병 진단을 받고 신장이 심하게 손상되어 나이 서른을 넘기기 어렵다는 이야기를 들었다. 그러나 빌리는 가족을 부양해야 했기 때문에 이후에도 서른 번이나 링에 올랐다. 프로 권투 선수는 일 년에 두 번 정도 싸우지만, 그는 격월로 싸웠다. 그해 11월 7일, 빌리는 쇠약한 모습으로 링에 올랐다. 그는 죽을 힘을 다해 싸워서 상대방을 KO로 쓰러뜨렸다. 가족들에게 마지막 크리스마스의 추억을 남겨주려고 희생을 각오한 아버지가 자신의 생명을 던지면서 시합한 결과였다. 덕분에 당시로서는 제법 큰돈인 2,400달러를 집으로 가져갔고, 그 돈으로 그의 가족은 풍성한 성탄을 보냈다. 그러고는 일주일이 되지 않아 그는 병원으로 실려 가 이듬해 설날에 29세의 나이로 세상을 떠났다.

죽음이 가까웠다는 진단을 받고서도 링에 30번이나 더 오른 아버지의 투혼은 자녀를 향한 내리사랑 이외에 어떤 말로도 설명할 수 없다. 자신의 생명보다 자식이 먼저인 것, 그게 바로 내리사랑이다.

자식을 위해 자신을 희생하는 사랑의 궁극은 예수님의 사랑이다. 말씀에 나타난 예수님의 사랑을 보라.

그리스도께서 하나님 곧 우리 아버지의 뜻을 따라 이 악한 세대에서 우리를 건지시려고 우리 죄를 대속하기 위하여 자기 몸을 주셨으니(갈 1:4).

그리스도께서 너희를 사랑하신 것 같이 너희도 사랑 가운데서 행하라 그는 우리를 위하여 자신을 버리사 향기로운 제물과 희생제물로 하나님께 드리셨느니라(엡 5:2).

이 외에도 바울은 자신을 향한 예수님의 사랑을 "…나를 사랑하사 나를 위하여 자기 자신을 버리신…"(갈 2:20)이라고 표현했다. 아마 바울은 이 부분을 쓰면서 뜨거운 눈물로 가슴을 적셨을 것이다. 그는 하나님의 자녀를 핍박하여 고통을 주던 사람이었다. 그러나 예수님이 그런 자신을 사랑해서 몸을 버리셨음을 알았기에 울지 않을 수 없었을 것이다.

우리도 마찬가지다. 우리는 패역무도한 죄인이다. 그런데 그런 우리를 살리시려고 예수님이 십자가에서 죽으셨다. 그러므로 우리도 바울처럼 이 구절을 암송하면서 예수님의 사랑에 울 수밖에 없다. 예수님께서 그의 자녀를 사랑하사 우리를 위하여 자기 몸을 버리신 그 사랑은 부모의 자녀 사랑이 어떤 것인지를 보여주는 궁극적 실체이기 때문이다.

하나님께서는 말씀으로 이 땅을 창조하셨다. 그런데 천지창조는 말씀 한마디로 가능했지만, 죄 문제만큼은 그렇게 할 수 없었다. 오직 사랑으로만 죄 문제를 해결할 수 있었다. 그래서 하나님께서는 하나밖에 없는 독생자 예수님으로 우리의 죗값을 치르셨다. 하나님의 생명을 주시고 우리의 생명을 살리신 것이다.

이처럼 내리사랑이란 자식을 살리기 위해 스스로 죽음까지도 택하는 것이다. 예수 그리스도는 그 사랑을 위해 십자가에서 죽으셨다.

올리사랑을 하려면

현대 사회는 갈수록 사랑의 깊이가 얕아지는 것 같다. 특히 부모의 사랑을 잘 깨닫지 못할 뿐만 아니라 왜 부모를 사랑하고 공경해야 하는지 깊은 통찰이 부족한 시대다. 부모가 자식에게 진정한 내리사랑을 보여주지 못해서 문제가 되는 경우도 많지만, 자식이 부모에게 올리사랑을 못해서 문제가 되는 경우도 많다. 아마도 유교적 문화 속에서 '효'를 배우다 보니, 올리사랑이라 하면 형식과 체면에 치중하는 것 같다. 그러나 기독교의 효는 하나님의 뜻에 순종하며, 복음적 사랑을 깨달을 때 실천할 수 있다. 복음을 진정 깨달아야만 부모에게 진정한 효, 진정한 사랑을 드리게 된다는 이야기다.

이런 이야기를 하면 생각보다 많은 분이 이렇게 항변한다.

"자식에게 본이 되기는커녕 평생 가슴에 못을 박고 상처만 준 부모인데, 그런 부모를 어떻게 사랑하겠습니까?"

그런 이야기를 들을 때 나는 그저 이렇게 답할 수밖에 없다.

"그렇지요. 우리 힘으론 못 합니다."

모든 사랑이 그렇지만 부모를 향한 올리사랑 역시 십자가에서 보여주신 고통의 은혜, 사랑의 은혜가 임해야 가능하다. 패역한 자식을 향해서도 "압살롬아 압살롬아, 차라리 내가 너를 대신하여 죽었으면 좋을 뻔하였도다. 내 아들아 내 아들아"라고 외친 다윗의 사랑을 체득한 사람만이 부모를 진정으로 사랑할 수 있다. 자식을 향한 내리사랑도, 부모를 향한 올리사랑도 하나님께서 보여주신 진정한 사랑을 깨달을 때 우리 힘이 아니라 그분의 힘으로 할 수 있다는 뜻이다.

하나님의 사랑에 눈이 뜨이면 부모를 공경하는 방식도 달라진다. 무엇보다 부모의 영적 안녕에 관심이 머물면서, '어떻게 해야 부모님이 영적으로 평안하실 수 있을까?'를 고민하게 된다. 부모의 행복한 신앙생활을 위해 영적 교제권을 만들어드리고, 기쁨으로 교회생활을 하실 수 있도록 최선을 다해 돕는다.

텔레비전 앞에만 종일 앉아 계시는 부모의 영적 안녕을 위해 다음과 같은 도전도 해본다.

"어머니, 신약성경을 필사하시면 제가 놀라운 선물을 드릴게요. 그 선물은 저와 함께 단기선교를 가시는 거예요."

그렇게 단기선교를 다녀오면 집안의 영적인 터가 한층 견고해진다. 부모의 심령도 영적으로 더욱 평안해진다. 부모가 자식을 위해 전수해줄 수 있는 신앙의 유산도 풍부하게 쌓이게 된다.

칼빈 대학 교수인 제임스 스미스(James Smith)는 "지식도 중요하지만 더 중요한 것은 사랑이 지식의 전제조건이라는 것이다"라고 말했다. 연로하신 부모, 말귀를 잘 못 알아들으시는 부모님께 자꾸만 무언가 가르치려 하기보다, 그 영혼을 향한 진심 어린 사랑으로 다가가는 게 중요하다는 말이다. 부모님과 함께 식사하는 시간도 만들고 손을 잡고 산책도 하며 꼭 끌어안고 기도해 드린다면, 그때 꼭 알려드리고 싶은 영적 지식도 전할 수 있다. 특별히 나는 부모님과 함께 찬양할 것을 적극 권한다. 찬양은 서로를 영으로 하나되게 하는 놀라운 힘이 있기 때문이다. 우리 집은 온 가족이 모였을 때 찬송가 88장 〈내 진정 사모하는〉을 즐겨 부른다. 4분의 4박자라서 어르신들도 같이 부르기에 참 좋다. 가사는 또 얼마나 아름다운지 모른다.

내 맘의 모든 염려 이 세상 고락도 주님 항상 같이 하여 주시고
시험을 당할 때에 악마의 계교를 즉시 물리치사 나를 지키네
온 세상 날 버려도 주 예수 안 버려 끝까지 나를 돌아보시니
주는 저 산 밑에 백합 빛나는 새벽별 이 땅 위에 비길 것이 없도다.

같이 이 찬송을 부르고 나면, 흐트러졌던 마음에 질서가 잡힌다. 온몸으로 리듬을 타면서 함께 춤을 추기도 한다. 같은 가사를 부르며 같은 고백을 하니, 동일한 믿음 안으로 들어가게 된다. 가족이 같은 찬송을 하다 보면 상호 복종할 수밖에 없다. 완전한 하나 됨에 이르는 것이다.

그 외에도 〈주의 영광 이곳에 가득해〉, 〈나의 갈 길 다 가도록〉과 같은 찬송을 부르다 보면 공감할 수 있는 가사에 마음을 담게 되면서 영적인 평안을 누릴 수 있다. 찬송이야말로 삶의 현장에서 부모와 자식의 마음을 하나로 연결해 서로의 사랑을 확인시켜주는 강력한 은혜의 선물이 아닐 수 없다.

세상의 효와 다른 기독교의 효(孝)

세상의 효는 자식이 부모의 사랑을 깨달을 때 행할 수 있다고 가르친다. 그래서 부모의 사랑을 느끼지 못하거나 부모가 자식을 위해 희생하지 않으면, 그 집안에선 좀처럼 효를 볼 수 없다. 효는 부모가 자식을 위해 한 것과 비례한다고 생각하기 때문이다. 그러나 요즘은 부모가 자녀를 위해 큰 희생을 치렀음에도 자식이 부모에게 효도하지 않는 경우가 많다. 그러다 보니 "자식 키워봐야 소용없다"라는 말이 어르신들의 입에서 종종 나온다.

그런데 기독교의 효는 다르다. 기독교의 효는 육신의 부모가 아닌, 하나님께로부터 시작된다. 창세 이래로 최고의 효자가 누구일까? 예수님이다. 성자 예수님은 오직 성부 하나님의 뜻을 따라 자신의 목숨까지도 십자가에서 희생하신 분이 아닌가? 기독교에서 부모가 내게 해준 것과 관계없이 부모를 섬겨야 한다고 가르치는 이유가 여기에 있다. 우리는 예수님의 본을 따라 부모에게도, 자식에게도 사랑을 실천해야 한다.

그러면 내게 해를 끼치고, 본이 되지 못하는 부모에게는 어떻게 효도할 수 있을까? 성경은 "자녀들아 모든 일에 부모에게 순종하라 이는 주 안에서 기쁘게 하는 것이니라"(골 3:20)라고 말씀한다. 이 말씀은 누구에게 주신 것인가? 이 구절이 있는 골로새서는 "성도들 곧 그리스도 안에서 신실한 형제들에게"(골 1:2) 쓴 편지다. 이것은 세상적으로 존경하기 어려운 부모라 할지라도 하나님은 부모에게 순종하라고 당부하셨다는 걸 알려준다.

어떻게 이 말씀에 순종할 수 있을까? 더구나 자녀에게 해를 끼치는 부모가 있다면, 그런 부모에게는 어떻게 순종해야 할까? 앞서 말한 대로 우리에게는 효를 행할 힘이 없다. 다만 예수님께서 나를 위해 죽으신 그 은혜를 경험할 때라야, 또한 예수님께서 성부 하나님께 죽기까지 순종하셨다는 사실을 깨달을 때라야 부모에게 순종할 수 있다. 성경은 자녀가 잘못하면 매를 들어서라도 바르게 양육하라고 말씀하지만(잠 13:24), 부모가 바르지 못할 때 부모를 무시하라고 가르치지는 않는다. 도리어 부모를 경홀히 여기는 자는 저주를 받는다고 경고한다(신 27:16).

부모에게 받은 상처로 지금도 고통스러워하는가? 그렇다면 십자가 앞으로 나아가기 바란다. 십자가의 은혜를 통해서 치유를 받아야만 부모를 공경할 수 있다. 우리 힘으로 부모를 공경한다는 건 불가능하다. 먼저 하나님의 깊은 사랑을 경험해야 우리도 살고 가족도 살 수 있다. 그 사랑으로 부모와 자녀 사이에 쌓인 상처가 치유됨을 경험할 때, 우리는 진정한 사랑을 할 수 있다.

중년의 광야가 노년의 평안으로

다윗은 아들 압살롬을 잃는 슬픔을 겪었지만, 한편으로는 예수 그리스도의 십자가 사랑이 어떠한지를 미리 보여주었다. 다윗은 불과 몇 년 전까지만 해도 아버지로서 미숙한 면모를 보였던 사람이다. 맏아들 암논이 큰 잘못을 범했을 때도 책벌하지 않았고, 압살롬이 그술로 도망쳐 못된 짓을 했는데도 방관하는 바람에 자식 농사가 엉망이 될 수밖에 없었다. 그런 다윗이 어떻게 이토록 성숙한 아버지의 면모를 보여주게 되었을까?

나는 그 원인이 다윗의 두 번째 광야 경험에 있다고 생각한다. 압살롬의 반역으로 다윗이 궁에서 쫓겨났을 때, 그는 감람산을 거쳐 광야로 도망쳤다. 광야로 가야만 다윗의 무리가 무사할 수 있었기 때문이다. 광야는 도망 다니기에 최적의 장소가 아니던가? 지형적 특성상, 밑에서 볼 때 저 위에 사람이 있어도 쉽게 잡을 수 없는 곳이 광야다. 또한 광야에는 신하들의 머리 숙임과 환호도 없고 왕관이나 화려한 왕복도 없다.

다윗은 그런 광야에서 옛날 사울에게 쫓기면서 하나님만을 바라고 하나님과 순전하게 독대했던 은혜를 회복했을 것이다. 사무친 외로움 속에서 하나님과 친밀하게 교제했던 기쁨이 다시금 다윗의 마음을 채웠을 것이다. 왕궁에서의 오염되고 복잡한 생활들도 거친 광야에서 비로소 툭툭 털어버릴 수 있었으리라.

다윗은 그동안 예루살렘 왕궁에서 왕의 옷을 입고 하인들의 시중을 받으며 화려하게 살았다. 치열한 왕궁의 음모, 하늘을 찌를 듯한 왕의 권위, 왕에게 아첨하는 신하 무리에 둘러싸여 다윗은 필요 이상으로 복잡하게 살고 있었다. 왕궁의 화려한 삶에 빠져 있다

보니 가난한 마음으로 하나님을 찾는 게 어떤 것인지 잠시 잊어버렸을지도 모른다.

그런데 아들로 인해 두 번째 광야생활을 하면서부터 다윗은 예전의 영성을 회복했고, 아버지 하나님의 깊은 심정을 깨달았다. 자식을 향한 변함없는 하나님의 마음을 쫓겨난 자리에서 알게 되었다. 그래서 다윗은 전투에 앞서 "내 아들 압살롬을 함부로 죽이지마라"라는 부탁을 했고, 압살롬의 소식을 들은 후에 "내 아들 압살롬아, 차라리 내가 죽었으면 더 좋았을 것을"이라고 울부짖었던 것이다. 다윗은 그의 인생에서 가장 비통한 통곡을 했지만, 영적으로 보면 그것은 가장 영광스럽고 장엄한 통곡이 되었다.

우리는 여기서 '합력하여 선을 이루시는' 하나님의 은혜가 임하면 광야의 고난이 '다윗다움'이라는 회복으로 연결된다는 걸 알 수 있다. 그렇기에 우리에게 찾아온 광야도 결국 '성도다움'이라는 회복을 주시기 위한 연단의 과정으로 받을 필요가 있다. 우리가 삶에서 경험하는 거친 광야는 사실상 놀라운 하나님의 복음적 신비를 깨달을 수 있는 기회다.

이제 본 장을 마무리하며, 신구약 전체를 통틀어 하나님 아버지의 심정을 보여주는 말씀 구절을 모아 구성한 글을 함께 나누려 한다. 환란이 찾아오거나 삶의 의미를 찾지 못할 때 "Father's love letter"라는 이 글을 또박또박 읽으면 우리를 향한 하나님의 심정을 느낄 수 있을 것이다.

사랑하는 내 아들, 딸아!

네가 아는지 모르지만 나는 네 모든 것을 알고 있단다(시 139:1). 나는 네가 앉아 있을 때와 일어설 때를 알고(시 139:2) 네 모든 길을 너무나 잘 알고 있으며(시 139:3), 네 머리카락 수도 다 셀 수 있는 것은(마 10:30) 네가 나의 형상을 따라 지어졌기 때문이란다(창 1:27).

나는 세상을 창조하기 전에 이미 너를 택했고(엡 1:4), 너를 낳기 전에 이미 알고 있었단다(렘 1:5). 너는 실수로 태어난 것이 아니라, 네 모든 날이 내 책에 쓰여 있단다(시 139:15-16). 나의 소원은 나의 사랑을 아낌없이 네게 주는 것이란다(요일 3:1). 네가 받는 모든 좋은 선물이 나의 손으로부터 온 것임을 알고 있니?(약 1:17) 그것은 내가 네 공급자요 네 필요를 모두 알고 있기 때문이란다(마 6:31-33).

네 미래를 향한 나의 계획은 언제나 소망으로 가득 차 있단다(렘 29:11). 왜냐하면 나는 너를 영원한 사랑으로 사랑하기 때문이지(렘 31:3). 너로 인한 기쁨을 이기지 못해 나는 노래를 부르기도 한단다(습 3:17). 네가 만약 마음을 다해 찾는다면 반드시 나를 만날 수 있단다(신 4:29).

또한 나는 네가 어려울 때 위로하는 너의 아버지란다(고후 1:3-4). 네 마음이 무너졌을 때 나는 너와 가까이 있었고, 목자가 양을 안고 가듯이 내가 너를 내 심장 가까이에 안고 갔단다(사 40:11). 언젠가 나는 너의 모든 눈물을 닦아줄 것이고, 이 땅에서의 네 고통을 내가 모두 지워줄 날이 올 것이다(계 21:4).

너의 사랑을 얻기 위해 나는 내가 사랑하는 모든 것을 포기했단다(롬 8:32). 만약 네가 내가 주는 선물인 내 아들 예수 그리스도를 받아들일 수 있다면, 그 어떤 것도 너를 내 사랑에서 떼어놓을 수 없단다(롬 8:38-39). 사랑하는 아들, 딸아! 집으로 돌아오너라. 내가 너를 위해 커다란 잔치를 할 수 있게 말이야(눅 15:7). 나는 항상 네 아버지였고, 이 사실은 앞으로도 변하지 않는단다(엡 3:14-15).

애야, 내 자녀가 되어 주겠니?(요 1:12) 나는 오늘도 네가 돌아오기를 기다린단다(눅 15:11-32).

너를 영원히 사랑하는 아버지로부터

WINTER

새로움을 준비하는 겨울, 하나님 나라를 꿈꾸다

27

하나님 나라의 용사들
WARRIORS OF GOD'S KINGDOM

사무엘하 23:8-12

8 다윗의 용사들의 이름은 이러하니라 다그몬 사람 요셉밧세벳이라고도 하고 에센 사람 아디노라고도 하는 자는 군지휘관의 두목이라 그가 단번에 팔백 명을 쳐죽였더라 9 그 다음은 아호아 사람 도대의 아들 엘르아살이니 다윗과 함께 한 세 용사 중의 한 사람이라 블레셋 사람들이 싸우려고 거기에 모이매 이스라엘 사람들이 물러간지라 세 용사가 싸움을 돋우고 10 그가 나가서 손이 피곤하여 그의 손이 칼에 붙기까지 블레셋 사람을 치니라 그 날에 여호와께서 크게 이기게 하셨으므로 백성들은 돌아와 그의 뒤를 따라가며 노략할 뿐이었더라 11 그 다음은 하랄 사람 아게의 아들 삼마라 블레셋 사람들이 사기가 올라 거기 녹두나무가 가득한 한쪽 밭에 모이매 백성들은 블레셋 사람들 앞에서 도망하되 12 그는 그 밭 가운데 서서 막아 블레셋 사람들을 친지라 여호와께서 큰 구원을 이루시니라

우리에게는 져야 할 세 가지 십자가가 있다. 글로벌 십자가, 개인의 십자가, 민족과 공동체를 위한 십자가다. 이는 모든 믿는 자가 감당해야 할 사명이기도 하다. 그러나 많은 사람이 십자가를 지는 일에 관심이 없다. 나랏일에 앞장서서 섬기는 특별한 사람들이나 선교사처럼 헌신한 사람들만 십자가를 지는 것으로 생각하곤 한다. 우리는 차별 없는 십자가를 강조하면서 정작 십자가를 지는 일에는 그 대상에 차별을 둔다.

더욱이 지금은 인류 문명사에서 또 다른 차원으로 진입하는 4차 산업혁명 시대가 아닌가? 4차 산업혁명은 복음 전파에 더 엄

중하고도 도전적인 요구를 보내오고 있다. 어느 때보다 세속의 중력이 모든 것을 흡입하고 해체하는 지금의 현실에서 우리는 누구랄 것 없이 하나님 나라의 용사임을 자각해야 한다. 그것만이 복음화를 이룰 수 있는 길이기 때문이다.

사랑의교회는 개척 초부터 세 가지 비전을 갖고 출발했다. 첫째는 평신도 훈련, 둘째는 젊은이 선교, 셋째는 북방선교다. 최근 들어 북방선교에 대한 기도를 더욱 간절하게 하고 있다. '피 흘림이 없는 복음적 평화통일'을 꿈꾸며 온 교회가 마음을 모아 기도하고 있다.

대학부에 속한 젊은이부터 권사회와 포에버(60세 이상 어르신들의 모임)에 이르기까지 88명의 성도가 연변대학 과학기술대학교(이하 연변과기대) 졸업식에 다녀온 일이 있다. 그때 교수로 섬기다가 병이나 사고로 순직한 분들의 무덤이 있는 중앙공원에 들렀다. 그곳에는 우리 교회에서 파송한 선교사님들의 묘비도 여럿 있었다. 최 장로님부터 윤 교수님에 이르기까지, 비교적 이른 나이에 주님의 부르심을 받아 떠난 분들의 무덤 앞에 서니 코끝이 찡해왔다. 이런 분들 때문에 북방선교가 가능했고, 신실한 헌신자들이 그 뒤를 잇고 있다. 뿐만 아니라 이미 주님의 부르심을 받은 분이든, 현직에서 섬기고 계신 분이든, 한 사람도 지위나 재물이나 권세를 위해 일하는 분이 없다는 사실이 새삼 놀라웠다. 그렇게 자기의 사사로운 유익을 구하지 않고 오직 하나님 나라를 위해 학생들을 가르쳐온 결과, 연변과기대는 중국의 2,500여 개의 대학 가운데 교수와 학생과의 관계가 가장 끈끈한 학교로 널리 알려졌다. 그분들이야말로 하나님 나라의 정규군, 하나님 나라의 용사 중의 용사라고 말할 수 있다.

스펄전 목사님의 확신에 찬 기도를 기억할 것이다.

"나에게 하나님과 죄 외에는 두려워하지 않는 사람 열두 명만 허락해주십시오. 그러면 내가 런던을 뒤흔들어 놓겠습니다."

그의 말처럼 적당히 신앙생활하는 천 명보다 하나님 앞에 헌신된, 하나님 나라의 용사 백 명이 더 많은 일을 할 수 있다. 연변과 기대의 사례는 그 말이 공허한 외침이 아니라 현실에서 충분히 가능함을 보여주는 본보기다. 그래서인지 사무엘하 23장을 중심으로 '하나님 나라의 용사'에 대한 설교를 준비할 때, 이 나라 곳곳에서 하나님 나라의 용사가 되겠다고 결단하는 그리스도인들이 더 많이 일어나기를 바라는 마음이 어느 때보다 더욱 간절했다.

용사의 요건 1. 고통을 뚫고 태어난다

본문 8절에는 다윗의 세 용사가 소개된다. 첫 번째는 '요셉밧세벳'이다. 그는 다윗이 사울 왕에게 쫓겨 시글락에 숨어 있을 때 그의 용사가 된 사람으로, 세 용사 중 리더였다. 그의 용력이 얼마나 뛰어났던지 혼자서 단번에 8백 명을 쳐 죽일 정도였다.

두 번째는 9절과 10절에 소개된 '엘르아살'이다. 유다 지파인 다윗과 달리 엘르아살은 베냐민 지파 사람이다. 이로 미루어 보아, 다윗은 인재를 뽑을 때 특정 지파나 배경으로 사람을 차별하지 않았다는 사실을 알 수 있다. 10절을 보면 엘르아살은 손에 칼이 붙을 정도로 적과 싸워서 이긴 강력한 용사였다. 이스라엘 백성이 모두 도망친 상황에서도 끝까지 남아 적을 무찌르기도 했다.

세 번째는 '삼마'다. 당시 블레셋 사람들은 얼마나 사악했던지 하필이면 이스라엘 백성이 추수할 때 쳐들어와서 곡물을 빼앗아가

곤 했다. 어느 날은 녹두밭에도 쳐들어왔는데 적의 출현에 놀란 이스라엘 백성이 혼비백산하여 도망쳤을 때, 삼마는 혼자 남아 적을 물리쳤다. 마치 중국 소설 《삼국지》에 나오는 조자룡이나 장비 같은 모습이다.

다윗의 3대 용사에 이어 사무엘하 23장 13-23절에는 다른 세 용사의 이야기가 나온다. 블레셋 군대가 르바임 골짜기에 진을 치고, 그들의 수비대가 베들레헴에 주둔하고 있었다. 그러던 어느 날, 다윗은 어릴 적에 고향에서 먹던 샘물이 생각나 혼잣말을 했다.

"누가 베들레헴 성문 곁 우물물을 떠다 주면 소원이 없겠구나."

그 말을 들은 다윗의 용사 중 아비새와 브나야, 또 한 명의 용사는 의기투합했다. "우리 왕께서 이토록 간절히 원하시는데, 우리가 구해드리지 못할 게 무어랴." 그리고 그들은 위험을 무릅쓰고 18-19킬로미터를 달려가 베들레헴 성문 곁 우물물을 길어 다윗에게 가져왔다.

그러나 다윗은 그 물을 도저히 마실 수 없었다. 단순한 물이 아니라 자신을 위해 목숨까지 건 용사들의 피처럼 느껴졌기 때문이다. 그래서 다윗은 그 물을 마시지 않고 하나님의 제단에 붓는다.

이르되 여호와여 내가 나를 위하여 결단코 이런 일을 하지 아니하리이다 이는 목숨을 걸고 갔던 사람들의 피가 아니니이까 하고 마시기를 즐겨하지 아니하니라 세 용사가 이런 일을 행하였더라(삼하 23:17).

성경은 다윗을 위해 목숨을 걸었던 세 용사 중 브나야에 대해 이렇게 소개한다.

또 갑스엘 용사의 손자 여호야다의 아들 브나야이니 그는 용맹스런 일을 행한 자라 일찍이 모압 아리엘의 아들 둘을 죽였고 또 눈이 올 때에 구덩이에 내려가서 사자 한 마리를 쳐죽였으며(삼하 23:20).

눈이 왔다는 건 싸우기에 최악의 환경이라는 뜻이다. 더구나 눈 오는 날 구덩이에서 사자 한 마리를 만났다는 것은 최악 중에서도 최악의 환경에 맞닥뜨렸다는 이야기다. 그러나 브나야가 얼마나 용맹스러웠던지 그는 몸이 찢겨 죽을 상황에서 오히려 사자를 쳐죽였다.

다윗의 가장 뛰어난 첫 3대 용사를 소개한 본문 뒤에는 둘째 3대 용사와 30인 용사에 대한 내용이 이어진다. 마치 예수님의 열두 제자를 소개하듯 이 용사들에 대해 기록한 것은 어떤 의미일까?

첫째, 다윗 왕국이 다윗 한 사람의 능력이 아니라 그와 함께한 용사들이 있었기에 굳건히 세워졌음을 알려준다.

둘째, 블레셋이라는 적군으로 명명된 원수 마귀가 아무리 강하게 들고일어난다 해도, 하나님은 다윗의 용사들 같은 하나님 나라의 용사들을 일으키셔서 그분의 왕국을 세우신다는 뜻이다.

주위를 둘러보면 힘들지 않은 사람은 아무도 없음을 알게 된다. 또한 하나님의 은혜를 깊이 묵상해보면, 하나님께서 우리에게 주신 은혜는 우리가 맞닥뜨린 어렵고 비참한 환경보다 더 크다는 사실도 알게 된다. 그러므로 고난에 처할수록 환경 자체를 변화시켜 달라고 기도하는 것보다 하나님의 용사가 되어 그분의 능력으로 모든 난관을 극복하도록 기도하는 것이 먼저다. 다윗의 용사들은 그와 같은 사실을 우리에게 알려준다.

생명을 건 용맹스러움으로

A. W. 토저 목사님은 "그리스도인이 즐기는 복의 정도는 하나님께서 그를 정복하신 정도에 비례한다"라고 했다. 하나님께서 내 삶에서 얼마나 승리하시느냐가 복의 핵심이라는 뜻이다. 즉, 하나님께서 내 속에서 얼마나 능력으로 역사하시는지 그리고 그 역사를 따라 내가 얼마나 힘을 다해 수고하는지가 복의 관건이라 할 수 있다.

> 이를 위하여 나도 내 속에서 능력으로 역사하시는 이의 역사를 따라 힘을 다하여 수고하노라(골 1:29).

그리스도의 용사는 용맹해야 한다. 오늘날 우리는 기독교에 너무도 적대적인 세상에 살고 있지만, 기가 꺾인 채 무기력하게 살아가는 것은 하나님이 원하시는 모습이 아니다. 그리스도의 용사가 가져야 할 용맹함에 대해 C. T. 스터드 목사님의 통찰력 있는 글을 읽어보자.

"용맹함(heroism)은 오늘날 기독교가 상실한 음(音), 잃어버린 화음이다! 용맹하지 않은 군사는 실전에 참가하지 않는 군인, 곧 초콜릿 군병이다! 초콜릿 군병은 초콜릿처럼 물에 닿으면 풀어지고 작은 불기운에도 녹아버리고 만다. 달콤하기 그지없는 막대사탕과 사탕과자 같다. 초콜릿 군병은 전쟁 생각만으로도 갑작스런 오한이 들고, 전투 소집 명령에는 온몸이 마비된다. 그러나 진정한 군사는 모두 용사다! 용사는 평안을 약속하는 부드러운 유혹의 손길도 거부할 수 있다. 고난과 질병, 죽음을 회피하라고 자신의 내면에서 끊임없이 일어나는 목소리도 거절할 줄 안다."

당신은 그리스도의 보좌에 동석하는 전투병이 되려는가, 아니면 토해 내쳐지는 초콜릿 군병이 되려는가? 당신은 인색한 사람이 되어 영예를 보류할 것인가, 아니면 영광스런 업적을 두 배로 성취하려 할 것인가? 전쟁에 나온 이들은 모두 예수님이 온 세계를 다스리는 왕이심을 전하려는 마음으로 나아왔다. 모두 용기 있고 강한 자들이었다. 적어도 일당백, 일당천은 감당할 만했다. 또 두 마음을 품지 않았다. 이들의 얼굴은 사자의 얼굴 같고, 높은 곳을 뛰어다니는 사슴처럼 발 빠른 자들이었다(대상 12:8, 33, 38).

당신은 지난 시간 동안 예수님을 좇아 그분을 삶의 왕으로 모셔 왔다. 그렇다면 이제도 그리 하라! 기독교의 '잃어버린 화음'인 용맹을 회복해 온 세상을 그리스도께, 면류관을 그리스도께 드리자. 그리스도께서 친히 당신에게 물으신다. 꾀병을 부릴 것인가, 전투병이 될 것인가?

영적 전쟁이란 너무도 단순하고 분명하다. 복음을 전하는 자와 복음을 막는 자의 싸움이 바로 영적 전쟁이다. 누가 생명을 걸고 복음을 전하는 자인가? 이 복음을 어떻게든 막으려 하는 자는 누구인가? 이런저런 이야기를 많이 하지만 결과적으로 한국교회의 분열을 획책하고 기독교 복음의 전투력을 약화시키며, 세상의 이념과 인기에 영합하는 자는 누구인가? 우리의 눈을 떠서 영적 전쟁의 본질을 똑바로 볼 수 있어야 한다. 또한 우리는 생명을 걸고 용맹하게 복음을 전하는 편에 서야 한다. 이것이 우리가 싸워야 할 영적 전쟁의 본질이다.

하나님 나라는 무엇으로 세워지는가? 상식이나 대중적 인기로는 결코 세울 수 없다. 세상의 도덕이나 의로움으로도 세울 수 없다. 정의와 복지도 마찬가지다. 하나님 나라는 오직 예수 그리스도의 피 묻은 십자가로만 세울 수 있다. 기독교 순교의 역사가 이를 증거한다. 사탄의 궤계를 멸하고 무찌르는 치열한 영적 전쟁터에 서는 적의 화살이 비 오듯 쏟아지고 칼과 창이 수없이 부딪히기 때문에, 생명을 던지지 않고는 결단코 승리를 거머쥘 수 없다. 피 묻은 십자가를 들고 사탄을 제압하여 그의 손아귀에서 생명을 건져내지 않고는 생명으로 가득한 하나님 나라를 결코 세울 수 없다.

용사의 요건 2. 서로에게 돋는 해가 된다

본문에서 한 가지 사실을 주의 깊게 봐야 한다. 다윗의 용사들은 다윗이 완벽하기 때문에 그를 따른 게 아니었다는 점이다. 다윗도 여느 사람처럼 부족하고 실수가 많은 인물이었다. 그럼에도 그들은 다윗이 하나님의 마음에 맞는 자임을 보았기에 모든 허물을 덮어주며 충성을 다해 따랐다. 그러다 보니 다윗과 용사들의 관계는 더없이 아름다웠다. 자발적인 충성과 너그러운 용납과 뜨거운 사랑의 관계가 이루어졌다. 그런 관계가 형성되자 그들은 서로의 모습에서 아름다운 주님의 형상을 봤을 것이다. 나는 그 근거를 본문 4절에서 찾았다.

> 그는 돋는 해의 아침 빛 같고 구름 없는 아침 같고 비 내린 후의 광선으로 땅에서 움이 돋는 새 풀 같으니라 하시도다.

이 말씀은 본래 주님의 메시아 왕국이 도래했을 때 하나님의 백성들이 받을 복에 대한 예언자적 내용이다. 즉, 이상적인 통치자가 다스리는 세상의 모습을 말한다. 동시에 왕인 다윗과 용사들의 리

더십과 팔로우십의 조화로운 상태라고도 볼 수 있다. 왕과 용사들이 아름답고도 멋진 관계를 맺을 때의 모습은 마치 돋는 해의 아침 빛 같다는 뜻이다. 새벽 미명에 아침 해가 돋을 때의 풍경은 그 얼마나 황홀한가? 그 모습을 보려고 사람들은 정동진에도 가고 울산 바위에도 올라가는 게 아닌가?

모든 사람의 인생은 밤을 지나간다. 살다보면 어두운 인생의 시기를 지날 때가 많다. 그런데 하나님께서 은혜를 주시면 그 인생은 새벽 여명을 맞이하며 밝아진다. 그래서 사람들은 그토록 떠오르는 해를 보려고 열광하는 것 같다.

나는 이 말씀을 우리의 인생 기도제목으로 삼았으면 좋겠다. 우리 모두 하나님 나라의 용사가 되어 그분의 일을 감당할 뿐 아니라 용사로서의 내 인생이 돋는 해의 아침 빛 같기를, 그렇게 어둠을 밝히는 세상의 희망이 되기를 기도하자. 그럴 때 하나님께서 그 기도를 기쁘게 들으시리라 믿는다. "하나님, 제가 우리 공동체의 새벽 여명 같은 사람이 되게 하소서. 가정과 일터에서 돋는 해처럼 살게 하소서"라고 기도한다면 하나님께서 당신을 하나님 나라의 진정한 용사로 세우실 것이다.

나라를 위해 기도할 때도 마찬가지다. "하나님, 세상의 어둠이 짙지만 이 나라가 돋는 해의 아침 빛 같게 하옵소서"라고 기도한다면, 하나님께서 우리나라를 그렇게 세우시리라 믿는다.

본문에서는 통치자의 다스림 속에 있는 이상적인 또 하나의 모습을 소개했다. "비 내린 후의 광선으로 땅에서 움이 돋는 새 풀"이다. 원어의 의미를 찾아 쉽게 설명하면 다음과 같다. 여름 땡볕을 한참 받은 잔디는 메말라서 거의 죽을 지경이다. 더 이상 생기라곤 찾을 수 없는 상태까지 이른다. 그런데 그때, 때에 맞는 풍성한 비가 밤새 내리고 아침에 빛이 비춰면 생기를 잃은 누런 풀들 사이로 파릇파릇 새 움이 돋아난다. 메말랐던 잔디가 어떻게 밤새 연초록빛을 낼 수 있는지 감탄이 절로 나온다.

그래서 우리는 고난을 당했을 때 이 구절을 기도제목으로 삼을 수 있다. "하나님 아버지, 풍성한 비가 내린 후 메마른 가지에 싹이 돋는 것처럼 제 인생도 파릇파릇하게 돋아나게 해주십시오. 새벽 여명과 같은 용사, 생기 가득한 용사가 되게 해주십시오"라고 기도하는 것이다.

하나님이 찾으시는 사람 1. 뛰어난 용사

다시 한번 강조하지만 다윗 왕국은 다윗 혼자 건설한 게 아니다. 다윗의 용사들이 함께 팀워크를 이루었기에 왕국이 건설될 수 있었다. 왕국을 건설하는 데 공헌한 용사들은 두 부류로 나뉜다.

첫 번째는 뛰어난 용사다. 나는 할 수만 있다면 우리 모두가 하나님께서 주신 은사로 특정 영역에서 용사가 되었으면 좋겠다.

어떤 분들은 '뛰어나다는 건 나와는 상관없는 말이야'라고 생각할지도 모른다. 하지만 21세기는 가치나 능력을 평가하는 기준이 달라졌기 때문에 '뛰어난 용사'의 기준도 많이 달라졌다. 지금은 전 세계가 장벽 없이 소통하는 4차 산업혁명 시대다. 전 세계 인구가 75억인데 보급된 휴대폰 개수만 78억 개라고 한다. 어떤 사람은 휴대폰을 두세 개씩 갖고 있다는 뜻이다. 그런데 그중 스마트폰 개수는 30억 개이다. 그러면 적어도 30억 명의 사람들이 나와 연결된다는 이야기다. 벽이 없어지고 온 세계가 하나인 시대가 도래했다. 요즘은 언어의 장벽도 사라졌다. 외국을 여행할 때 그 나라 말을 하지 못해도 스마트폰 앱을 켜서 말하면 그 나라의 언어로 번역된 문장이 나온다. 우리는 이처럼 편리한 세상에 살고 있다.

이런 세상에서 복음이 어떻게 역사할 수 있으며, 어떻게 해야 우리가 강력한 복음 선교의 역할을 감당할 수 있는지 의문이 생길 것이다. 그 질문은 결국 4차 산업혁명 시대에 어떻게 해야 우리가 뛰어난 용사가 되어 선교의 역할을 감당할 수 있겠느냐는 질문과 상통한다.

선교 역사를 더듬어보면 지난 1차, 2차, 3차 산업시대의 선교와 4차 산업혁명 시대의 선교적 역할은 엄청나게 달라졌음을 알게 된다. 이제는 전방과 후방이 없는, 전후방이 하나인 시대이기 때문이다. 그러므로 선교지에 나간 선교사뿐만 아니라, 이곳에 남아 보내는 선교사로서의 역할을 감당하는 우리도 하나님 나라의 용사라는 의식을 가져야 한다. 그래야만 장벽 없는 이 시대의 선교적 사명을 감당할 수 있다.

몇 달 전 사랑의교회에서는 '4차 산업혁명 시대에 선교를 어떻게 할 것인가?'라는 주제로 포럼이 열렸다. 그때 한국선교연구원에서는 다음과 같은 내용을 전했다.

"시대가 바뀔 때마다 선교의 방식도 혁신되었으며, 위대한 선교사들은 혁신가들이었다."

나는 위대한 선교사들은 혁신가들이었다는 말에 전적으로 동의한다. 미전도종족 선교는 혁신적이었다. 혁신적인 전문인선교(Business As Mission)가 있었기에 선교의 역사가 이어질 수 있었다. 그렇다면 4차 산업혁명 시대인 지금, 복음의 역사를 이루기 위한 혁신의 자리에 누가 서야 할까?

우리 모두다. 지금은 전 세계가 하나로 연결되어 우리 각자가 영적 정예병이 되고 용사 중의 용사가 되어야 선교 역사를 써 내려갈 수 있다.

나는 종종 마음 맞는 사람 세 명만 모이면 나라도 세울 수 있다는 이야기를 한다. 그것은 우리 모두가 마음을 모아 하나님 나라의 용사가 되어야 이 나라, 아니 전 세계의 복음화를 이룰 수 있다는 뜻이다. 특정 사람뿐만 아니라 모두가 헌신해야 하나님 나라가 도래할 수 있다.

나는 미국에서 교회를 개척하고 15년 동안 한 교회를 섬겼다. 초기에 마음속으로 품은 소원은 '열 명의 용사를 달라'는 것이었다. 1년에 예수님의 제자 10명을 키워 세상에 내보낼 수 있다면 소원이 없겠다고 생각했다. 개척하고 처음 5년 동안 그 기도는 변함이 없었다. 그러다 6년 차부터 1년에 20명의 용사를 달라고 기도했다. 1년에 20명씩만 순장급 믿음의 사람들을 키워내 달라는 기도였다. 그리고 11년부터 15년까지는 30명으로 달라졌다. 그러자 한 해에 새신자만 900명씩 늘어났다. 숫자를 가지고 자랑하려 함이 아니다. 혼자만의 성장이 아니라 10명, 20명, 30명의 정예병을 키워낼 때, 하나님 나라가 어떻게 확장되는지를 말하고자 한 것이다.

그러므로 교회의 크기를 묻는 질문은 교회의 예산이나 예배당 면적, 주일에 모이는 인원수로 답할 수 있는 게 아니라고 생각한다. 목회자를 대신해서 영혼을 말씀으로 섬기는 평신도 정예부대가 얼마만큼 있는지가 그 교회의 크기인 것이다.

눈에 보이는 교회뿐이겠는가? 무형교회도 마찬가지다. 우리 중에 혹 자기가 가진 재물이나 명예나 권세가 나의 본모습이라고 믿는 사람이 있다면 큰 착각이다. 우리의 진짜 모습은 예수 그리스도의 복음 안에서 얼마만큼 '오직 예수'로 감격하며 사느냐다.

결국 4차 산업혁명 시대의 뛰어난 용사란, 말씀으로 무장되어 하나님을 위해 언제 어디서나 헌신할 수 있는 용사를 말한다. 멀리 떨어진 선교지에 가 있지 않더라도 영적인 정예병으로서의 마음을 가진, 직분보다 소명으로 무장해 살아가는 사람이 뛰어난 용사다.

우리는 어떤가? 말씀으로 무장해 헌신할 준비가 되어 있는가? 그렇다면 우리는 뛰어난 용사다. 그리고 지금은 어느 때보다 그런 용사들이 필요한 시대다.

하나님이 찾으시는 사람 2. 마음 따뜻한 용사

우리는 모두 인생의 광야 길을 가는 사람들이다. 그렇기 때문에 하나님 나라의 마음 따뜻한 용사가 되어 얼어붙은 이 땅을 녹일 수 있어야 한다. 하나님의 사랑을 아는 사람이라면, 인생의 광야 길에서 뛰어난 능력을 갖춘 용사는 되지 못할지언정 적어도 마음 따뜻한 용사는 될 수 있다.

다윗 왕국의 건설 과정을 보라. 그에게는 앞서 말한 뛰어난 '다윗의 용사들'이 있었지만, 그의 인생길을 밝혀준 따뜻한 용사들도 많았다. 그중 한 사람이 '잇대'였다. 다윗이 압살롬의 반역을 피해 광야 길로 도피할 때, 잇대는 다윗을 따라와 다음처럼 말했다.

> 진실로 내 주 왕께서 어느 곳에 계시든지 사나 죽으나 종도 그 곳에 있겠나이다 하니(삼하 15:21하).

누군가 이런 마음으로 함께한다면, 우리는 인생의 추운 겨울도 따뜻하게 날 수 있다.

다윗에게는 '사독'과 '아비아달' 같은 용사도 있었다. 다윗이 압살롬의 반역 때문에 광야로 도피할 때 제사장인 이들은 언약궤를 메고 다윗과 함께 길을 나서려 했다. 그러자 다윗이 그들을 만류했다. 언약궤는 예루살렘 성에 있어야 한다는 이유에서였다. 그러면서 다윗은 그들에게 궁에 머물더라도 마음만은 함께하는 영적 거점이 되어달라고 부탁했다. 이들은 다윗의 부탁대로 궁에 머물며 연락책이 되어주었고, 나중에는 다윗이 다시 돌아올 수 있도록 첩경을 평탄케 했다.

사랑의교회 40여 년 역사에도 사독과 아비아달같이 신실하고 따뜻한 용사가 참 많았다. 지난 주일에는 인천 부평교구로부터 이메일을 받았다.

"저희 다락방은 다시 허리띠를 띠고 다시 복음의 신을 신고 강력한 영적 정규군이 되겠습니다. 그래서 하나님께서 주신 사명으로 교회와 목사님과 하나 되어 은혜의 진지를 사수하고 끝까지 하나님께 충성하겠습니다."

이들은 마치 이 본문의 설교를 미리 들은 것 같았다. 이들은 우리 모두 영적 정규군이며, 하나님 나라의 마음 따뜻한 용사들로 부름받았다는 사실을 알고 있었던 것이다. 감사하고 또 감사했다.

다윗에게는 이 외에도 '후새' 같은 사람이 있었다. 그는 다윗이 압살롬을 피해 도망가며 인생 최고의 위기를 맞았을 때, 그 비참한 상황에서 다윗과 함께 울어주던 사람이다.

아렉 사람 후새가 옷을 찢고 흙을 머리에 덮어쓰고 다윗을 맞으러 온지라(삼하 15:32하).

너무 슬프고 절망스러워 기도조차 안 나올 때, 최고의 위로는 누군가 나와 같이 아파하고 고생하며, 동행해주는 것이다. 절망 중에 있는 사람은 나와 함께 울어주는 사람에게서 큰 사랑을 느낀다. 후새가 다윗에게 바로 그런 역할을 했었다. 후새는 후에 아히도벨이 악한 모략을 꾸며 다윗을 죽이려 할 때, 지혜로 그 모략을 무너뜨림으로써 다윗이 궁으로 돌아오게 하는 데 혁혁한 공을 세우기도 했다.

후새 외에도 다윗과 함께했던 마음 따뜻한 용사들 중에는 '소비'와 '마길'과 '바르실래'가 있었다. 이들은 다윗이 열악한 광야생활을 하며 목마르고 배고프고 헐벗었을 때, 다윗의 환경적인 필요를 채워주던 사람들이다. 사무엘하 19장 32절에 보면 "바르실래는 매우 늙어 나이가 팔십 세라"라는 구절이 나온다. 그 당시의 80세는 지금으로 치면 100세 정도로 보면 된다. 그런 바르실래가 "나는 나이 많아 늙었다. 나는 이제 힘이 없다. 나는 이제 끝났다"라고 하지 않고, 자신이 할 수 있는 최선을 다해 다윗을 도왔다. 이 역시 하나님 나라 건설을 위한 마음이었다.

바르실래의 이 같은 모습에서 우리가 인생의 겨울을 맞거나 나이가 들어도 언제든 하나님 나라를 위해 용사로 쓰임받을 수 있음을 깨닫게 된다. 하나님의 사랑을 그 마음에 품기만 한다면, 헐벗고 굶주린 누군가에게 밥 한 그릇 대접하는 것으로 하나님 나라를 위해 쓰임받을 수 있다. 특별히 영적 전쟁으로 고통당하며 피폐해진 이웃을 돌아보아 격려하고 기도해 줄 때, 우리는 하나님 나라의 따뜻한 용사로 살아갈 수 있다.

나는 베스트셀러 《죽으면 죽으리라》의 저자 안이숙 사모님을 대학부 시절에 만나 많은 사랑을 받았던 터라, 그분으로부터 신앙을 지켜냈던 이야기를 직접 들은 바 있다. 안이숙 사모님은 일제강점기에 신사참배를 하지 않는다는 이유로 평양 감옥에 갇혔던 분이다. 그때 그분과 함께 갇혔던 분들은 주기철 목사님, 이인제 목사님, 이기선 성도님, 주남선 목사님, 한상동 목사님, 박건중 장로님, 조수호 전도사님 등이다. 일제가 수감자들을 얼마나 모질게 다루었던지, 피를 쏟고 살이 찢겨나가는 고문을 받다 보면 그 누구도 버틸 재간이 없을 정도였다고 한다. 그러나 그런 중에도 서로를 향한 격려가 고통스러운 현실을 버텨낼 큰 힘이 되어주었다. 물론 서로 대화는 할 수 없었지만, 철창 사이로 보내주는 격려의 눈빛이 그렇게도 힘이 되었던 것이다. 훗날 안이숙 사모님은 이렇게 말씀하셨다.

"그때 나는 주기철 목사님이 철창에서 허공을 향해 쓰는 손짓과 눈빛이 없었다면 못 견뎠을 거야. 또 주 목사님도 당시 우리에게서 여러 가지 격려와 위로의 메시지를 받으셨지."

하나님께서 우리를 예수님 안에서 형제요 자매로 부르신 이유는 이 악한 세상에서 서로를 격려하고 사랑을 주는 사람들이 되라는 뜻이다. 그런 사랑을 서로에게 줄 수 있는 사람이 바로 하나님 나라의 용사다. 그런 용사들이 가득할 때, 우리는 함께 세상을 이길 수 있다.

여호와만을 의뢰하는 자

지금은 어느 때보다 하나님 나라의 용사가 필요하다. 전후방 없는 4차 산업혁명 시대에는 우리 모두 하나님의 영적 용사로 살아가야만 한다. 그래야 복음이 온 세계로 퍼져나갈 수 있다.

이 악한 세상에서 어떻게 해야 하나님의 용사가 될 수 있을까? 또한 하나님의 용사로 살아남을 수 있는 방법은 무엇일까?

하나님 나라의 용사에게는 도저히 이길 수 없는 여건 속에서 승리했다는 공통점이 있다. 삼마나 엘르아살을 보라. 그들은 사람의 힘으로는 결코 이길 수 없는 환경에서 승리를 거머쥐었다. 이는 자기의 힘이 아니라 하나님의 능력으로 용사가 되었음을 보여준다. 본문 10절 하반절을 보라.

그 날에 여호와께서 크게 이기게 하셨으므로 백성들은 돌아와 그의 뒤를 따라가며 노략할 뿐이었더라.

누가 이기게 하셨다고 했는가? 여호와이시다. 12절 하반절도 다시 보자.

여호와께서 큰 구원을 이루시니라.

승리하게 하시는 주체는 사람이 아니라 여호와 하나님이라고 성경은 분명히 말씀한다. 예레미야서에서도 이와 같은 말씀이 나온다.

그들이 너를 치나 너를 이기지 못하리니 이는 내가 너와 함께 하여 너를 구원할 것임이니라 여호와의 말이니라(렘 1:19).

적들이 우리를 치더라도 이기지 못하는 까닭은 여호와께서 우리와 함께함으로 구원하실 것이기 때문이라는 말씀이다. 즉, 이김과 승리의 원천은 하나님이시다.

다윗이 승리의 개선가를 불렀던 사무엘하 22장 29절을 보자.

> 여호와여 주는 나의 등불이시니 여호와께서 나의 어둠을 밝히시리이다.

나는 젊은 시절 절벽에서 떨어질 것 같은 위기감을 느낄 때마다 사무엘하 22장 29-30절을 읊조리며 묵상했다. 그중 29절에서 우리의 인생을 본다. 살다 보면 어둠이 찾아오기 마련이다. 그러나 생각해보면 어둠 자체는 문제가 아니다. 어둠은 등불이 있으면 해결되기 때문이다. 더구나 주님이 나의 등불이 되어주시면 어둠은 더 이상 문제 될 게 없다. 주님이 빛이 되어서 흑암을 밝혀주시면 어둠이 더 이상 나를 위협하지 못한다. 이어지는 말씀을 보자.

> 내가 주를 의뢰하고 적진으로 달리며 내 하나님을 의지하고 성벽을 뛰어넘나이다(삼하 22:30).

인생을 살다 보면 눈앞을 떡하니 가로막은 성벽 앞에서 어찌할 바를 모를 때가 종종 있다. 내 힘으로는 도저히 성벽을 넘을 수 없기 때문이다. 그런데 다윗은 하나님을 의뢰함으로 그 성벽을 뛰어넘는다고 고백한다. 내 힘으로가 아니라 하나님을 의뢰함으로만 성벽을 뛰어넘을 수 있다는 것이다.

이스라엘이 요단을 건너 처음 공략했던 여리고 성을 떠올려보라. 백성이 하루에 한 차례씩 여리고를 돌았지만 그 성은 무너질 기미가 보이지 않았다. 그러나 마지막 날 일곱 바퀴를 돌면서 '아, 주님밖에는 해결할 길이 없구나!'라는 깨달음으로 마음을 모아

"주여"라고 함성을 지르자, 그토록 강력한 성벽이 무너져 내렸다.

하나님 나라 용사의 특징이 무엇인가? 본인의 실력이 아닌, 위에서 부어주시는 능력으로 사는 사람들이다. 하나님을 의뢰하는 사람들, 하나님을 깊이 의지하는 사람들은 용사로 살 수 있다. 용사가 갖는 힘의 세기는 하나님을 얼마나 의뢰하느냐에 달려 있다.

진정한 영적 용사는 십자가 앞에 항복하고 엎드려 깨어진 경험이 있는 사람들이다. 하나님은 왜 인생의 고난을 통과한 자, 인생의 광야를 경험하면서 십자가 앞에 엎드리는 자를 사용하실까? 차라리 우리 손에 좋은 무기를 들려주시고 나가 싸우도록 하는 게 더 나을 텐데, 왜 그분의 나라를 세우는 영적 전쟁터에 고난과 광야의 삶을 살며 십자가에 항복한 자들을 내보내실까?

첫째, 영적 전쟁은 영적인 강자요 용사며, 강골만이 승리하는 치열한 싸움이기 때문이다. 이는 인생의 광야에서 우리를 강한 용사로 단련하셔야만 하는 이유이기도 하다. 때로 하나님이 우리를 인생의 벼랑 끝으로 밀어버리시는 이유는 우리의 태생이 닭이 아니라 독수리임을 깨닫게 하기 위함이다. 벼랑 아래로 던져진 독수리 새끼는 죽기 살기로 날갯짓을 해야 비로소 하늘을 날 수 있는 근육을 얻는다. 우리는 우는 사자같이 삼킬 자를 찾는 마귀를 대적하기 위해 닭이 아니라 독수리가 되어야 하기에, 하나님은 우리를 인생의 벼랑으로 밀어 하늘을 날도록 인도하신다.

둘째, 하나님의 용사는 반드시 십자가 앞에 엎드려야 하기 때문이다. 우리의 전쟁은 혈과 육의 전쟁이 아니라 영적 전쟁이다. 따라서 내 힘으로 싸우면 백전백패할 수밖에 없다. 내 속에 계시는 예수님을 통해서 전쟁을 하려면 십자가 앞에 철저히 엎드리는 훈련이 되어 있어야 한다. 그래서 바울은 "우리 주 예수 그리스도로 말미암아 우리에게 승리를 주시는 하나님께 감사하노니"(고전 15:57)라고 찬송했다. 그는 십자가 앞에 엎드리는 행위는 전쟁을 치르는 장수가 내가 아닌 예수님임을 고백하고 선포하는 일임을 알았던 것이다.

셋째, 영적 전쟁은 우리의 의가 아니라 십자가의 의로만 이길 수 있기 때문이다. 에베소서 6장 14절에서 기독교의 영적 전사는 '의의 호심경을 붙이고' 싸운다고 했다. 이 의의 호심경은 무엇인가? 자기 의가 아니라 십자가의 의를 말한다. 즉, 하나님은 자기 의가 아니라 십자가의 의를 가지고 싸우는 자를 통해 일하신다는 뜻이다.

그러므로 진정한 영적 용사의 복은 하나님과 함께 걸으며 광야를 통과할 때 비로소 주어진다. 그러나 광야를 지나는 모든 사람이 영적 용사로 거듭나는 것은 아니다. 출애굽한 이스라엘 백성은 광야의 삶을 살았지만, 여호수아와 갈렙 외에 누구도 가나안 땅을 밟지 못했다. 그 이유는 그들이 광야의 삶을 하나님과 동행하는 복된 여정이 아니라 하나님의 심판으로 받아들이고 불평했기 때문이다. 만일 그들이 신명기 8장 2절처럼 "… 네게 광야 길을 걷게 하신 것을 기억하라 이는 너를 낮추시며 너를 시험하사 네 마음이 어떠한지 그 명령을 지키는지 지키지 않는지 알려 하심이라"는 하나님의 뜻을 깨달았다면, 그들의 광야생활은 달라졌을 것이다. 또한 광야의 깨어지는 삶을 통해 영적 용사로 거듭났을 것이다.

불가능을 가능케 하는 용사의식

대한민국 경제 발전 과정에서 가장 중요한 시기는 1970-80년대라고 할 수 있다. 그 시기에 대한민국은 급속도의 경제성장률을 보이면서 오늘날 세계 11위 규모의 경제대국이 될 수 있는 기틀을 마련했다. 하지만 당시의 상황은 매우 어려웠다. 1973년에 있었던 제1차 오일쇼크의 영향으로 우리나라는 물론 전 세계 경제가 곤두박질을 쳤다. 그런 중에 우리나라 선교사들이 전 세계로 파송되어 나가보니 중동의 산유국들은 경제 위기에도 끄떡없다는 걸 알게 되었다. 게다가 전 세계의 돈이 중동으로 모여들고 있었다. 마침 중동 지역에서는 이럴 때 국가적인 인프라를 구축해야 한다는 여론이 들끓어 건설 붐이 일기 시작했다. 그래서 한국의 관료들이 중동으로 나가 현장 조사를 실시했다. 그곳으로 우리나라 근로자들을 파견할 만한지 알아보기 위해서 말이다.

보고서는 매우 비관적이었다. "중동 지역에 가봐야 소용없다. 낮에는 평균 온도가 섭씨 50도에 이르고 때로는 60도까지도 오른다. 사람이 도저히 견딜 수 없는 날씨다. 게다가 물도 부족하다. 그런 환경에서 어떻게 일하겠는가? 우리는 도저히 거기서 살아남을 가망성이 없다."

마치 민수기에 나오는 정탐꾼 열 명의 보고가 연상되지 않는가? 당시 관료들은 "우리는 아낙 자손 앞의 메뚜기 떼와 같다"라는 보고서를 올렸다. 그러나 한 기업가가 중동을 다녀온 뒤에 사태는 역전되었다. 그는 이렇게 보고했다.

"중동이야말로 우리가 일할 터전이다. 건설 공사를 가로막는 가장 큰 문제는 날씨다. 비가 오면 공사를 중단할 수밖에 없는데 그 지역은 1년 내내 비가 안 오니 일하기에 최적의 조건이다. 더위도 문제가 안 된다. 먼저 집을 지어 에어컨을 틀어놓고 낮에 실컷 잠을 잔 후 밤을 새워 일하면 된다. 밤에는 날씨가 서늘하니 횃불을 켜놓고 일하기에 매우 좋다. 물 문제도 우리가 공사를 해서 끌어오면 된다. 한국은 모래를 구하기가 힘든데 여기는 사방이 모래라서 자원을 구하기도 너무 좋다.”

생각의 틀을 바꾼 기업가의 보고 덕분에 당시 우리나라에서는 중동 지역에 수십만 명의 건설 역군을 파견했고, 그들이 벌어들인 오일 달러는 대한민국 경제 건설의 초석이 되었다.

이처럼 생각의 틀을 바꾸는 것이 용사의식이다. 하나님 안에서 영적 기백을 회복하면 ‘땡볕이라 안 된다’, ‘물이 없어서 일할 수 없다’는 부정적인 의식이 ‘밤에 일하면 된다’, ‘물은 끌어와서 쓰면 된다’는 긍정적 의식으로 변화된다.

교회는 유람선이 아니라 전투함이다. 관광객을 태우고 가는 배가 유람선이라면 훈련된 군사들과 무기를 실은 배가 전투함이다. 우리는 한국교회와 공동체와 가정을 지키기 위해서 영적 전투에 임할 것을 결단하고, 유람선에서 내려 전투함에 올라야 한다. 유람선을 타고는 전투를 할 수 없기 때문이다. 아무리 거대하고 멋진 크루즈라 해도 작은 전투함의 상대가 되지 못한다.

모든 교회는 전투함이 되어야 한다. 그리고 진정으로 전투함이 되길 원한다면, 우리 모두 하나님 나라의 용사의식을 회복해야 한다. 그래야 오합지졸이 아니라 영적 정규군이 될 수 있다.

또한 용사가 되어 전투하려면 반드시 하나님의 전신갑주를 입어야 한다. 사도 바울은 에베소서 6장 14-17절에서 이렇게 말했다.

그런즉 서서 진리로 너희 허리 띠를 띠고 의의 호심경을 붙이고 평안의 복음이 준비한 것으로 신을 신고 모든 것 위에 믿음의 방패를 가지고 이로써 능히 악한 자의 모든 불화살을 소멸하고 구원의 투구와 성령의 검이 말씀을 묵상하는 동안 나는 한 가지 사실을 분명하게 깨달았다. 영적 전투를 위한 장비나 도구는 대부분 앞에 있다는 점이다. 희한하게도 뒤를 보호하는 장비는 없다. 왜 그럴까? 뒤를 돌아보지 말라는 뜻이다. 영적 전투에서 등을 보이면 죽기 때문이다. 쟁기를 잡고 뒤를 돌아보지 말아야 한다. '여차하면 도망가야지'라는 두 마음을 품고 싸우는 게 아니라, 오직 앞으로 전진하겠다는 용사의 식으로 맞서 싸워야 한다.

참된 용사의 입에서는 "나가세 나가세 주 예수만을 위하여 목숨까지도 바치고 싸움터로 나가세"라는 고백이 터져 나온다. 엘르아살이나 삼마처럼, 남들이 다 도망칠 때도 결코 돌아서지 않고 죽으면 죽으리라 결단하며 목숨을 바쳐 끝까지 싸우는 자에게 승리가 주어진다.

이제는 우리 차례다. 하나님이 주신 은사로 무장하여 이 시대의 삼마, 후새, 바르실래와 사독이 되어야 한다. 주기철 목사님이나 안이숙 사모님처럼 창틀 사이로 보내는 눈빛과 허공에 그리는 언어로도 격려와 사랑을 줄 수 있는 마음 따뜻한 용사가 되어야 한다. 우리가 그렇게 용사로 헌신할 때, 어둠은 물러나고 새벽 여명이 밝아올 것이다. 메말랐던 땅에 파릇파릇한 새싹이 돋아날 것이다. 이 민족, 이 한국교회에 새로운 승리와 부흥의 소식이 들려올 것이다.

아라우나의 타작마당이
예루살렘 성전이 되다

THE THRESHING FLOOR OF ARAUNAH BECOMING THE TEMPLE OF JERUSALEM

사무엘하 24:16-25; 역대상 22:1-19

삼하 24:16 천사가 예루살렘을 향하여 그의 손을 들어 멸하려 하더니 여호와께서 이 재앙 내리심을 뉘우치사 백성을 멸하는 천사에게 이르시되 족하다 이제는 네 손을 거두라 하시니 여호와의 사자가 여부스 사람 아라우나의 타작마당 곁에 있는지라 17 다윗이 백성을 치는 천사를 보고 곧 여호와께 아뢰어 이르되 나는 범죄하였고 악을 행하였거니와 이 양 무리는 무엇을 행하였나이까 청하건대 주의 손으로 나와 내 아버지의 집을 치소서 하니라 18 이 날에 갓이 다윗에게 이르러 그에게 아뢰되 올라가서 여부스 사람 아라우나의 타작마당에서 여호와를 위하여 제단을 쌓으소서 하매 19 다윗이 여호와께서 명령하신 바 갓의 말대로 올라가니라 20 아라우나가 바라보다가 왕과 그의 부하들이 자기를 향하여 건너옴을 보고 나가서 왕 앞에서 얼굴을 땅에 대고 절하며 21 이르되 어찌하여 내 주 왕께서 종에게 임하시나이까 하니 다윗이 이르되 네게서 타작 마당을 사서 여호와께 제단을 쌓아 백성에게 내리는 재앙을 그치게 하려 함이라 하는지라 22 아라우나가 다윗에게 아뢰되 원하건대 내 주 왕은 좋게 여기시는 대로 취하여 드리소서 번제에 대하여는 소가 있고 땔 나무에 대하여는 마당질 하는 도구와 소의 멍에가 있나이다 23 왕이여 아라우나가 이것을 다 왕께 드리나이다 하고 또 왕께 아뢰되 왕의 하나님 여호와께서 왕을 기쁘게 받으시기를 원하나이다 24 왕이 아라우나에게 이르되 그렇지 아니하다 내가 값을 주고 네게서 사리라 값 없이는 내 하나님 여호와께 번제를 드리지 아니하리라 하고 다윗이 은 오십 세겔로 타작 마당과 소를 사고 25 그 곳에서 여호와를 위하여 제단을 쌓고 번제와 화목제를 드렸더니 이에 여호와께서 그 땅을 위한 기도를 들으시매 이스라엘에게 내리는 재앙이 그쳤더라

대상 22:1 다윗이 이르되 이는 여호와 하나님의 성전이요 이는 이스라엘의 번제단이라 하였더라 2 다윗이 명령하여 이스라엘 땅에 거류하는 이방 사람을 모으고 석수를 시켜 하나님의 성전을 건축할 돌을 다듬게 하고 3 다윗이 또

문짝 못과 거멀 못에 쓸 철을 많이 준비하고 또 무게를 달 수 없을 만큼 심히 많은 놋을 준비하고 4 또 백향목을 무수히 준비하였으니 이는 시돈 사람과 두로 사람이 백향목을 다윗에게로 많이 수운하여 왔음이라 5 다윗이 이르되 내 아들 솔로몬은 어리고 미숙하고 여호와를 위하여 건축할 성전은 극히 웅장 하여 만국에 명성과 영광이 있게 하여야 할지라 그러므로 내가 이제 그것을 위하여 준비하리라 하고 다윗이 죽기 전에 많이 준비하였더라 6 다윗이 그 의 아들 솔로몬을 불러 이스라엘 하나님 여호와를 위하여 성전 건축하기를 부 탁하여 7 다윗이 솔로몬에게 이르되 내 아들아 나는 내 하나님 여호와의 이 름을 위하여 성전을 건축할 마음이 있었으나 8 여호와의 말씀이 내게 임하여 이르시되 너는 피를 심히 많이 흘렸고 크게 전쟁하였느니라 네가 내 앞에서 땅에 피를 많이 흘렸은즉 내 이름을 위하여 성전을 건축하지 못하리라 9 보 라 한 아들이 네게서 나리니 그는 온순한 사람이라 내가 그로 주변 모든 대적 에게서 평온을 얻게 하리라 그의 이름을 솔로몬이라 하리니 이는 내가 그의 생전에 평안과 안일함을 이스라엘에게 줄 것임이니라 10 그가 내 이름을 위 하여 성전을 건축할지라 그는 내 아들이 되고 나는 그의 아버지가 되어 그 나 라 왕위를 이스라엘 위에 굳게 세워 영원까지 이르게 하리라 하셨나니 11 이 제 내 아들아 여호와께서 너와 함께 계시기를 원하며 네가 형통하여 여호와께 서 네게 대하여 말씀하신 대로 네 하나님 여호와의 성전을 건축하며 12 여호 와께서 네게 지혜와 총명을 주사 네게 이스라엘을 다스리게 하시고 네 하나님 여호와의 율법을 지키게 하시기를 더욱 원하노라 13 그 때에 네가 만일 여호 와께서 모세를 통하여 이스라엘에게 명령하신 모든 규례와 법도를 삼가 행하 면 형통하리니 강하고 담대하여 두려워하지 말고 놀라지 말지어다 14 내가 환난 중에 여호와의 성전을 위하여 금 십만 달란트와 은 백만 달란트와 놋과 철을 그 무게를 달 수 없을 만큼 심히 많이 준비하였고 또 재목과 돌을 준비하 였으나 너는 더할 것이며 15 또 장인이 네게 많이 있나니 곧 석수와 목수와 온갖 일에 익숙한 모든 사람이니라 16 금과 은과 놋과 철이 무수하니 너는 일어나 일하라 여호와께서 너와 함께 계실지로다 하니라 17 다윗이 또 이스 라엘 모든 방백에게 명령하여 그의 아들 솔로몬을 도우라 하여 이르되 18 너 희 하나님 여호와께서 너희와 함께 계시지 아니하시느냐 사면으로 너희에게 평온함을 주지 아니하셨느냐 이 땅 주민을 내 손에 넘기사 이 땅으로 여호와 와 그의 백성 앞에 복종하게 하셨나니 19 이제 너희는 마음과 뜻을 바쳐서 너희 하나님 여호와를 구하라 그리고 일어나서 여호와 하나님의 성전을 건축 하고 여호와의 언약궤와 하나님 성전의 기물을 가져다가 여호와의 이름을 위 하여 건축한 성전에 들이게 하라 하였더라 사무엘하 24장에 등장하는 '아라우나'는 여부스 사람이다. 역대상 21장에는 같은 인물을 '오르난'이라고 했는데, 이는 아라우나를 히브리식으로 발음한 것이다. 이 장에서는 아라우나의 타작마당이 예루살렘 성전이 되는 기막힌 반전에 대해 다루려 한다.

동시에 우리는 마음속에 한 가지 질문을 담아 본문을 살펴보는 것이 좋다.

"다윗은 실수도 많고 범죄도 저질렀는데 하나님께서는 왜 다윗을 메시아 왕국의 핵심 인물로 끝까지 사용하셨을까?"

이는 강단에서 다윗에 대해 설교하는 동안 많은 분에게 받았던 질문이기도 하다. 본문 내용을 살피는 동안, 이에 대한 답을 찾게 되길 바란다.

마음의 동기를 보시는 하나님

고대사회는 곧 '전쟁사회'였다. 전쟁으로 영토를 확장하며 국가의 기반을 잡아가던 시절이라 군사의 수가 곧 국력으로 평가되었다. 그래서인지 다윗은 어느 날, '이스라엘 모든 지파의 군사 수를 합하면 얼마나 될까? 한번 세어보고 싶다'라는 마음이 들었다. 자신이 통치하는 동안 군사의 수가 꽤 늘었을 거라는 계산에서 나온 생각이기도 했다.

그러나 이는 하나님 보시기에 악한 일이었다. 인구조사 자체가 악한 것이 아니라 그 일을 하려는 동기가 악했다. 다윗은 본래 하나님만 의뢰하던 사람이 아니던가? 그런데 인구조사를 하려는 그의 마음에는 하나님 외에 신뢰하고 의지하고 자랑할 만한 것들이 스며들고 있었다. 다윗을 보며 하나님은 안타까워하실 수밖에 없었다. 그런 면에서 본문의 쟁점은 인구조사가 아니라 하나님을 향한 신뢰와 순종이라고 할 수 있다.

결국 다윗의 고집대로 인구조사를 해보니 이스라엘의 군사 수는 어마어마했다. 사무엘하 24장 9절을 보자.

요압이 백성의 수를 왕께 보고하니 곧 이스라엘에서 칼을 빼는 담대한 자가 팔십만 명이요 유다 사람이 오십만 명이었더라.

북 이스라엘과 남 유다의 군사를 합해보니 130만 명의 대군이었다. 다윗이 통치하는 동안 이스라엘이 얼마나 부강해졌는지를 한눈에 볼 수 있는 수치였다. 조사 결과를 듣고 다윗의 마음도 뿌듯했을 것이다.

다윗은 본래 구원이 사람의 칼에 있지 않고 하나님의 손에 달려 있음을 아는 자였다. 물맷돌과 막대기만 가지고도 골리앗에게 달려갔을 만큼 담대한 믿음의 사람이었다. 그런데 지금은 다윗의 손에 너무 많은 것이 들려 있다. 130만이라는 대군을 뜻대로 움직일 수 있다 보니 그는 하나님보다 자신을 뽐내고 싶어졌다.

우리 인생도 이와 비슷하다. 남들보다 더 많은 게 주어지면 복이 아니라 도리어 화가 될 수 있다. 예를 들어, 자녀 모두 유달리 똑똑해서 속 한번 안 썩이고 명문대학에 들어갔을 때, 그 자체가 큰 복인 양 동네방네 자랑하다 보면 그 일이 훗날에 재앙이 되기도 한다. 그래서 우리는 자녀가 똑똑하다고 자랑하기보다는 자녀를 똑똑하게 만들어주신 하나님을 자랑해야 한다. 유독 자상하고 돈도 잘 벌어다 주는 남편이 있다면, 남편을 신뢰하기보다 남편에게 능력을 주시는 하나님을 신뢰해야 한다. 주시는 분을 주목해야지,

하나님의 사람 다윗 2

받은 사람을 주목하며 그 사람 자체를 자랑하는 것은 악한 일이기 때문이다.

다윗은 지금 그 악한 일을 범하고 말았다. 이스라엘을 부강하게 세우신 하나님 대신 자기 손에 들려 있는 130만 대군을 의지하며 내심 자신의 업적에 취해 있었다.

하늘에서 내려온 불

다윗은 이 사건이 있기 전 밧세바와 간음하여 하나님께 책망을 받는 등 여러 가지 일을 겪으면서 성숙해진 상태였다. 그래서인지 그는 인구조사를 하고 얼마 지나지 않아 영적 감각이 깨어났고, 자신의 죄를 보게 되었다.

> 다윗이 백성을 조사한 후에 그의 마음에 자책하고 다윗이 여호와께 아뢰되 내가 이 일을 행함으로 큰 죄를 범하였나이다 여호와여 이제 간구하옵나니 종의 죄를 사하여 주옵소서 내가 심히 미련하게 행하였나이다 하니라(삼하 24:10).

다윗이 이렇게 고백하자 하나님은 더 이상 죄의 노예가 되지 말고 죄에서 자유를 얻으라는 의미로 사랑의 매를 드셨다. 무엇보다 다윗은 장차 도래할 메시아 왕국의 핵심 인물이었기 때문에 하나님이 더욱 그를 가혹하게 다루신 면도 있었다. 하나님은 선지자 갓을 통하여 다윗에게 말씀하셨다. "세 가지 중 하나를 골라 지은 죄에 대한 대가를 치르라."

첫째는 이스라엘 땅에 7년 동안 기근이 드는 것이었다. 둘째는 다윗이 원수에게 쫓겨 3개월 동안 도망을 가는 것이었다. 셋째는 3일 동안 이스라엘 땅에 전염병이 도는 것이었다. 그리고 다윗은 이렇게 대답했다.

> 다윗이 갓에게 이르되 내가 고통 중에 있도다 청하건대 여호와께서는 긍휼이 크시니 우리가 여호와의 손에 빠지고 내가 사람의 손에 빠지지 아니하기를 원하노라 하는지라(삼하 24:14).

3개월 동안 적에게 공격을 받아 고통당하는 것보다는 하나님께서 직접 내리시는 벌을 받겠다는 뜻이다. 즉, 마지막 세 번째인 3일 동안의 전염병 재앙을 선택한 것이다. 그 결과는 끔찍했다.

> 이에 여호와께서 그 아침부터 정하신 때까지 전염병을 이스라엘에게 내리시니 단에서부터 브엘세바까지 백성의 죽은 자가 칠만 명이라(삼하 24:15).

당시 여성들과 아이들은 계수에 포함하지 않았던 터라, 여기서 7만이란 숫자는 장정의 숫자만을 가리킨다. 따라서 아이와 여성까지 포함하면 훨씬 많은 사람이 죽었다고 추측할 수 있다. 오늘날 군대에서 한 개 사단의 병력이 1만 명에서 1만 2천 명 정도니, 대략 6개 사단이 하루아침에 전멸되었다고 할 수 있다. 다윗이 그렇게도 자랑스러워하며 의지했던 장정들을 한꺼번에 잃은 것이다. 다윗은 자신이 지은 죄 때문에 백성이 죽어가는 것이 고통스러워 이렇게 호소했다.

다윗이 백성을 치는 천사를 보고 곧 여호와께 아뢰어 이르되 나는 범죄하였고 악을 행하였거니와 이 양 무리는 무엇을 행하였나이까 청하건대 주의 손으로 나와 내 아버지의 집을 치소서 하니라(삼하 24:17).

그러자 하나님은 선지자 갓을 통해 아라우나의 타작마당에 가서 제사를 드리라고 명하셨다. 다윗은 곧바로 아라우나에게 가서 그의 타작마당을 구매하겠다고 했다. 그러자 아라우나는 자기 땅을 값없이 왕에게 드리겠다고 말했다. 하지만 다윗은 처음에 마음먹은 대로 은 50세겔을 지불하고 아라우나의 타작마당과 제물로 드릴 소를 샀다.

이와 같은 내용이 역대상 21장에도 반복해서 나오는데, 사무엘서는 역사적 서술 위주로 기록된 반면, 역대기는 제사장적 시각으로 영적 서술을 했다는 차이가 있다. 보다 구체적으로 말하면, 사무엘하에서는 은 50세겔을 주고 타작마당과 소를 산 것으로 나오며, 역대상에서는 금 600세겔을 주고 (타작마당이 포함된 모리아산) 타작하는 지역 전체를 산 것으로 기록되어 있다.

다윗은 이렇게 값을 치르고 땅을 산 후 아라우나의 타작마당에서 애통하는 마음으로 하나님께 번제와 화목제를 드렸다. 그러자 놀라운 일이 벌어졌다. 여호와께서 하늘로부터 번제단 위로 불을 내려 응답하신 것이다.

다윗이 거기서 여호와를 위하여 제단을 쌓고 번제와 화목제를 드려 여호와께 아뢰었더니 여호와께서 하늘에서부터 번제단 위에 불을 내려 응답하시고(대상 21:26).

이는 참 특별한 사건이다. 구약에서 번제와 화목제를 드릴 때 하늘에서 불이 떨어짐으로 그 제사를 받으셨다고 응답한 적은 세 번밖에 없다. 첫 번째는 아론이 대제사장이 되어 하나님 앞에 제단을 쌓을 때 불이 내렸고, 그 후 5백 년쯤 지나 다윗이 번제를 드릴 때 불이 내렸다. 마지막은 엘리야가 갈멜산에서 우상을 숭배하는 850명의 선지자와 대결을 벌일 때, 하나님께서 엘리야가 쌓은 제단 위에 불을 내려주심으로 하나님 되심을 나타내셨다.

이 말씀을 볼 때마다 사도행전에서 오순절 날 성령님이 강림하셔서 불의 혀같이 갈라지며 수많은 사람에게 임하는 장면이 떠오른다. 이 시대에도 하나님의 말씀을 전할 때마다 말씀의 불이 각 사람에게 임함으로 우리의 약함과 죄악이 불태워지기를 소원한다.

수치의 자리에서 영광의 자리로

앞서 다룬 사건들에서 우리는 다음을 더 깨달을 수 있다.

다윗이 범죄의 결과로 아라우나의 땅을 샀지만, 하나님은 아라우나의 타작마당에 대반전을 일으키셨다는 사실이다. 다윗은 왜 전염병이 창궐하던 시기에 전국의 그 많은 땅 중에서 하필 아라우나의 타작마당을 사서 제사를 드렸을까? 이는 아라우나의 타작마당이 역사적, 구속사적 의미를 갖기 때문이다. 이에 대해 역대하 3장 1절에서는 다음처럼 기술하고 있다.

> 솔로몬이 예루살렘 모리아 산에 여호와의 전 건축하기를 시작하니 그 곳은 전에 여호와께서 그의 아버지 다윗에게 나타나신 곳이요 여부스 사람 오르난의 타작 마당에 다윗이 정한 곳이라(대하 3:1).

놀랍지 않은가? 아라우나(오르난)의 타작마당은 전염병이 창궐하던 시기에 제사를 드렸던 땅으로만 남은 것이 아니라, 하나님께서 예비하신 예루살렘 성전의 터가 되었다. 즉, 다윗이 가슴 찢기는 고통을 안은 채로 하나님께 번제와 화목제를 드렸던 곳에, 다윗이 그토록 짓기를 원했던 예루살렘 성전이 건축되었다는 것이다.

이뿐만이 아니다. 이번엔 역사를 거슬러 올라가 창세기 22장 2절을 보자.

> 여호와께서 이르시되 네 아들 네 사랑하는 독자 이삭을 데리고 모리아 땅으로 가서 내가 네게 일러 준 한 산 거기서 그를 번제로 드리라.

하나님은 아브라함의 마음이 과연 어디에 있는지를 알기 위해 이삭을 제물로 바치라고 하셨다. 아들을 제물로 바친다는 건 하나님을 향한 아브라함의 믿음을 테스트하는 일이기도 했지만, 장차 이루어질 예수님의 십자가 죽음에 대한 예표이기도 했다. 이처럼 성경은 개인이 걷는 믿음의 여정을 보여줌과 동시에, 하나님의 구속사를 상징적으로 나타내 보여준다.

정리하자면, 아브라함이 이삭을 제물로 바쳤던 모리아산은 훗날 다윗이 번제를 드렸던 아라우나의 타작마당으로 이어지고, 시간이 지난 뒤 그곳에는 예루살렘 성전이 세워진다. 신약으로 오면 예수님이 예루살렘 성전 근처에서 십자가에 달려 죽으심으로 영원한 우주적 성전이 되셨고, 그 우주적 성전 앞에 나오는 자마다 그분의 보혈로 주의 자녀가 되는 일이 가능해졌다. 얼마나 놀라운 은혜의 역사인가! 이에 대해 이사야서에서는 계시적 언어로 다음처럼 말씀한다.

내가 곧 그들을 나의 성산으로 인도하여 기도하는 내 집에서 그들을 기쁘게 할 것이며 그들의 번제와 희생을 나의 제단에서 기꺼이 받게 되리니 이는 내 집은 만민이 기도하는 집이라 일컬음이 될 것임이라(사 56:7).

무슨 말인가? 성전은 만민이 기도하는 집이지, 이스라엘 백성만 잘 먹고 잘 살기 위해 만들어진 집이 아니라는 이야기다. 하나님께서는 이미 아브라함의 때부터 이삭을 통해 예수님을 예표하시고 다윗이 사들인 아라우나의 타작마당에서 제사를 받으셨으며, 그곳에 솔로몬의 성전을 짓게 하신 후 예수 그리스도를 보내어 십자가를 지게 하셨다. 이를 통해 제물과 제사로 예표되는 이 구속의 역사가 우주적 성전인 예수 그리스도로 완성되는 엄청난 구원의 신비를 보여주셨다. 누구든지 예수님 앞에 나오는 자라면 만민이 영생을 얻는 놀라운 생명의 은혜가 펼쳐지게 된 것이다.

하나님의 이 은혜가 얼마나 놀라운지를 알기 위해 다시 다윗에게로 시선을 돌려보자. 다윗은 부하의 아내인 밧세바를 범했다. 그런데 하나님께서는 다윗을 엄히 책망하셨지만, 동시에 다윗과 밧세바 사이에서 왕위를 이을 솔로몬이 태어나게 하셨다. 이를 통해 죄를 범한 자에게 은혜를 주시는 하나님의 섭리를 엿볼 수 있다.

본문의 인구조사도 마찬가지다. 다윗은 자신의 범죄 때문에 7만이라는 장정을 잃었다. 그러나 하나님께서는 아라우나의 타작마당에 예루살렘 성전을 짓는 대반전의 역사를 주셨다. 이는 "죄가 더한 곳에 은혜가 더욱 넘쳤[다]"(롬 5:20)라는 사도 바울의 고백을 떠올리게 한다. 그렇다고 은혜를 받기 위해 죄를 더 짓자는 뜻은 아니다. 하나님은 그 죄를 너무도 싫어하신다. 하지만 죄인인 우리를 사랑하시기 때문에 끝없이 기회를 주신다. 죄가 더한 곳에 은혜가 더욱 넘쳤다는 말은 바로 그런 뜻이다. 바울의 삶이 그랬다. 그는 마치 1세기의 다윗과 같다. 그는 참으로 많은 실수를 하고 범죄를 저지른 사람이었다. 그래서 바울은 "내가 전에는 비방자요 박해자요 폭행자"(딤전 1:13)였다고 고백한다. 그러나 복음을 아는 바울은 이전의 부끄러운 모습을 고백한 뒤에 곧바로 이렇게 말한다.

> 우리 주의 은혜가 그리스도 예수 안에 있는 믿음과 사랑과 함께 넘치도록 풍성하였도다(딤전 1:14).

이것이 대반전이다. 우리는 모두 죄인이라 실수도 하고 잘못도 하며, 때론 하나님의 징계 아래 처할 때도 있다. 하지만 넘치는 하나님의 은혜로 이렇게 살아서 하나님을 예배하는 자들이 되었다.

'좌절 금지' 팻말을 드시는 하나님

인생은 돌아볼수록 그리 만만치가 않다. 어떤 사람이 "내가 살아보니 인생은 즐거움과 기쁨만 충만한 곳이다"라고 말한다면, 그는 아직 인생을 잘 모르는 사람이다. 성경 어디에도 인생은 즐겁고 좋기만 하다고 나와 있지 않다. 인생은 어떤 면에서 고난의 연속이고 혹독한 여정이다.

다윗이 이를 확인시켜준다. 다윗 하면 이스라엘의 위대한 왕을 떠올리는 사람이 많지만, 사실 그는 사망의 음침한 골짜기를 수도 없이 지났던 사람이다. 하지만 다윗은 혹독한 인생 여정에도 하나님께서 허락하시는 은혜가 기적처럼 풍성하게 주어진다는 사실을 깨달았다. 그리고 시편에서 그와 같은 은혜를 노래했다.

모세의 고백대로 우리가 강건해서 80세까지 산다 한들, 그 연수의 자랑이 수고와 슬픔뿐인 게 인생이다. 그럼에도 우리에게는 대반전의 고백이 있다.

"우리 삶은 하나님의 기적과 같은 은혜로 인해 펼쳐지는 인도하심의 역사입니다."

> 여호와 나의 하나님이여 주께서 행하신 기적이 많고 우리를 향하신 주의 생각도 많아 누구도 주와 견줄 수가 없나이다 내가 널리 알려 말하고자 하나 너무 많아 그 수를 셀 수도 없나이다(시 40:5).

다윗은 험산준령과 고난의 바다를 숱하게 지나면서 여호와께서 인생에게 행하신 기적이 셀 수 없이 많고 주의 백성을 향한 주님의 사랑은 그 무엇과 견줄 수 없이 크다는 것을 깨달았다. 그래서 "하나님이여, 주께서 내게 행하신 기적이 너무 많습니다"라고 고백할 수밖에 없었다.

시편 107편 35절을 통해 이에 대한 시인의 고백을 들어보라.

> 또 광야가 변하여 못이 되게 하시며 마른 땅이 변하여 샘물이 되게 하시고.

마른 땅이 어떻게 샘물이 될 수 있을까? 사람의 힘으로는 할 수 없는 일이다. 그러나 주께서 일으키시는 대반전의 기적 앞에서는 음침한 골짜기도 푸른 풀밭으로 바뀔 수 있다. 언제나 고갈되어 탈진하기만 했던 마른 땅 같은 인생에 하나님의 기적이 임하면, 생명을 살리는 샘물이 흘러 넘치는 인생으로 탈바꿈할 수 있다. 그래서 기독교의 역사를 '기적의 역사'라고 말한다. 우리의 생각을 반전시키는 역사가 바로 기독교의 역사다. 이에 대해 로이드 존스 목사님은 이렇게 말했다.

"우리의 생각과 개념의 반전, 이것이 바로 복음이다."

무슨 뜻인가? 세상의 논리나 상식으로 보면 분명히 'a' 다음에는 'b'가 와야 하는데, 복음의 은혜는 a 다음에 b가 아니라 다른 차원의 대문자 'C'가 온다는 것이다.

이를 보여주는 본문이 시편 107편이다. 107편은 바벨론 포로생활에서 돌아온 자들이 구원의 감격을 노래하는 감사의 시다. 여기에는 "여호와의 인자하심과 인생에게 행하신 기적으로 말미암아 그를 찬송할지어다"라는 어구가 반복해서 등장한다(8, 15, 21, 31절). 과연 하나님께서 인생에게 행하신 기적이 무엇인가? 35절에서 그답을 찾을 수 있다.

> 또 광야가 변하여 못이 되게 하시며 마른 땅이 변하여 샘물이 되게 하시고.

내 인생에서 a는 내 삶을 고갈시키고 탈진시키고 낙심케 하는 광야라 할 수 있다. 그럴 때 사람들은 a 다음에 '쓰러짐'이라는 b가 올 거라고 생각한다. 이것이 세상의 관점이자 공식이다. 세상은 우리의 삶이 우리가 어떻게 하는지에 달려 있다고 말한다. 그러나 성경은 우리의 인생이 하나님께서 내게 어떻게 하시는지에 따라 달라진다고 말한다. 그런 하나님을 믿을 때 우리는 a 다음에 '쓰러짐'이라는 결과가 따르리라는 세상의 예상을 깨고, 하나님께서 내 인생의 광야를 물이 출렁이는 못으로, 생수가 솟아나는 샘물로 바꾸시는 기적을 경험하게 된다. 세상 논리나 상식으로 보면 a 다음에 b가 와야 하지만, 복음의 은혜와 기적이 임하면 새로운 C가 온다는 뜻이다. 그래서 하나님의 대반전의 역사를 알게 되면, 수학적이고 계산적이며 인간적이고 타산적인 신앙을 버리고 오직 하나님만이 행하시는 기적을 구하는 신앙을 갖게 된다.

성경에서도 이 사실을 확인할 수 있다. 처음엔 비극으로 시작하지만 기적을 베푸시는 하나님의 은혜로 선을 이루는 인생들의 이야기가 성경에 얼마나 많은지 모른다. 그중 하나가 형의 복수를 피해 도망간 야곱이 나중에는 삼촌 라반의 집에서 하나님의 복을 누리고 돌아온 일이다. 또한 형들 때문에 노예로 팔려갔던 요셉이 훗날 애굽의 총리가 된 일이며, 남편을 잃고 고향마저 떠나야 했던 룻이 나중에는 예수님의 족보에 이름을 올린 일도 그렇다. 자녀가 없어 고통스러워했던 한나의 슬픔도 하나님께서 개입하시자, 이스라엘의 위대한 사사 사무엘이 태어나는 축복으로 이어졌다. 열왕기상 17장의 사르밧 과부가 직면했던 기근과 허기는 일평생 하나님의 축복을 누리는 기회가 되었고, 신앙을 지키느라 풀무불에 던져졌던 다니엘의 세 친구는 오히려 불 속에서 성자 예수님을 만나는 복을 누렸으며, 12년 동안 혈루증으로 고통받던 여인은 병 때문에 예수님을 만나 구원을 받게 되었다. 매를 맞고 감옥에 갇혔던 바울은 그 일로 간수의 가정을 구원으로 이끄는 은혜를 누렸다.

우리는 이처럼 놀라운 하나님의 역사를 성경을 통해 잘 알고 있다. 그러나 이와 같은 약속의 말씀을 안다는 것과, 그 말씀이 내 삶에 녹아져 흐르게 한다는 것은 별개의 문제일 수 있다. '모든 것이 합력하여 선을 이룬다'는 말씀을 이해하는 것과 그 말씀이 내 삶에 이루어지게 하는 것은 하나님의 자녀인 우리에게 또 다른 문제라는 뜻이다.

우리는 지금도 이 땅에서 눈물 골짜기와 사망의 계곡을 걷고 있다. 그런데 믿음으로 살면서 그와 같은 어려움을 하나씩 극복해나가다 보면, 어느 순간 닫힌 문이 하나씩 열리는 듯한 경험을 하게 된다. 나이 오십이 넘고 육십이 넘으면서, '아 그때의 어려움이 결과적으로 하나님의 인도하심 속에서 일어난 일이구나'라는 걸 깨닫게 된다. 과거에 내게 일어났던 고통과 비극이 비록 나의 잘못에서 비롯된 것이라 해도 '믿는 자들에게는 모든 것이 합력하여 하나님의 선을 이룬다'라는 약속의 말씀이 지나온 나의 삶 속에서 이루어졌음을 깨달았을 때의 영적 희열은 세상 사람들이 도무지 이해할 수 없는 은혜의 영역이다. 그래서 변증학자이자 목회자인 R. C. 스프롤은 "그리스도인에게 매일 일어나는 비극은 궁극적으로는 축복이다. 그렇지 않다면 하나님은 거짓말쟁이다"라고 자신 있게 말했다.

이처럼 하나님은 대반전을 일으키시는 분이다. 그분은 아라우나의 타작마당을 예루살렘 성전으로 바꾸셨다. 그 하나님이 우리의 하나님이시기에 우리는 최악의 상황을 최선으로 만드실 하나님을 신뢰하며 삶의 역전을 꿈꿀 수 있다.

그런 면에서 이 땅의 모든 젊은이와 마음이 젊은 어르신들께 권면하고 싶다.

"절대로 절대로 좌절하지 맙시다."

하나님께서 오늘도 팻말 하나를 들고 우리를 따라다니시며 이렇게 말씀하신다고 나는 믿는다.

"김 권사 좌절금지! 박 집사 좌절금지! 정 형제 좌절금지! 심 자매 좌절금지!"

주님이 그렇게 '좌절금지!' 팻말을 가지고 온종일 우리를 따라 다니시는 분임을 알고 있는가? 부디 하나님의 마음을 뼛속까지 깨닫고 믿어서, 무너진 삶의 자리를 힘차게 딛고 일어서길 바란다.

다윗이 위대한 역전의 명수가 될 수 있었던 것은 하나님을 뼛속 깊이 믿었기 때문이다. 비록 처한 환경은 처절하고 척박하며 때로는 죄로 인해 넘어질 때도 있었지만, 그는 또 한 번의 은혜와 또 한 번의 기적을 베푸실 하나님을 끝없이 신뢰했다. 그 결과, 다윗의 삶은 대반전의 연속이었다.

하나님은 환경 때문이든 우리의 죄 때문이든, 넘어져 신음하는 우리에게 찾아와 '좌절금지' 팻말을 보여주시며 은혜 베풀기를 기뻐하시는 분이다. 그 하나님을 바라보며 눈물로 회개하고 통회할 수 있다면, 믿음으로 인내하며 소망할 수 있다면 우리 인생에 대반전의 스토리가 펼쳐질 것이다. 하나님은 합력하여 선을 이루시는 분이 아닌가? 하나님의 말씀을 믿는다면 우리는 말씀이 내 삶에서 실제로 이루어지기를 소망하며 믿음으로 다시 일어서야 한다. 그리고 인내로써 믿음의 경주를 계속해야 한다. 그럴 때 하나님은 우리 인생에 새로운 역사를 일으키신다.

영광을 사모하며 감사로 그 문에 들어가라

내 삶에서 아라우나의 타작마당이 예루살렘 성전이 되려면 무엇을 어떻게 준비해야 할까? 처절한 삶의 현장과 하나님께서 주시려는 이상적인 그림 사이의 간극을 어떻게 메워야 할까?

다윗은 수치와 죄의 현장이었던 아라우나의 타작마당이 영광스런 성전으로 변모되기까지 전력투구하며 회복을 꿈꾸었다. 자신의 생애에서는 이루어질 수 없다는 걸 알면서도 성전을 지을 재료를 모으는 것은 물론, 설계도까지 준비했다.

> 또 그가 영감으로 받은 모든 것 곧 여호와의 성전의 뜰과 사면의 모든 방과 하나님의 성전 곳간과 성물 곳간의 설계도를 주고(대상 28:12).

다윗은 솔로몬에게 유언을 하면서, 하나님께 영감을 받아 그린 성전 설계도를 건네주었다. 이는 그가 성전을 사모하며 건축을 위해 준비했던 핵심 자료였다.

그는 왜 그토록 성전을 짓고 싶어 했을까? 어느 날 다윗은, 자신이 백향목 궁에 거하는데 하나님의 언약궤는 초라한 장막 속에 있다는 것이 마음에 걸렸다. 그렇게 시작된 생각은 하나님의 영광이 집중될 수 있는 성전 건축에 대한 결심으로 이어졌다. 이는 당시에 누구도 하지 못했던, 획기적이고도 혁명적인 생각이었다. 이스라엘 백성은 본래 장막을 옮겨 다니는 유목민이다. 그래서 그들은 장막 안에 하나님의 궤를 둔다는 것 외에 다른 개념의 성전을 생각해 본 적이 없었다. 이미 예루살렘 성을 중심으로 정착한 지 한참이나 지난 그때에도 마찬가지였다. 그런데 다윗은 자나 깨나 하나님의 영광을 사모하다 보니, 정기적으로 하나님 앞에 나아가 그분의 영광을 찬양하며 경배할 무언가가 필요하다는 영적 통찰력을 갖게 되었다. 하나님의 영광이 국가의 중심이 되어야 한다고 믿었던 다윗은, 그 통찰력으로 하나님의 영광의 임재가 머무는 성전을 지어야겠다고 결심한 것이다.

우리는 어떤가? 하나님의 교회에 대한 시각과 방향을 제대로 잡고 살아가는가? 내 삶의 문제에만 모든 집중력을 쏟고 있지는 않은가?

다윗은 밤이나 낮이나 하나님의 영광을 사모했다. 물론 그도 우리처럼 사망의 음침한 골짜기를 지나며 가슴이 찢어지는 일을 수없이 경험했고, 자신의 실수와 범죄 때문에 현실의 고통도 많이 겪었다. 하지만 그런 가운데서도 그가 남달랐던 점은, 하나님의 영광에 대한 집중력을 끝까지 유지했다는 것이다. 그는 하나님께 헌신하면서도 솟구치는 감사를 숨기지 못해 그토록 기뻐하며 성전 건축을 위해 만반의 준비를 마쳤다. 역대상 29장 14절의 고백을 보라.

> 나와 내 백성이 무엇이기에 이처럼 즐거운 마음으로 드릴 힘이 있었나이까 모든 것이 주께로 말미암았사오니 우리가 주의 손에서 받은 것으로 주께 드렸을 뿐이니이다.

기가 막힌 고백이다. 다윗이 하나님의 영광에 집중하자, 영혼 깊은 곳에서 근본적인 감사가 솟구쳐 올랐다. 나는 이것이 좌절해 쓰러질 수밖에 없는 다윗의 인생을 하나님이 주시는 대반전의 기적 속으로 끌어올리는 연결고리라고 믿는다. 하나님의 영광에 대한 집중과 그분에 대한 감사가 다윗의 인생을 특별하게 이끌었다. 다윗이 솔로몬에게 남긴 유언은 그런 면에서 더욱 감동적이다.

> 내가 환난 중에 여호와의 성전을 위하여 금 십만 달란트와 은 백만 달란트와 놋과 철을 그 무게를 달 수 없을 만큼 심히 많이 준비하였고 또 재목과 돌을 준비하였으나 너는 더할 것이며(대상 22:14).

다윗은 솔로몬에게 여호와의 성전을 짓기 위해 금 십만 달란트를 준비했다고 했다. 그런데 그 준비를 언제 했느냐가 관건이다. '환란 중'이었다. 환란 중에 그 모든 준비를 했다. 다윗은 하나님의 영광에 대한 집중과 감사로 환란과 반전이라는 간극을 메우고 있었다는 뜻이다.

교회를 위해 눈물로 씨를 뿌릴 때

우리에게도 이런 마음이 주어졌으면 좋겠다. 환란 중에도 무형교회인 우리 자신과 유형교회인 교회 공동체를 사랑하여 헌신함으로, 환란과 반전 사이의 틈새를 메우는 일이 모두에게 일어나기를 바란다.

오늘 이 시대에 하나님의 영광과 하나님을 향한 감사가 집중되어야 할 곳이 있다면 바로 교회다. 교회를 사랑하는 일만큼 하나님을 기쁘시게 하는 일이 있을까? 하나님의 교회를 사랑함으로 교회를 위해 눈물을 흘리는 일이야말로 하나님의 영광에 집중하는 일이다. 하나님은 교회를 통해 일하시기 때문이다. 교회를 통해 복음을 전하시고 교회를 통해 인재를 키우시며, 교회를 통해 세계 선교를 완성해나가신다. 그래서 마귀는 교회를 무너뜨리려고 집요하게 공격한다. 우리가 여러 환란 중에도 교회를 위해 눈물로 기도해야 하는 이유가 여기에 있다. 교회를 위해 눈물 흘리며 기도하면 교회를 더욱 사랑하게 되고, 여호와의 영광을 보게 된다.

우리는 왜 교회를 사랑해야 하는가? 교회는 머리 되신 예수님이 핏값으로 사신 예수님이 교회의 머리이시기 때문이다. 내가 교회에 많은 헌신을 했기 때문에, 혹은 내가 교회를 위해서 무엇을 드렸기 때문에 교회를 사랑한다는 조건부적 이유가 밑바닥에 깔려 있다면, 그건 진정으로 교회를 사랑하는 것이 아니다. 교회는 이 땅에서 예수님의 복음을 전하는 센터요, 하나님 나라를 세우는 생명의 터전이기에 우리는 교회를 사랑해야 한다.

또한 진정 교회의 머리가 예수님이고 내가 예수님의 핏값으로 교회의 지체가 되었음을 믿는다면, 우리의 혈관 속에는 반드시 주의 몸 된 교회의 피가 흐를 것이다. 예수님이 자신의 전부를 내어 주시며 그 피로 사신 교회 아닌가? 그래서 예수님을 사랑하는 사람이라면 교회를 사랑하지 않을 수 없다. 교회의 아픔이 내 아픔이요, 교회의 기쁨이 내 기쁨이 된다.

그러므로 모든 하나님의 교회에서는 그분의 영광을 선포해야 한다. 시온성과 같은 교회, 그의 영광이 한없음을 찬양해야 한다.

나는 어디를 지나가다가도 교회가 보이면 나도 모르게 마음의 손을 들고 그 교회를 축복한다. "주여, 저 교회에 하나님의 영광이 충만케 하시고, 시무하는 목사님이 강력한 말씀의 메신저가 되게 하시며, 주일학교 아이들이 시대를 이끄는 믿음의 인재로 자라나게 하옵소서."

사랑의교회에서는 해마다 수많은 단기선교팀을 전 세계로 보내고 있다. 물론 국내 각 지역에도 널리 퍼져 활동한다. 나는 우리 단기선교팀들이 국내든 국외든 발길 닿는 곳에서 하나님의 교회를 볼 때마다 손을 들고 축복하기를 바란다. 한국교회 전체가 이 정신을 회복했으면 좋겠다. 어려운 여건 속에서도 주님의 몸 된 교회의 영광을 바라보고 소망하며, 감사로 헌신하는 삶이 주일학교 아이들부터 어르신들에 이르기까지 이어지기를 기도한다.

다윗의 생애를 관통했던 아래의 고백이 우리의 고백이 되길 바란다.

> 내가 여호와께 바라는 한 가지 일 그것을 구하리니 곧 내가 내 평생에
> 여호와의 집에 살면서 여호와의 아름다움을 바라보며 그의 성전에서 사
> 모하는 그것이라(시 27:4).

우리의 평생에 여호와의 아름다움을 사모하는 일이야말로 얼마나 큰 복인가? 다윗은 특별히 여호와의 성전에서 살면서 그분의 아름다움을 사모하길 간절히 구하고 있다. 이어진 구절에서는 다윗의 소망이 더 구체화되어 나타난다.

> 여호와께서 환난 날에 나를 그의 초막 속에 비밀히 지키시고 그의 장막
> 은밀한 곳에 나를 숨기시며 높은 바위 위에 두시리로다 이제 내 머리가
> 나를 둘러싼 내 원수 위에 들리리니 내가 그의 장막에서 즐거운 제사를
> 드리겠고 노래하며 여호와를 찬송하리로다(시 27:5-6).

얼마나 가슴 벅찬 노래인가? 언제나 여호와를 사모하면 환란 날에도 주께서 나를 보호하실 뿐 아니라 나를 높이신다고 노래한다. 대반전의 역사란 바로 이런 것이다. 환란 중에도 주님을 사모하다 보면, 망하는 게 아니라 오히려 나를 에워싼 원수들 위에 서서 하나님을 높이 찬송하는 역사가 일어날 것이다.

이런 일들이 비단 다윗에게만 국한되어 일어나겠는가? 아니다. 하나님을 사모하며 믿고 따르는 이들이라면 누구에게나 일어날 수 있다. 어떤 경우에도 좌절하지 않고, 주님의 영광에 집중할 뿐 아니라 그분께 감사로 나아가는 하나님의 사람들에게는 환란이 변하여 영광이 임하는 대반전의 역사가 임할 것이다.

29

하나님 왕국의 비밀 병기,
찬양대

CHOIR, THE SECRET WEAPON OF GOD'S KINGDOM

사무엘하 23:1-4; 역대상 25:1-7

삼하 23:1 이는 다윗의 마지막 말이라 이새의 아들 다윗이 말함이여 높이 세워진 자, 야곱의 하나님께로부터 기름 부음 받은 자, 이스라엘의 노래 잘 하는 자가 말하노라 2 여호와의 영이 나를 통하여 말씀하심이여 그의 말씀이 내 혀에 있도다 3 이스라엘의 하나님이 말씀하시며 이스라엘의 반석이 내게 이르시기를 사람을 공의로 다스리는 자, 하나님을 경외함으로 다스리는 자여 4 그는 돋는 해의 아침 빛 같고 구름 없는 아침 같고 비 내린 후의 광선으로 땅에서 움이 돋는 새 풀 같으니라 하시도다

대상 25:1 다윗이 군대 지휘관들과 더불어 아삽과 헤만과 여두둔의 자손 중에서 구별하여 섬기게 하되 수금과 비파와 제금을 잡아 신령한 노래를 하게 하였으니 그 직무대로 일하는 자의 수효는 이러하니라 2 아삽의 아들들은 삭굴과 요셉과 느다냐와 아사렐라니 이 아삽의 아들들이 아삽의 지휘 아래 왕의 명령을 따라 신령한 노래를 하며 3 여두둔에게 이르러서는 그의 아들들 그달리야와 스리와 여사야와 시므이와 하사뱌와 맛디디야 여섯 사람이니 그의 아버지 여두둔의 지휘 아래 수금을 잡아 신령한 노래를 하며 여호와께 감사하며 찬양하며 4 헤만에게 이르러는 그의 아들들 북기야와 맛다냐와 웃시엘과 스브엘과 여리못과 하나냐와 하나니와 엘리아다와 깃달디와 로맘디에셀과 요스브가사와 말로디와 호딜과 마하시옷이라 5 이는 다 헤만의 아들들이니 나팔을 부는 자들이며 헤만은 하나님의 말씀을 가진 왕의 선견자라 하나님이 헤만에게 열네 아들과 세 딸을 주셨더라 6 이들이 다 그들의 아버지의 지휘 아래 제금과 비파와 수금을 잡아 여호와의 전에서 노래하여 하나님의 전을 섬겼으며 아삽과 여두둔과 헤만은 왕의 지휘 아래 있었으니 7 그들과 모든 형제 곧 여호와 찬송하기를 배워 익숙한 자의 수효가 이백팔십팔 명이라

인생을 살다가 거대한 벽에 부딪혀본 적이 있는가? 기도해야 살 수 있다는 건 알지만, 너무 힘든 나머지 "주여"라는 말조차 나오지 않을 때, 어떻게 그 난관을 돌파할 수 있을까? 답을 얻기 위해 고난의 대명사로 알려진 욥의 삶을 살펴보자.

욥기 1장을 보면 욥은 하루아침에 자녀를 잃었다. 한 명도 두 명도 아닌, 모든 자녀가 한꺼번에 죽고 말았다. 게다가 그 많던 재산까지 한순간에 사라졌다. 나중에는 욥 자신도 온몸에 악창이 생겨 고통을 겪었다. 그는 기도는커녕 숨 쉬는 것조차 힘든 상황에 처했다. 살아 있는 것을 저주할 지경이었다. 아래 구절은 그런 상황에서 드린 고백이기에 몇 번이고 곱씹게 된다.

> 주신 이도 여호와시요 거두신 이도 여호와시오니 여호와의 이름이 찬송을 받으실지니이다 하고(욥 1:21).

모든 걸 잃고 기도조차 할 수 없는 상황에서 욥은 여호와 하나님을 찬송했다. 그런 뒤에도 계속해서 고통 중에 살아갔는데, 42장에 이르러 하나님의 임재를 경험하고는 다음과 같이 고백한다.

> 내가 주께 대하여 귀로 듣기만 하였사오나 이제는 눈으로 주를 뵈옵나이다(욥 42:5).

그간 귀로만 듣던 하나님을 실제로 체험하고 눈으로 보았다는 기쁨에 찬 고백이다. 이후 욥의 삶에서 상상할 수 없었던 회복과 승리의 반전이 나타난다.

우리는 욥기 42장에 나타난 치유와 회복과 승리와 부흥이 욥기

1장 21절의 "주신 이도 여호와시요 거두신 이도 여호와시오니 여호와의 이름이 찬송을 받으실지니이다"라는 고백에서 이미 결정났다는 사실을 주목해야 한다. 극한 고난을 겪어도 흐트러짐 없이 여호와를 찬양하는 욥에게서 하나님은 이미 42장의 승리를 보고 계셨다. 우리는 하나님을 흘러가는 시간 개념 속에서 이해하지만, 하나님은 시간을 초월한 영원의 개념 속에서 우리를 보며 일하시기 때문이다. 즉, 욥이 1장 21절에서 여호와를 찬송할 때 하나님은 이미 욥기 42장에 나타난 승리를 현재적으로 보고 계셨다.

앞으로 5년, 10년, 20년 뒤의 미래가 궁금한가? 현재의 삶에서 찬양의 능력을 체험하며 살기 바란다. 하나님을 높이며 그분을 찬송할 때, 영원의 개념에서 우리를 보시는 하나님은 미래의 승리를 현재에 안겨주신다. 삶의 난관 속에서도 주님을 찬양하며 사는 우리의 현재가 우리의 미래 이력서를 결정한다는 뜻이다.

이스라엘의 노래 잘하는 자

사무엘하 23장은 다윗의 마지막 말이다. 다윗은 인생의 봄, 여름, 가을, 겨울을 보내고 난 후 지난 세월을 회고하며 중요한 메시지를 주려 한다.

> 이는 다윗의 마지막 말이라 이새의 아들 다윗이 말함이여 높이 세워진 자, 야곱의 하나님께로부터 기름 부음 받은 자, 이스라엘의 노래 잘 하는 자가 말하노라 (삼하 23:1).

그는 자신을 '이새의 아들'이라 말한다. 특별한 명칭은 아니다.

하나님의 사람 다윗 2

아버지의 이름이 이새였기에 그리 말한 것뿐이다. 사울은 한때 다윗을 공격하면서 그를 낮추기 위해 "저 이새의 아들이 무슨 일을 할 수 있겠는가?"라고 했다. 다윗이 평범한 유목민 집안의 아들임을 강조하는 표현이다.

이처럼 다윗은 자신을 '이스라엘의 왕'으로 높인 것이 아니라 '이새의 아들 다윗'이라고 하면서 겸손한 자세를 보였다. 그런 다음 '높이 세워진 자', '기름 부음 받은 자', '노래 잘하는 자'라는 자신의 정체성을 밝히고 있다. 하나님께서 나같이 평범한 사람을 높이 세워주셔서 기름을 부으시고 이스라엘의 노래 잘하는 자가 되게 하셨다는 뜻이다.

'이스라엘의 노래 잘하는 자'란 무슨 뜻일까? 남들에게 인정을 받을 만큼 수준급의 노래 실력을 가졌다는 말이 아니다. 다윗의 일평생이 하나님을 찬양하고 노래하는 여정이었음을 나타내는 표현이다. 다윗은 시편 68편 19절에서도 같은 고백을 한다.

> 날마다 우리 짐을 지시는 주 곧 우리의 구원이신 하나님을 찬송할지로다(셀라).

다윗은 지난 삶을 돌아볼 때마다 초라한 목동에 불과했던 자신에게 찾아와 맹수의 발톱으로부터 지키시고 왕으로 세우셨으며, 사망의 음침한 골짜기를 지날 때마다 기적 같이 인도하신 하나님께 감탄하지 않을 수 없었다. 나약하고 보잘것없던 자신과 크고 위대하신 하나님이 선명하게 대비되어 마음에 와닿았기에 더더욱 그분을 찬송하게 되었다. 그는 영혼 깊숙한 곳에서부터 우러나온 "날마다 우리 짐을 지시는 주 곧 우리의 구원이신 하나님을 평생 찬송합니다"라는 고백을 올려드렸다. '이스라엘의 노래 잘하는 자'란 바로 이런 사람이다.

사람의 마지막 말에는 보통 '이제부터 내가 인생에서 가장 중요한 이야기를 할 테니 잘 들어!'와 같은 의미심장한 당부가 들어 있게 마련이다. 그런데 다윗은 왜 마지막 말을 남기기에 앞서, "노래 잘하는 자"라는 수식어를 앞세웠을까? 노래 잘하는 자, 즉 하나님을 찬양하는 게 인생 여정의 승리와 어떤 관련이 있기에 그가 이 말을 유독 강조하는 걸까?

다윗의 의도를 파악하려면 역대상 25장을 살펴봐야 한다. 하나님께서는 이스라엘에 놀라운 복을 주셨는데, 여호와께 악기로 찬송하는 찬양대가 무려 4천 명이나 되었다(대상 23:5). 엄청난 규모의 찬양대를 인도했던 사람들은 아삽과 헤만과 여두둔이다. 찬양대의 규모가 워낙 컸기 때문에 세 사람의 아들 24명이 찬양 인도자로 세워졌고, 그들을 중심으로 한 조에 12명씩 총 24개 조 288명이 선별되어 한 몸처럼 찬양을 인도했다.

이런 일이 가능했던 이유는 무엇보다 찬양의 계보가 이어졌기 때문이다. 앞 세대가 찬양의 본질을 알고 제대로 하나님을 찬양하기 시작하면 자연스럽게 다음세대도 찬양의 영성을 이어받게 된다. 찬양을 가정의 중심에 두면 그 집안의 미래가 달라진다는 뜻이다. 그뿐인가? 한 나라가 찬양대를 세워 하나님을 찬양하면 나라의 미래 또한 달라진다. 다윗은 그걸 알았기에 4천 명의 찬양대를 세우는 일에 힘을 쏟았다. 그는 찬양에 생명을 건 사람이었다.

함께할 때 더 큰 임재를 경험한다

홀로 드리는 찬양도 좋지만, 성도들과 함께 부르는 찬양은 더 좋다. 시편 149편 1절도 "할렐루야 새 노래로 여호와께 노래하며 성도의 모임 가운데에서 찬양할지어다"라고 말씀한다.

'성도의 모임 가운데 드리는 찬양'이란 무엇일까? 개개인이 가진 최고, 최상, 최선의 모습으로 재능과 열정을 쏟아 찬양 드리는 것을 뜻한다. 이를 구체적으로 표현한 것이 역대하 29장 28절이다. 이 말씀은 우리가 가진 은사와 재능을 총동원하여 찬양해야 함을 알려준다.

> 온 회중이 경배하며 노래하는 자들은 노래하고 나팔 부는 자들은 나팔
> 을 불어 번제를 마치기까지 이르니라.

시편 150편에서도 각자의 재능을 가지고 찬양하는 장면이 나온다. 노래로, 나팔로, 비파와 수금으로, 춤으로, 현악과 퉁소로, 제금으로…. 자신의 모든 것을 동원하여 하나님을 찬양하는 모습이다.

역사적으로 교회 부흥의 시기에는 새 노래, 즉 새로운 찬양들이 나왔다. 이는 찬양의 회복이 교회의 부흥으로 가는 중요한 단초임을 보여준다. 그러나 찬양이 의식적이고 예배 순서의 일부로만 굳어질 때 교회는 쇠퇴하기 시작했다. 또한 하나님의 은혜에 감사하여 찬양을 올려드리는 게 아니라, 찬양이 단지 감정을 표현하는 수단에 그칠 때도 교회는 쇠퇴하기 시작했다.

젊은이들의 모임에서 이런 현상이 나타나기 쉽다. 보기에는 웅장하고 열정적이며 뜨겁게 찬양한다 해도 찬양이 구원과 대속의

은혜, 자녀 됨의 은혜에 대한 거룩한 감사가 아니라 단지 뜨거운 감정을 발산하는 것에 그친다면, 교회의 부흥은 멀어질 수밖에 없다.

말씀을 통해 하나님의 은혜를 절감하고, 이것이 감사로 연결되어 찬양의 문으로 들어갈 때 진정한 찬양을 올려드릴 수 있다. 기름 부음이 있는 메시지와 성령의 감동이 있는 찬양은 동전의 양면과 같다. 따라서 진정한 찬양을 올려드리려면 강단이 회복되어야 한다. 은혜가 새겨지지 않은 찬양은 모래성과 같기 때문이다.

찬양 고찰 1. 전략 중의 전략

다윗은 뛰어난 정치가로도 알려져 있지만, 그는 세상에서 정치를 배우지 않았다. 그의 정치적 통찰력은 하나님께서 주신 것이다. 다윗은 세상에서 우위에 두는 군사 전략보다 성경에서 강조하는 찬양 전략을 우선으로 취했다. 본문 1절을 보자.

> 다윗이 군대 지휘관들과 더불어 아삽과 헤만과 여두둔의 자손 중에서 구별하여 섬기게 하되 수금과 비파와 제금을 잡아 신령한 노래를 하게 하였으니 그 직무대로 일하는 자의 수효는 이러하니라.

다윗은 참모들과 더불어 아삽과 헤만과 여두둔의 자손 중에서 찬양대를 조직한다. 이것은 세계적으로 그 유례를 찾아보기 힘들 만큼 놀라운 일이다. 고대국가는 전쟁이 중심이었다. 전쟁을 위한 우선순위는 전략을 세우고 무기를 갖추며, 병참을 조직하고 후원 부대를 준비하는 것이었다. 전쟁의 승패에 따라 국가의 존폐 여부가 결정되었던 까닭에, 전쟁과 직접적으로 관련된 일에 국가의 역량을 쏟았다. 그런데 다윗은 지금 찬양대를 어떻게 잘 조직해서 찬양팀을 이끌 것인가, 현악기와 타악기와 관악기를 어떻게 구성해서 찬양할 것인가에 온통 관심이 쏠려 있는 것처럼 보인다.

왜 그랬을까? 전쟁의 승패가 찬양과 무관하지 않았기 때문이다. 다윗은 누구보다 전쟁에 능한 상승장군이었다. 그는 전쟁터에서 승리가 어떻게 주어지는지 볼 줄 아는 혜안이 있었다. 다윗이 4천 명이나 되는 대규모의 찬양대를 군대 지휘관들과 더불어 조직한 것은 전쟁의 현실을 모르는 감상주의자의 뜬구름 잡는 행동이 아니었다. 다윗은 찬양이야말로 전쟁에서 핵심적인 전략임을 잘 알았다.

이스라엘에는 찬양의 능력을 보여주는 사례들이 많다. 암몬과 모압의 대군들이 유다에 쳐들어왔을 때가 대표적인 예다. 당시 남유다의 여호사밧 왕은 적의 공격 앞에 어찌할 바를 몰라 매우 두려워했다. 그러나 하나님의 말씀대로 선봉에 찬양대를 앞세워 전쟁에 임하자 그 전쟁은 이스라엘의 승리로 돌아갔다.

> 백성과 더불어 의논하고 노래하는 자들을 택하여 거룩한 예복을 입히고 군대 앞에서 행진하며 여호와를 찬송하여 이르기를 여호와께 감사하세 그의 인자하심이 영원하도다 하게 하였더니 그 노래와 찬송이 시작될 때에 여호와께서 복병을 두어 유다를 치러 온 암몬 자손과 모압과 세일 산 주민들을 치게 하시므로 그들이 패하였으니(대하 20:21-22).

이러한 예는 성경뿐만이 아니라 세계사 속에서도 나타났는데, 그중 하나가 1991년에 있었던 에스토니아의 '노래 혁명'(Singing revolution)이다.

당시 소련의 위성국가들은 독립을 외치고 있었다. 어떤 나라는 피를 흘리는 전쟁까지 치렀다. 그런데 인구 130만 명 정도의 작은 나라 에스토니아는 독특한 방식으로 독립을 외치기 시작했다. 1987년 한 야외 페스티벌에서 노래하는 방식으로 정치적 메시지를 보내기 시작하다가, 1991년 부활절에는 수많은 국민이 중앙광장에 모여 함께 하나님을 찬양함으로 독립에 대한 갈망을 드러냈다. 결국 온 국민이 한마음으로 부른 노래 덕분에 에스토니아는 무혈혁명으로 독립을 얻었다.

4차 산업혁명 시대인 지금은 인공지능이니, 가상현실이니, 블록체인이니 하는 우리가 잘 모르는 말들이 수없이 오간다. 그러나 그보다 더 기능이 많은 최첨단 제품이 쏟아져 나온다 해도, 하나님을 찬양할 때 임하는 능력은 절대 흉내 낼 수 없다. 인공지능이 영혼의 찬양을 할 수 있겠는가? 인간만이 전심을 다해 하나님을 찬양할 수 있다. 주님을 전심으로 찬양하며 하늘로부터 임하는 능력과 위로를 받는 것은 어느 시대를 막론하고 그리스도인들에게만 주어진 은혜다.

다윗은 이 사실을 알았다. 그래서 그는 군사 전략보다도 찬양대 정비를 우선으로 삼았다. 한 나라가 그렇다면 가정과 교회는 말해 무엇하랴.

찬양 고찰 2. 기독교 신앙의 독특성

기독교는 찬양에서 시작되었다는 사실을 주목해야 한다. 성경에서 '찬양'이라는 단어가 처음 등장한 때는 야곱의 첫째 부인 레아가 네 번째 아이를 낳았을 때다. 레아는 "내가 이제는 여호와를 찬송하리로다"라고 고백하면서 아이의 이름을 '유다'라고 지었다(창 29:35). 유다의 뜻은 '찬송함'이다. 이후 유다의 자손 중에서 위대한 왕 다윗이 태어났고, 다윗의 자손으로 우리 주 예수 그리스도가 나셨다.

이를 통해 우리는 하나님을 향한 찬양이 유다와 다윗, 예수 그리스도를 관통함을 알 수 있다. 그래서 성경에서 유다와 다윗과 예수 그리스도의 이름을 볼 때마다 찬양을 떠올리게 된다. 그런 면에서 기독교는 찬양으로 시작하여 찬양으로 마친다고도 말할 수 있다. 찬양은 기독교 신앙의 놀라운 독특성이다.

왜 기독교에서는 유독 찬양을 강조하는 걸까? 찬양은 하나님의 은혜로 구원받은 자만이 할 수 있는 특권이기 때문이다. 즉, 찬양이란 은혜 받은 자가 감사한 마음으로 하나님께 드리는 새 노래다. 기독교가 '은혜'라는 개념으로만 설명할 수 있는 종교이기에 '찬양'을 강조하게 된다는 뜻이다.

C. S. 루이스는 "은혜는 세상의 어떤 종교에도 없는 오직 기독교만의 단어이다"라고 했다. 요즘은 다른 종교에서도 이 단어를 끌어다 쓰기는 하지만, 본래 은혜는 기독교에서만 찾아볼 수 있는 개념이다.

우리는 오직 은혜로 구원받았다. 하나님께서 우리를 사랑하셔서 은혜로 예수 그리스도를 보내주셨기에 우리는 구원을 받았다. 은혜의 사전적 의미는 '값없이 베풀어주는 사랑' 혹은 '사랑으로 베풀어주는 신세나 혜택'이다. 우리는 아무런 대가 없이 은혜로 베풀어주시는 하나님의 사랑 때문에 구원받은 자들이다. 그래서 기독교 교리의 핵심은 하나님을 향한 찬양이 될 수밖에 없다. 우리는 은혜로 하나님의 자녀가 되었기 때문에 하나님을 향해 감사와 감탄의 고백, 즉 찬양을 할 수밖에 없다.

로이드 존스 목사님도 "찬양은 기독교의 절대적인 본질"이라고 했다. 그리스도인은 자신의 모든 것이 하나님의 은혜로 주어졌음을 알기에, 삶에서 하나님을 향한 시와 찬미와 신령한 노래가 자연스럽게 나올 수밖에 없다는 것이다.

기독교가 찬양의 종교인 또 다른 이유는 '관계'를 중시하기 때문이다. 우리는 무턱대고 하나님을 찬양하는 자들이 아니라 인격적인 관계 속에서 그분을 찬양하는 사람들이다. 하나님을 인격적으로 만난 사람이라면 찬양하지 않을 수 없다. 무슨 말인가? 우리는 능력이 많고 고매한 인격을 갖춘 사람을 만나면 자신도 모르게 "아, 그 사람 정말 훌륭하더라. 그 사람 정말 존경스럽더라" 하며 찬탄한다. 누가 시킨 것도 아닌데 다른 사람들에게 그의 인품과 능력에 대해 이야기하게 된다. 마찬가지다. 사랑과 권능이 충만한 하나님을 깊이 체험하고 나면, 우리 입술은 자연스럽게 하나님을 자랑하며 전하게 된다. 그것이 바로 찬양이다. 즉, 하나님과의 인격적 만남에서 우러나는 찬양은 기독교의 본질이다.

우리가 알다시피 이슬람교도들도 예배를 드린다. 그들은 알라에게 경배한다. 그러나 이슬람교의 예배는 엄격한 굴복으로부터 나온다. 그들은 하루에 다섯 번씩 메카를 향해 고개 숙여 절하고 예배를 드리지만, 그것은 처절한 굴종에서 나온 것이기에 하나님의 은혜에 기초한 기쁨이 없다. 인격적 관계를 통한 예배가 없다는 뜻이다.

반면에 기독교 신앙은 철저하게 관계적이고 인격적이다. 인격적인 교제 속에서 말씀을 듣고 순종하며 그분을 찬양하기에 우리는 찬양과 경배에 뒤따르는 감사와 기쁨을 자연스럽게 느낀다.

〈영광의 주님 찬양하세〉라는 찬양을 만든 잭 헤이포드(Jack Hayford) 목사님은 내가 참 존경하는 분이다. 그분은 다음과 같이 인상적인 말씀을 했다.

"하나님의 강력하고 놀라운 임재는 찬양의 구름을 타고 오신다."

나는 이 말을 듣고 가슴이 뛰었다. 무소부재하신 하나님의 거룩한 임재를 원한다면 찬양해야 한다. 하나님이 초자연적으로 내게 임하시는 것을 경험하고 싶다면 찬양해야 한다. 다른 길은 없다. 하나님은 찬양의 구름을 타고 오시는 분이기에, 전심으로 찬양할 때 그분의 임재를 누릴 수 있다.

마태복음 6장 33절에서 주님이 그리스도인들에게 요구하시는 말씀도 이런 맥락으로 다시 한번 살펴보자.

그런즉 너희는 먼저 그의 나라와 그의 의를 구하라 그리하면 이 모든 것을 너희에게 더하시리라.

하나님 나라의 의를 구한다는 건 무엇일까? 나는 우선적으로 하나님께서 기뻐 받으시는 찬양을 드리는 것이라고 믿는다. 그저 입으로 노랫말을 읊조리는 게 아니라, 하나님의 통치와 다스리심이 내 삶 가운데 이루어지기를 소망하며 받아들이는 것을 말한다. 즉, 진정한 찬양은 내 뜻이 아니라 하나님의 뜻을 온전히 받아들인다는 신앙적 표현이다.

이 비밀을 아는 성도와 교회는 찬양의 수준이 다를 수밖에 없다. 영적 신비를 담아 깊이 있게 찬양하게 된다. 나도 모르게 두 손이 올라가며 주님께 엎드리게 된다. 찬양은 단순히 노래를 부르는 게 아니라, 하나님의 뜻과 통치가 내 삶에 온전히 구현되도록 나를 하나님께 내어드리는 일이기 때문이다. '먼저 그의 나라와 그의 의를 구하는 자'라면, 하나님의 통치를 구하는 찬양을 주님 앞에 올려드릴 것이다. 그래서 나는 찬양대원뿐 아니라 온 교우들이 찬양대라는 의식을 가지고 전심으로 찬양하는, '전 성도의 찬양대화(化)'가 이루어지기를 진심으로 바란다.

시편 150편 2절을 보자. 우리가 무엇을 찬양해야 하는지 잘 보여주는 구절이다.

> 그의 능하신 행동을 찬양하며 그의 지극히 위대하심을 따라 찬양할지어다.

내 기도가 응답되었기 때문에, 혹은 무슨 일이 잘 풀렸기 때문에 찬양한다면 그건 진정한 찬양이라 할 수 없다. 우리가 하나님을 찬양하는 근본적인 이유는 변하지 않는 하나님의 위대하심이 너무도 소중하기 때문이다. 우리는 어떠한 응답이나 조건 때문이 아니라 찬양받기에 합당하신 그분 자체를 찬양해야 한다. 그럴 때 하나님은 찬양의 구름을 타고 우리에게 임하실 것이다.

성령 충만이 찬양으로, 찬양이 성령 충만으로 이어지는 이유는 무엇일까? 에베소서 5장 18-19절에서 그 대답을 찾을 수 있다.

> 술 취하지 말라 이는 방탕한 것이니 오직 성령으로 충만함을 받으라 시와 찬송과 신령한 노래들로 서로 화답하며 너희의 마음으로 주께 노래하며 찬송하며.

바울은 에베소 성도들에게 성령으로 충만함을 받으라고 말한 후에 너희 마음으로 주님을 찬송하라고 당부한다. 또한 19절은 찬송의 영으로 충만한 상태를 이야기한다. 종합적으로, 이 말씀을 통해 성령 충만한 사람은 찬송의 영으로 충만한 사람이요, 찬송의 영은 성령 충만에서 비롯된다는 것을 알 수 있다.

로이드 존스 목사님의《성경적 찬양》(지평서원)을 읽으면서 마음에 깊이 와닿는 부분이 있었다.

"참된 부흥이 있을 때마다, 하나님의 성령이 교회에 충만하게 임할 때마다 교회에는 수없이 많은 새로운 찬송들이 생겨난다."

이 말처럼 교회가 부흥할 때 성령의 감동으로 만들어진 찬송들은 시간을 초월하여 수백 년이 지난 지금도 힘 있게 불리고 있다. 무엇보다 이때 만들어진 찬송시에는 오고 오는 세대 속에서 성취될 하나님 나라에 대한 예언적 노래가 담겨 있어 더욱 감동적이다. 수백 년이 지난 오늘날에도 당시에 지은 찬송을 부르며 얼마나 큰 은혜를 받는지 모른다.

이렇듯 성령의 역사는 시간을 초월하여 그때나 지금이나 동일하게 임한다는 사실을 우리는 찬송을 부를 때마다 깨닫게 된다.

찬양 고찰 3. 삶의 모든 난관을 돌파하게 하는 힘

아동문학가이기도 한 최효섭 목사님은 찬양에 세 가지 능력이 있다고 하셨다.

첫 번째는 위로 올라가는 능력(Upgoing Power)이다. 하나님을 찬양할 때, 우리는 주님 가까이 이끌림을 받는다. 즉 주님을 체험하게 된다.

두 번째는 내 가슴 속에 임하는 능력(Ingoing Power)이다. 찬양을 통해 하늘로부터 부어지는 기쁨과 평안과 용기가 내게 임한다는 뜻이다.

세 번째로는 밖으로 뻗어가는 능력(Outgoing Power)이다. 하나님을 찬양할 때 내 속에 임하는 충만이 나뿐만 아니라 다른 사람에게도 선한 영향력을 미친다.

이런 능력이 있기에 찬양은 삶의 난관을 돌파하게 한다.

성경에서도 힘겨운 상황에 돌입하거나 어려운 싸움을 하고 난 후에 찬양하는 모습이 자주 소개된다. 예를 들어, 이스라엘 백성이 홍해를 건넌 다음 백성 전체가 춤추며 찬양했던 일과 여리고를 돌며 찬양의 양각 나팔을 불 때 성벽이 무너졌던 사건 등이다. 그래서 어떤 구약학자는 "한마디로 할렐루야가 구약성경의 전부다"라고 말했다. '할렐루야'는 '주님을 찬양하라'는 뜻을 가진 히브리어다. 구약성경은 온통 주님을 찬양하는 메시지로 가득하다. 또한 구약성경에서는 우리 인생의 목적을 한 마디로 '찬송'이라 말하고 있다.

이 백성은 내가 나를 위하여 지었나니 나를 찬송하게 하려 함이니라 (사 43:21).

하나님께서 우리를 지으실 때, 우리가 찬양하는 사람이 되기를 바라셨다는 말씀이다.

시편을 읽다 보면 마음의 무릎을 치게 하는 말씀들을 곳곳에서 만나게 된다. 특히 63편은 다윗이 사울에게 쫓겨 유대 광야에 있을 때 지은 것이다. 다윗은 63편 1절 말씀처럼 먹을 물도, 음식도 없는 황폐한 땅에 있다. 사방에 다윗이 의지할 것은 아무것도 없다. 육신은 굶주리고 메마른 상태다. 이런 가운데서 다윗은 하나님을 갈망하고 있다. 단지 갈망하는 차원을 넘어 3절에서는 입술이 주를 찬양하고 4절에서는 두 손을 들고 주를 찬양하며, 남은 평생 주님을 찬양하겠다고 결심한다.

이렇게 주님을 찬양하자 어떤 일이 일어났는가? 63편 5절을 보면 마치 귀하고 맛있는 음식을 마음껏 먹은 것처럼 그 영혼이 더없이 만족스러운 상태임을 알 수 있다. 척박한 삶 속에서도 찬양이 우리 영혼에 만족을 주고, 이로 인해 더욱 주님을 찬양하는 선순환이 이루어진 것이다. 시인의 찬양이 얼마나 뜨거웠던지, 잠자리에서도 주님을 기억하며 새벽에 주의 말씀을 읊조리는 깊은 경지로 들어가고 있다. 더욱 인상적인 것은 하나님을 찬양하고 깊이 묵상했더니, 메마른 광야의 뜨거운 태양 아래에서 타 죽을 것 같던 상황이 주의 날개 그늘 아래 쉼을 얻는 상황으로 바뀌었다는 점이다 (시 63:7). 이처럼 다윗은 시편 63편에서, 광야의 삶이라 할지라도 주님을 찬양한다면 영혼의 깊은 만족을 누릴 뿐 아니라, 주의 날개 그늘에서 쉼을 얻게 된다는 대반전을 이야기하고 있다.

신약성경도 찬양의 중요성을 강조한다. 마리아는 천사에게 아들을 낳을 것이라는 소식을 듣고 어떻게 반응했는가?

마리아가 이르되 내 영혼이 주를 찬양하며 내 마음이 하나님 내 구주를 기뻐하였음은 그의 여종의 비천함을 돌보셨음이라 보라 이제 후로는 만세에 나를 복이 있다 일컬으리로다(눅 1:46-48).

성령으로 아이를 임신한다는 것은 영적으로 영광스러운 일이지만 육적으로는 감당이 안 되는 일이다. 게다가 아직 결혼도 하지 않은 처녀의 몸이 아닌가? 그런데 마리아는 큰 두려움 속에서도 하나님을 찬양함으로 미래의 이력서를 썼다. 감당하기 힘든 난관을 찬양으로 극복해낸 것이다.

복음 앞에서 꼭꼭 닫혀 있던 유럽의 문이 어떻게 열린 줄 아는가? 사도행전 16장에서는 유럽 전도의 첫 열매인 빌립보 지역에서 바울과 실라가 전도하다가 피투성이가 되도록 얻어맞고 감옥에 갇히는 사건이 나온다. 그런데 바울과 실라는 감옥에서도 하나님을 찬양하고 기도했다. 이에 갑자기 큰 지진이 나서 옥터가 움직이더니 감옥 문이 열렸다(행 16:25-26). 감옥 문이 열리면서 유럽의 문도 열린 것이다.

우리 중에도 감옥에 갇힌 듯 숨 막히는 난관에 봉착한 경험이 있을 것이다. 그렇다면 바울과 실라처럼 찬양으로 그 난관을 돌파하는 은혜가 있기를 바란다.

진정한 찬양은 난관을 돌파하는 힘이 있다. 더 나아가 하나님의 새로운 역사를 쓰게 한다. 닫힌 문을 활짝 열게 한다. 하나님을 찬양할 때, 욥의 경우처럼 불가능한 상황에서 육체의 한계를 뛰어넘어 진정한 자유가 임하는 일들이 일어난다. 왜냐하면 찬양은 삶의 난관을 이기게 하는 최고의 영적 무기이기 때문이다.

얼마 전, 우리 교회 장로님 한 분이 갑작스레 큰 수술을 받았다. "아, 이를 어쩌나?"라는 말들이 오가는 중에 장로님이 입원한 병실을 방문했다. 그러나 아무리 생각해도 다른 대안이 없었다. 그래서 수술을 마친 장로님과 부인 되시는 권사님과 함께 병실에서 찬송을 불렀다.

"나의 갈 길 다 가도록 예수 인도하시니 어려운 일 당할 때도 족한 은혜 주시네."

찬양 외에는 우리에게 다른 길이 없었다. 힘들고 어렵지만 합력하여 선을 이루시는 하나님의 능력이 임할 것을 믿고 그분을 찬양하는 것이 우리가 할 수 있는 최선이었다. 그래서 우리는 〈예수 어린 양 승리의 이름〉을 마음을 다해 불렀다. 그러자 장로님이 내 손을 꼭 잡고 자리에서 벌떡 일어나 앉으셨다.

우리에게 다른 길은 없다. 하나님을 찬송하며 일어서는 일, 그것이 고난에 처한 우리가 갈 수 있는 최선의 길이다.

A. W. 토저 목사님은 "교회는 위대한 찬송가를 부르는 동안에는 패할 수가 없다. 왜냐하면 찬송가는 음악으로 만들어진 신학이기 때문이다"라고 했다. 눈에 보이는 유형교회뿐 아니라 눈에 보이지 않는 무형교회인 우리 한 사람 한 사람이 참된 찬양을 쉬지 않는다면 승리의 개선가는 우리 몫이라는 뜻이다. 이 말은 곧, 참된 찬양은 노래만이 아니라 말씀과 기도와 예배와 하나님의 영광을 포함한다는 의미이기도 하다. 거듭 말하지만, 찬송가는 음악으로 만들어진 신학이다. 어려울 때 찬양한다는 것은 신학으로 내 삶을 살아낸다는 뜻이다.

내게는 평생 성도들과 함께 집중하여 이루고 싶은 영적 슬로건이 있다.

"삶의 어떤 어려움과 고통이 찾아온다 해도 우리가 하나 되어 찬양으로 돌파합시다."

교회가 마음을 모아 하나님을 찬양하면 그 어떤 어려움도 이겨낼 수 있다고 믿는다. 교회의 지도자들과 당회가 어렵다면 다 같이 하나님을 찬양하면서 이겨낼 수 있다. 부부 사이에 금이 가서 어려울 때, 아무리 말을 해도 의견이 맞지 않을 때 두 사람이 함께 창가에 서서 "내 주를 가까이 하게 함은 십자가 짐 같은 고생이나 내

일생 소원은 늘 찬송하면서 주께로 나가길 원합니다"와 같은 찬송을 부를 수 있다면 하나님은 반드시 그 가정에 승리의 길을 열어주신다.

오늘날 우리 사회를 어렵게 만드는 이념의 대립과 계층 간 분열의 문제도 그다지 두렵지 않다. 대한민국의 복음주의 교회 성도들이 마음을 모아 기쁨으로 세 시간만 하나님을 찬양한다면 민족의 갈등과 남북 문제도 해결될 수 있다고 믿는다. 한국교회 50만, 100만의 성도가 모여 한마음으로 하나님을 찬양할 때, 이 민족이 평화를 누릴 수 있을 것이다.

아는 만큼 찬양한다

에베소서 5장 19절을 다시 보자.

> 시와 찬송과 신령한 노래들로 서로 화답하며 너희의 마음으로 주께 노래하며 찬송하며.

우리의 마음으로 누구를 노래하고 찬송하라고 했는가? 예수 그리스도다. 우리는 예수님을 노래하고 찬송하는 사람들이다. 이 말씀은 우리가 어떻게 예수님을 노래하고 찬송할 수 있는지는 우리가 그분을 어떻게, 얼마나 아느냐에 달려 있다는 것을 보여준다.

우리는 예수님이 우리 찬양의 초점이 되신다는 사실을 잘 알고 있다. 그런데 예수님을 찬양하는 수준과 깊이가 내가 예수님을 얼마나 알고 있느냐에 따라 달라진다는 점에 대해서는 깊이 생각하지 않는다. 사실 "나는 주님을 진정으로 노래하고 찬송하고 싶다"

라는 말과 "주님을 더 깊이 알고 싶다"라는 말은 같지만, 우리의 현실은 이 둘을 따로 분리해놓는다. 예수님을 찬양하고 싶다고 말하면서도 예수님이 누구신지, 예수님의 인격과 영광과 성육신이 무엇인지에 대해서는 깊이 알려고 하지 않는다. 나는 예수님을 찬양하는 사람이 될 거라 말하면서도 선지자로서의 예수님, 대제사장으로서의 예수님, 만왕의 왕으로서의 예수님, 심판주로서의 예수님, 나의 주인으로서의 예수님에 대해서는 제대로 공부하려 하지 않는다.

찬양의 깊이와 수준은 예수님을 얼마나 더 깊이 알고 만나느냐에 달려 있다. 따라서 진정으로 예수님을 노래하고 찬송하고 싶다면, 말씀과 예배와 기도를 통해 예수님을 깊이 알아가야 한다. 예수님을 알아가는 것에 삶의 우선순위를 두어야 한다.

> 그러므로 우리는 예수로 말미암아 항상 찬송의 제사를 하나님께 드리자
> 이는 그 이름을 증언하는 입술의 열매니라(히 13:15).

그리스도인에게 찬양은 예수님의 이름을 높이고 증거하는 입술의 열매다. 일생 동안 우리의 입술을 통해 사람을 격려하고 생명을 구하는 열매를 맺은 적이 얼마나 되겠는가? 그런데 이 말씀은 우리가 예수님을 찬양하는 그 순간 우리의 입술이 그와 같은 생명의 열매를 맺게 된다고 증언하고 있으니, 이 얼마나 놀라운 일인가?

온몸으로 찬양하라

하나님을 찬양한다는 건 이토록 귀한 일이다. 찬양은 무거운 짐이

아니라 선물이요 능력이며, 특권이다. 그래서 우리는 기꺼이 더 깊은 찬양, 진정한 찬양의 경지까지 이르러야 한다.

그렇다면 어떻게 해야 하나님을 깊이 찬양할 수 있을까? 앞서 말한 대로, 찬양은 말씀과 기도, 예배와 연결되어 있다. 그러기 때문에 하나님의 말씀을 깊이 알아갈수록 더 높은 수준의 찬양을 올려드릴 수 있다.

역대상 25장 5절에 "헤만은 하나님의 말씀을 가진 왕의 선견자"라는 구절도 그런 맥락으로 이해할 수 있다. 하나님은 왜 선견자 헤만을 찬양대의 지휘자로 세우셨는가? 이를 알기 위해 먼저 선견자의 뜻부터 살펴보자. '선견자'는 '선지자'와 역할이 조금 다르다. 선지자는 하나님께 직접 계시를 받아 하나님과 사람의 중간 역할을 한다. 히브리어로 '나비'라고도 불리는 선지자는 하나님의 말씀을 사람에게 전달하는 전달자라 볼 수 있다.

그러나 선견자는 하나님의 말씀을 깊이 깨닫는 은사가 있는 사람을 말한다. 깨달은 하나님의 말씀을 가지고 왕에게 충고하는 사람이 바로 선견자다. 그래서 선견자는 영어로 'King's Seer' 즉, 왕의 조언자라고도 한다.

그런데 선견자 헤만이 지금 찬양대의 지휘자로 섬기고 있다. 무슨 의미일까? 말씀을 깊이 깨달은 사람일수록 하나님을 찬양하는 깊이도 다르다는 이야기다. 말씀을 깨닫고 왕에게 조언할 정도의 사람이 하나님을 찬양할 때, 찬양의 능력도 크게 임한다.

나는 이것을 지식인들이 깨닫길 바란다. 교사, 교수, 학자, 예술가, 언론인, 법조인, 의사 등 어느 한 분야의 전문적 식견을 많이 가진 분들일수록 하나님의 말씀을 깊이 깨닫고 그분을 전심으로 찬양하는 사람들이 되었으면 하는 바람이다.

우리나라는 아직까지도 유교문화, 선비문화가 뿌리 깊어서인지 소위 지성인이라는 사람들이 감정을 표현하는 데 익숙지 않다. 식자들일수록 하나님을 찬양하는 문화를 어색해한다. 특히 손을 들고 찬양하거나 기뻐 뛰며 찬양하는 모습을 백안시하는 등 신앙적 편견에 빠져있는 경우가 많다. 많이 배울수록, 하나님 말씀을 깊이 깨달을수록 하나님 앞에 어린아이처럼 기뻐 뛰고 때로는 엉엉 울며 찬양할 수 있어야 한다. 그럴 때 세상은 뒤집어지고 하나님 나라가 우리에게 임한다.

마르틴 루터를 보라. 그는 당대 최고의 신학자였다. 말씀을 깊이 있게 알았고, 라틴어를 독일어로 번역할 정도의 실력자였다. 그가 지은 〈내 주는 강한 성이요 방패와 병기되시니〉라는 찬송을 부르며 사람들이 얼마나 진실하게 하나님께 다가갔던가? 누구와도 비교할 수 없는 최고의 음악가인 요한 세바스찬 바흐 역시 신학자였다. 그는 말씀을 깊이 있게 연구하다가 하나님의 은혜를 받아 베토벤, 브람스와 더불어 '독일의 3B'가 되었다. 그가 작곡한 〈예수, 인류 소망의 기쁨〉(Jesus, Joy of Man's Desiring) 은 얼마나 아름답고도 놀라운 찬양인가? 요한 웨슬레와 찰스 웨슬레 형제 역시 신학자이자 목회자였다. 그런데 그들이 찬양할 때, 영국에서는 피 흘림 없는 혁명이 이루어졌다. 미국의 조나단 에드워즈는 프린스턴 대학 총장을 역임할 정도로 뛰어난 신학자였다. 그의 탁월한 지성은 모두를 경탄하게 할 정도였다. 그런 그는 언제나 열정적으로 하나님을 찬양하며 그분의 임재를 사모했고, 이로 인해 미국 대각성의 기초가 세워졌다. 이런 예를 들려면 끝이 없다.

나는 지금도 40여 년 전 어느 날 있었던 일을 잊을 수가 없다. 당시 20대 초반의 대학생들이 모여 찬양을 하던 중이었는데, 우리

나라 장로교의 영향을 받아서인지 모인 젊은이들은 당시 한국에 알려진 지 얼마 안 된 〈좋으신 하나님〉이란 찬양을 아무런 감정도, 느낌도 없이 불렀다. "God is so good"이라는 그 아름다운 가사가 입에서 흘러나왔지만 아무도 손을 올리거나 가슴에 손을 얹거나 눈물을 흘리지 않았다. "내가 주님을 찬양합니다"라고 하면서도 손이 위로 올라가는 법이 절대 없었다.

그후 22년이 지난 어느 날, 그때 참석했던 무리가 다시 한 집회에 모였다. 거기서 한국의 유수한 물리학자를 비롯해 탁월한 인재들이 두 손을 들고 찬양하는 모습에 얼마나 감격했는지 모른다. 그래서 우리는 "예수 믿고 손 드는 데 22년 걸렸다"라는 말을 주고받았다.

지금도 40여 년 전의 젊은이들처럼, 두 손을 들고 찬양하지 못하는 사람도 있을 것이다. 그런 모습이 지성인답지 않아서, 아니면 나이에 맞지 않아서 기뻐 뛰며 찬양할 수 없다고 생각하는가?

본문 말씀을 다시 한번 깊이 묵상해보자. 나는 독자들이 큰 소리로 찬양하고 두 손을 들어 찬양하며, 마음을 다해 찬양하는 게 우리 인생에 어떤 의미인지를 깨닫는 은혜가 있기를 바란다. 그래서 헤만처럼 말씀을 깊이 깨우칠 뿐 아니라 깊이 있는 찬양을 올려드림으로써 하나님의 기적을 경험하는 인생이 되기를 진심으로 바란다.

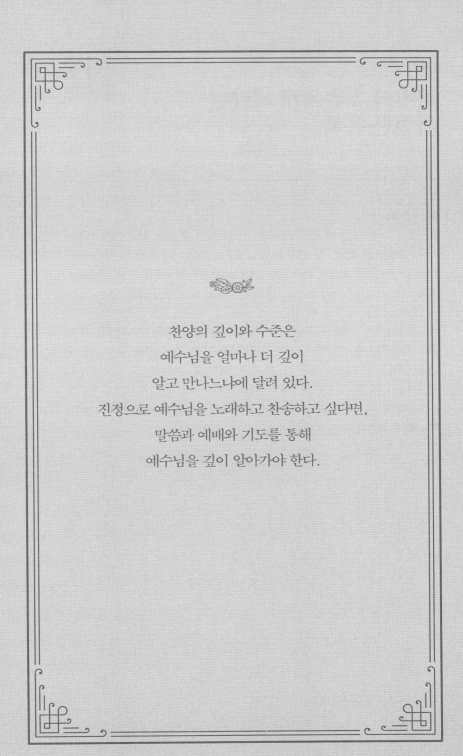

찬양의 깊이와 수준은
예수님을 얼마나 더 깊이
알고 만나느냐에 달려 있다.
진정으로 예수님을 노래하고 찬송하고 싶다면,
말씀과 예배와 기도를 통해
예수님을 깊이 알아가야 한다.

30

다윗의 후손에게 허락된
확실한 은혜

SURELY PROMISED GRACE TO DAVID'S DESCENDANTS

이사야 55:1-5

1 오호라 너희 모든 목마른 자들아 물로 나아오라 돈 없는 자도 오라 너희는 와서 사 먹되 돈 없이, 값 없이 와서 포도주와 젖을 사라 2 너희가 어찌하여 양식이 아닌 것을 위하여 은을 달아 주며 배부르게 하지 못할 것을 위하여 수고하느냐 내게 듣고 들을지어다 그리하면 너희가 좋은 것을 먹을 것이며 너희 자신들이 기름진 것으로 즐거움을 얻으리라 3 너희는 귀를 기울이고 내게로 나아와 들으라 그리하면 너희의 영혼이 살리라 내가 너희를 위하여 영원한 언약을 맺으리니 곧 다윗에게 허락한 확실한 은혜이니라 4 보라 내가 그를 만민에게 증인으로 세웠고 만민의 인도자와 명령자로 삼았나니 5 보라 네가 알지 못하는 나라를 네가 부를 것이며 너를 알지 못하는 나라가 네게로 달려올 것은 여호와 네 하나님 곧 이스라엘의 거룩하신 이로 말미암음이니라 이는 그가 너를 영화롭게 하였느니라

인생의 봄, 여름, 가을이 지나고 겨울이 와도 사라지지 않는 삶의 문제들로 숨이 턱턱 막힐 때가 있다. 그럴 때면 인생의 고난이 계절을 따지지 않고 찾아온다는 걸 새삼 실감한다. 하지만 생명 되시는 하나님의 말씀은 어떤 순간에도 우리의 영적 호흡 곤란을 완전히 해소해주리라 믿는다.

> 너희는 귀를 기울이고 내게로 나아와 들으라 그리하면 너희의 영혼이
> 살리라 내가 너희를 위하여 영원한 언약을 맺으리니 곧 다윗에게 허락
> 한 확실한 은혜이니라(3절).

본문 3절에는 우리의 마음을 뜨겁게 하는 세 가지 표현이 나온다. "영혼이 살리라", "영원한 언약", "확실한 은혜"다. 이 표현에 가슴 뛰는 이유는 남의 이야기가 아니라 "너희를 위하여"라고 분명히 명시된, 나를 향한 하나님의 말씀이기 때문이다.

언약이 계승되려면 1. 확실한 은혜를 믿으라

본문 3절의 "영원한 언약"은 앞에서 살펴본 것처럼 다윗을 향한 하나님의 강력한 언약을 말한다.

> 네 집과 네 나라가 내 앞에서 영원히 보전되고 네 왕위가 영원히 견고하리라 하셨다 하라(삼하 7:16).

여기서도 "영원히", "보전되고", "견고하게 하리라"가 눈에 띈다. 그러나 우리는 눈앞의 문제가 해결되는 것에 관심이 쏠려 있는 터라, 이런 말씀을 감사와 감격으로 받기가 어렵다. 잠시 있다가 사라질 일시적인 것들에 정신이 팔려 있어서 '영원'에 눈을 뜨는 사람이 별로 없다. 그럼에도 하나님은 다윗에게 '영원한 것'을 약속하셨다. 또한 이 약속이 얼마나 신실하게 이루어지고 있는지는 마태복음에서 확인 가능하다.

> 아브라함과 다윗의 자손 예수 그리스도의 계보라(마 1:1).

다윗에게 허락하신 확실한 은혜는 우리에게 오신 예수 그리스도를 통해 영원히 이어지고 있다. 이를 깨달은 바울은 로마서 1장

3절에서 이렇게 말한다.

그의 아들에 관하여 말하면 육신으로는 다윗의 혈통에서 나셨고.

우리의 영원한 왕이신 예수 그리스도가 다윗의 혈통에서 나셨다고 한다. 이는 다윗의 왕위를 영원히 견고하게 하시겠다는 하나님의 언약이 '예수 그리스도'를 통해 성취되었음을 의미한다. 하나님께서 다윗에게 허락하신 '확실한 은혜'는 은혜의 증표인 예수 그리스도를 믿는 자를 하나님의 택하신 족속, 왕 같은 제사장, 거룩한 나라, 하나님께 속한 백성이 되게 했다(벧전 2:9). 우리는 이 은혜를 내 것으로 받고 그렇게 살아가야 한다.

"그래도 이해가 안 돼요. 우리가 다윗의 혈통도 아닌데 다윗의 후손에게 약속하신 영원한 언약이 어떻게 우리에게 주어졌다고 할 수 있어요?"라고 질문할 수 있다.

다시 한번 설명하자면, 하나님께서는 다윗에게 네 왕위가 영원히 견고하리라는 언약을 주셨지만, 실제로 다윗의 후손이 왕으로 있었던 기간은 400년 정도였다. 그러면 영원한 언약은 파기된 것일까? 아니다. 예수님이 다윗의 가문에서 태어나 우리의 왕이 되심으로 영원한 계보가 이어졌다. 또한 이 영원한 언약은 예수 그리스도 안에서 한 혈통이 된 모든 하나님의 백성에게 주어졌다. 누구든지 예수 그리스도와 그분의 말씀을 믿으면, 다윗에게 주셨던 '영원한 언약'을 동일하게 받을 수 있다.

'믿는다'는 건 이토록 놀랍고도 신비로운 일이다. 아브라함을 보라. 하나님께서는 그에게 하늘의 별과 바닷가의 모래처럼 많은 후손을 주시겠다고 말씀하셨다. 성경은 "아브라함이 하나님을 믿으매 그것이 그에게 의로 여겨진 바 되었느니라"(롬 4:3)라고 말씀한다. 바랄 수 없는 중에 바라고 믿을 때, 하나님은 우리를 의로 여기신다는 것이다.

하나님은 어떤 특정한 사람이 아니라 말씀을 믿음으로 받아들이는 만민에게 다윗이 예표하는 그리스도를 증인이요, 인도자요, 명령자로 삼으셨다. 본문 4절을 보자.

보라 내가 그를 만민에게 증인으로 세웠고 만민의 인도자와 명령자로 삼았나니.

5절에서는 좀 더 구체화된 말씀이 선포된다. 영원한 인도자와 명령자와 참된 증인이 되시는 예수 그리스도를 믿음으로 고백하는 이방의 모든 백성이 그리스도께로 몰려옴으로, 그들 또한 증인이 된다.

보라 네가 알지 못하는 나라를 네가 부를 것이며 너를 알지 못하는 나라가 네게로 달려올 것은 여호와 네 하나님 곧 이스라엘의 거룩하신 이로 말미암음이니라 이는 그가 너를 영화롭게 하였느니라.

이처럼 다윗에게 허락된 확실한 은혜를 깨닫고 말씀을 내 것으로 삼아 믿음의 눈이 열린 사람에게는 신비한 은혜가 이어진다. 삶의 팍팍함은 여전할지라도 영적으로는 하나님 나라의 왕 같은 제사장으로, 또 거룩한 백성으로, 하나님의 소유된 백성으로 살아간다. 그러다 보면 어느덧 현실의 수치와 부끄러움이 사라지고 영적 자존감이 회복되는 은혜를 경험하게 된다.

이와 같은 신비한 은혜는 오직 예수 그리스도를 믿음으로 얻을 수 있다. 찬송가 288장의 가사처럼 "예수를 나의 구주 삼고 성령과 피로써 거듭나"면 "이 세상에서 내 영혼이 하늘의 영광"을 누리게 된다. 물론 예수님을 믿고 그분을 바라보아도 당장은 현실적인 문제가 해결되지 않을 수 있다. 믿음에 대해 회의가 들 때도 있다. 그럼에도 바랄 수 없는 중에 바라고 말씀을 굳게 믿으면, 하나님께서는 반드시 다윗에게 허락하신 확실한 은혜를 우리에게 부어주신다. 우리가 유대인이 아닌 이방인이라 해도 하나님은 그리스도께로 오는 만민에게 언약을 이루어주시는 분이다.

언약이 계승되려면 2. 은혜의 잔치로 오라

다윗에게 주신 영원한 언약을 우리가 계승하려면 먼저 그 말씀을 믿어야 하고, 그다음은 믿음으로 은혜의 잔치에 나아가야 한다. 본문은 '나아오라'와 '오라'는 말로 우리를 초대한다.

> 오호라 너희 모든 목마른 자들아 물로 **나아오라** 돈 없는 자도 **오라** 너희
> 는 **와서** 사 먹되 돈 없이, 값 없이 와서 포도주와 젖을 사라(1절).

"목마른 자"란 죄로 죽을 수밖에 없어서 영혼이 갈급한 사람을 말한다. 육신이 물을 마시지 못하면 죽는 것처럼, 영혼도 갈증을 채우지 못하면 죽을 수밖에 없다. "돈 없는 자"는 아무것도 갖지 못한 사람을 의미하는데, 그로부터 취할 것이 없기에 세상조차 외면하는 존재를 뜻한다. 포도주는 잔치 즉 즐거움을 의미하고, 젖은 '할라브'라는 히브리어로 가나안 땅의 풍요로움을 의미할 때 사

용하는 명사다. 이사야는 영적 갈증으로 죽을 수밖에 없고 세상조차 외면하는 존재라 해도, 하나님께 나아오기만 하면 포도주가 주는 잔치의 기쁨, 젖과 꿀이 흐르는 풍요로움을 얻는다고 말씀한다.

이 잔치에 초대받은 사람은 누구일까? 창조주 하나님께서 은혜의 만찬에 누군가를 초대하신다면, 아무나 그 자리에 갈 수 없을 만큼 대단한 조건이 내걸렸다고 생각할 수 있다. 하지만 본문 1절에서 말하는 대로 그 조건은 "너희 모든 목마른 자들"이다. 주님이 우리를 초대하시는 단 하나의 조건은 목이 말라야 된다는 것이다.

하나님은 영적으로 목이 말라 하나님을 찾는 신음 소리에 격렬하게 반응하신다. 다윗은 시편 42편 1절에서 "사슴이 시냇물을 찾기에 갈급함 같이 내 영혼이 주를 찾기에 갈급하니이다"라고 부르짖은 뒤, 11절에서 이렇게 고백했다. "그가 나타나 도우심으로 말미암아 내 하나님을 여전히 찬송하리로다."

우리는 42편 1절의 간절한 부르짖음과 11절 하나님의 도우심 사이에 어떤 일이 일어났음을 볼 수 있어야 한다. 그래야 영적으로 목마른 사람들이 하나님께서 주시는 생수를 어떻게 마실 수 있는지 이해할 수 있기 때문이다.

토미 테니 목사님은 심령의 갈급함으로 하나님을 찾는 자의 부르짖음을 어린아이의 비명에 비유하며 다음의 일화를 소개했다. 어느 아버지가 딸에게 자전거를 사주었다. 아이는 서툰 몸짓으로 마당에서 자전거를 탔다. 그런데 서재에서 일을 하던 아버지 귀에 갑자기 딸의 비명이 들려왔다. 순간 몸무게 70-80킬로그램의 아버지는 눈 깜짝할 사이에 딸 곁으로 가서 아이를 일으켰다. 거구의 아버지를 이처럼 순식간에 움직인 요인은 무엇이었을까?

아이에게 대단한 힘이 있어서 아버지를 자신에게로 이끈 것이 아니다. 그저 아이의 짧은 비명이 아버지를 전속력으로 달려오게 한 힘이었다. 아이의 비명에는 아버지를 찾는 절박함이 묻어 있다.

영적으로 갈급하고 목마른 사람의 모습이 이와 같다. 아버지가 아이의 작은 비명에 달려왔듯이, 하나님은 우리의 절박한 신음을 들으시고 우리에게 찾아오셔서 목마름을 해갈시켜 주신다.

그런데 영적인 갈증을 느끼지 못하는 사람도 있다. 요한계시록 3장 17절을 보면 "나는 목마르지 않다"라고 말하는 두 부류의 사람들이 나온다.

> 네가 말하기를 나는 부자라 부요하여 부족한 것이 없다 하나 네 곤고한
> 것과 가련한 것과 가난한 것과 눈 먼 것과 벌거벗은 것을 알지 못하는
> 도다.

이들은 누구인가? 먼저는 예수님의 초대에 무관심해서 짐짓 "나는 목마르지 않다"라고 말하는 사람들이다. 이런 사람들은 목젖까지 올라온 갈증을 애써 부인한다.

또 다른 부류는 소위 '바리새인병'에 걸린 사람들이다. 그들은 자기 세상, 자기 프레임이 있다 보니 자신이 영적 맹인임을 알지 못한다. 영적으로 얼마나 곤핍한 위선자인지 모른다. 자기의 갈급함을 알아차릴 수 없다. 참으로 비극적인 일이다.

그런 면에서 수가성 우물가의 여인처럼 "남편이 다섯이나 있어도 나는 목마르다"라고 정직하게 고백하는 사람에게는 복이 있다. 그런 사람이 하나님께서 다윗에게 허락하신 확실한 은혜에 마음을 열고 주님의 초대에 응함으로써 생수를 받아 마시게 된다.

'목마르다'라는 말의 어원을 따져보면, 목초지가 바짝 말라 제

역할을 하지 못하는 상태를 뜻한다. 당시 이스라엘 사람들은 유목민이었기 때문에 목초지가 메마르면 삶의 터전이 황폐해졌다. 더이상 빠져나갈 구멍도 없이, 사면초가에 처했다는 이야기다. 위기를 극복할 만한 지위나 재주, 힘이나 돈, 연줄이나 명성이 하나도 없는 상태, 오랫동안 비가 내리지 않아서 삶의 목초지가 쩍쩍 갈라진 상태가 바로 '목마름'의 진정한 의미다. 그래서 목마름을 해결하려면 무엇보다 자신이 얼마나 메마른 상태인지 인정하는 태도가 필요하다. "주님, 제가 주님 앞에 목마른 자입니다. 저는 갈급합니다"라고 하면서 주님을 사모하는 자만이 요한복음 7장 38절에 약속된 "그 배에서 생수의 강이 흘러나오[는]" 복을 받게 된다.

CAL 세미나(제자훈련 지도자 세미나)를 앞둘 때마다 내 마음이 그렇다. 이 세미나를 오랫동안 인도한 터라 어떤 사람들은 내게 "목사님, 이제 CAL 세미나는 눈 감고도 하시겠네요?"라고 말한다. 그러나 현실은 전혀 그렇지 않다. 세미나 때마다 처음 하는 것처럼 두렵고 떨린다. 너무나 갈급한 나머지, 주님 앞에 박박 기는 심정으로 임할 때가 대부분이다. 이 세미나로 인해 한 사람의 목회자, 한 교회가 바로 세워지는 까닭에 원수의 영적 공격이 만만치 않다. 그러니 나는 늘 목이 탄다. 주님이 주시는 은혜의 생수에 갈급하지 않을 수 없다.

본문 1절을 다시 보자.

오호라 너희 모든 목마른 자들아 물로 나아오라 돈 없는 자도 오라 너희는 와서 사 먹되 돈 없이, 값 없이 와서 포도주와 젖을 사라.

하나님은 심지어 돈 없는 자도 오라 하신다. 돈 없이 와서 포도

주와 젖을 사라고 하신다. 우리의 문제는 목마름만이 아니다. 우리는 배고픔의 문제도 해결해야 하는 존재다. 즉, 우리는 본질적으로 목마르고 자주 답답함을 느끼며, 여기에 삶의 기쁨마저 잃게 되면 영적으로 완전히 피폐해져버리는 존재다. 그리고 이 문제는 스스로 해결할 수 없다. 이를 아신 주님은 요한복음 6장에서 이렇게 말씀하셨다.

> 예수께서 이르시되 나는 생명의 떡이니 내게 오는 자는 결코 주리지 아니할 터이요 나를 믿는 자는 영원히 목마르지 아니하리라(요 6:35).

요한복음 2장에서 잔칫집을 회복시켜주신 주님은 요한복음 6장에서 생명의 떡을 주시고, 요한복음 7장에서 생수의 강을 흘러넘치게 하신다. 요한은 주님의 잔치에 응할 때, 비로소 우리의 갈증과 목마름과 부족함이 해결된다고 고백한다.

핏값이 지불된 초대권

창조주 하나님께서는 오늘도 우리를 그분의 잔치에 초대하신다. 중요한 건 잔치에 가는 데 어떤 대가도 지불할 필요가 없다는 것이다. 주님이 베푸신 잔치에는 값없이 그냥 가도 된다.

사람들은 "공짜에 뭐 대단한 게 있겠나?"라는 시큰둥한 반응을 보인다. 근래 들어 그런 경향이 더욱 커졌다. 먹을 것이 부족하던 옛날에는 공짜로 나눠주면 감지덕지라고 했는데, 모든 것이 풍요로워진 지금은 공짜 초대라면 건질 게 별로 없다고 생각한다. 그러나 주님의 공짜는 세상이 말하는 덤이나 서비스의 개념이 아니다. 우리를 잔치에 초대한 분이 이미 엄청난 값을 지불하셨다. 우리 입장에서는 공짜지만, 하나님의 입장에서는 공짜가 아니라는 말이다. 예수님께서 우리에게 거저 주신 포도주와 생명의 떡을 보라. 주님은 그것들을 우리에게 주시기 위해서 엄청난 값을 치르셨다. 주님이 주시는 은혜는 우리의 목마르고 메마른 영혼을 살리기 위해 제공된 최고 수준의 양식임을 깨달아야 한다.

이와 관련해 주어진 본문을 몇 장 거슬러 올라가면 우리에게 익숙한 내용이 나온다.

> 그가 찔림은 우리의 허물 때문이요 그가 상함은 우리의 죄악 때문이라 그가 징계를 받으므로 우리는 평화를 누리고 그가 채찍에 맞으므로 우리는 나음을 받았도다(사 53:5).

예수님께서 우리를 초대하시려고 직접 찔리고, 상하고, 징계를 받고, 채찍에 맞으셨다. 그렇게 거룩하고도 귀한 값이 지불된 잔치이기에, 누구든 참여해 음식과 음료를 먹고 마시면 영혼이 새로워지고 강건케 되며, 하나님 나라의 신비한 은혜에 참여할 수 있다. 또 포도주와 기쁨의 젖이 상징하는 성장과 성숙을 이룰 수 있다.

신기한 것은 이 잔치의 초대에 응해보면, 이것이 하나님 나라의 잔치라는 사실을 비로소 깨닫게 된다는 점이다. 현실이 아무리 어렵고 힘들어도 이 잔치에 참여해보면 하늘나라의 희락성을 누리게 된다. 그래서 토니 캠폴로 목사님은 "우리의 잔치성은 그리스도인이 항상 가지고 다녀야 할 자질이다"라고 말했다. 그리스도인들의 삶에 찾아든 잔치의 희락성은 어떤 경우에도 희석되어선 안 된다는 뜻이다.

이를 보여주는 대표적인 사람이 사도 바울이다. 그는 예수 그리스도를 만난 후 복음을 전한다는 이유로 모진 고문과 핍박을 받았다. 감옥에 갇혀 수없이 매질을 당하기도 했다. 지금도 바울이 갇혔던 감옥에 가보면 바울이 맞았을 것으로 추정되는 채찍이 놓여 있다. 겉은 짚으로 싸놨지만 안은 쇠로 되어 있는 몽둥이다. 그 몽둥이로 한 대만 맞아도 살점이 떨어져 나가겠다고 짐작할 수 있다.

사도 바울은 그렇게 피 흘림의 고난을 복음 때문에 무수히 겪었다. 고난의 십자가를 매일 져야만 했다. 그럼에도 바울은 감옥에서 '기쁨의 편지'로 알려진 빌립보서를 썼다. 헐벗고 굶주리며 매일 피범벅이 되도록 매를 맞는 환경이 뭐가 그리 좋다고 기쁨의 편지를 쓸 수 있었을까?

바울은 그곳에서도 매일 주님의 잔치에 초대받는 희락성을 누렸다. 그 기쁨을 맛보며 살았기에 캄캄한 지하감옥에서 고문을 당하면서도 밤중에 찬송을 불렀다. 그리고 찬송의 능력을 경험했다.

> 한밤중에 바울과 실라가 기도하고 하나님을 찬송하매 죄수들이 듣더라 이에 갑자기 큰 지진이 나서 옥터가 움직이고 문이 곧 다 열리며 모든 사람의 매인 것이 다 벗어진지라(행 16:25-26).

바울과 실라가 잔칫집에 간 사람처럼 찬송을 부르자 놀라운 일이 벌어졌다. 갑자기 큰 지진이 나서 옥터가 움직이더니 닫혔던 감옥문이 활짝 열리면서 모든 사람을 묶고 있던 것들이 다 풀렸다. 이는 바울과 실라의 찬송을 들으신 하나님께서 그 곁에 있던 죄수들에게도 잔치에 참여할 수 있게 하셨음을 의미한다. "모든 사람의 매인 것이 다 벗어진지라"는 구절은 마치 "목마른 자들아 나아오라"는 이사야 55장 말씀을 재해석한 것 같다.

이처럼 언제 어떤 곳에서도 주님의 잔치에 참여할 때, 매인 것들이 풀리는 역사가 있으리라 믿는다. 찬송가 251장 〈놀랍다 주님의 큰 은혜〉의 4절, "비할 수 없는 그 은혜를 믿는 자에게 거저 주네 형제여 주 앞에 나와서 더 지체 말고 곧 받아라"라는 가사가 모두에게 재현되기를 바란다.

초청받은 자는 다른 사람을 초청한다

나는 목회자로 섬기는 동안, 예수 믿지 않던 남편들이 회심하는 과정을 숱하게 목격했다. 그 한 경우가 '교회 앞 도로 남편들'의 예수 믿는 과정이다. 이런 남편들은 가족들을 차로 교회까지 태워다 주지만 교회 안으로는 안 들어오고 예배를 드릴 동안 교회 주변에서 기다린다. 예수님을 믿진 않지만 아내와 자녀들을 사랑하기 때문에 가족이 가고 싶어 하는 교회까지 데려다주고는, 자신은 다른 곳에서 시간을 보내는 것이다. 어떤 면에서는 참 인격적이고 좋은 분들이라 할 수 있다.

그런데 주님은 이런 분들을 그분의 잔치에 부르신다. 주님이 부르시면 이분들도 가족을 데려다주다가 가족과 함께 교회로 나와 주님을 찬송하고 말씀을 받게 될 줄 믿는다. 바울과 실라가 불렀던 찬송을 그 옆 죄수들이 듣다가 모든 짐이 벗겨지는 은혜가 임했듯이, 가족을 교회까지 데려다주던 분들도 구원의 잔치에 참여하는 은혜가 임하기를 기도한다.

주님의 잔치는 너무도 귀하기에 우리는 이와 같은 은혜가 연속적으로 임하길 간절히 기도하게 된다. 이미 잔치에 초청받은 사람들이 또 다른 사람을 초청함으로 구원의 대열이 이어지기를 사모한다.

기독교 신앙은 두 종류가 있다. 하나는 "내가 가진 기독교 신앙으로 내가 무얼 얻을까?"에 유독 관심이 많은 신앙이다. 구원도 얻고 평안도 얻고 지혜도 얻고 사랑도 얻는 방법에 대해 끝없이 생각한다.

다른 하나는 거기서 머물지 않고 "내가 받은 믿음의 은혜를 가지고 어떻게 다른 사람을 섬길까?"의 차원으로 나아간다. 이것이 바로 성숙한 신앙이다. 기쁨과 즐거움이 가득한 잔치에 초대받아 은혜를 누리면, 어떻게 해야 또 다른 누군가를 이 잔치에 초대할 수 있을까 고민하고 기도하는 신앙이다. 그런 사람들은 인생의 이유와 목적이 분명하게 정리되어 있다. "이 좋은 잔치의 초청장을 어떻게 더 많은 사람에게 나누어줄까?"이다. 어떤 면에서 잔치의 풍성함을 누리는 자라면 당연한 것이기도 하다.

생각해보라. 미용실에 갔는데 미용사가 손질해준 머리 모양이 마음에 든다고 하자. 그러면 가까운 지인들에게도 은연 중에 미용실을 홍보하게 될 것이다. 내가 사랑하는 사람이 실력 없는 미용실에 가서 머리 모양을 망치길 원하는 사람은 별로 없을 테니 말이다. 좋은 것을 누리는 사람은 반드시 다른 사람을 초청하게 되어 있다.

마가복음 1장에도 이런 사람이 소개된다. 예수님의 공생애가 막 시작되던 무렵, 예수님이 길을 가다가 한 나병환자를 만나셨다. 그를 불쌍히 여기신 예수님은 손을 내밀어 그의 몸에 대고 기도하셨다. 그러자 나병이 곧 그에게서 떠나는 기적이 나타났다. 그러고는 주님은 그에게 엄히 경고하셨다. "다른 사람들에게는 병 고침 받았다고 알리지 말라. 그저 너는 제사장에게 가서 네 병이 나았음을 보이고 본래의 삶을 회복해라." 주님이 이렇게 하신 이유는 예수께서는 구원 역사를 이루기 위해 이 땅에 오셨지, 병 고치는 사역 자체를 목표로 오신 게 아니었기 때문이다. 즉, 예수님은 하나님의 정해진 날에 십자가를 지심으로 하나님 나라 구원의 역사를 완성하기 위해 오셨기 때문에, 병 고치는 사람처럼 그 일에만 온통 전념하실 수가 없었다(물론, 예수님은 그분께 나아오는 병자들을 다 고쳐주셨다).

예수님의 경고에도 불구하고 병 고침을 받은 그는 가만히 있을 수 없었다. "그러나 그 사람이 나가서 이 일을 많이 전파하여 널리 퍼지게 하니"(막 1:45). 여기서 '그러나'가 중요하다. 예수님께서 사람들에게 떠들고 다니지 말라고 경고하셨지만 그는 이 일을 널리 전파하고 말았다. 이것이 인지상정이다. 사람이라면, 특히 참혹한 고통에서 벗어난 인간이라면, 자기와 동일한 처지의 사람들에게 고통에서 벗어날 수 있는 길을 알리지 않을 수 없다. 큰 병에 한 번이라도 걸려본 사람은 자나 깨나 모든 관심이 '어떻게 해야 병이 나을까'에 쏠린다. 그러므로 병이 나았다면 그 병을 앓는 이들에게 "저분이 내 병을 고쳐주셨다. 예수께로 가면 나을 수 있다"라고 외치는 게 당연하다. 예수님의 이름을 널리 퍼뜨리는 것이 바로 은혜 입은 자의 당연한 태도다. 그래서 누가복음 13장 29절은 이렇게 말씀한다.

사람들이 동서남북으로부터 와서 하나님의 나라 잔치에 참여하리니.

이사야 55장에서 이야기한, 초청을 받은 만민이 예수님께로 와서 하나님 나라 잔치에 참여하게 된다는 말씀이다.

이런 이야기를 하면 어떤 분들은 "내 한 몸 가누기도 힘든데 무슨 초청입니까?"라고 반문할 수 있다. 사실 우리는 평생 내 한 몸 가누기도 힘든 인생이다. 주님의 잔치에 초대받아 주님이 주시는 생명의 떡과 포도주를 먹고 마시지 않으면 살아갈 수 없다. 그 은혜의 잔치에 초대받아 날마다 은혜로 살아왔기에, 우리에게는 우리처럼 제 한 몸 가누기 힘든 누군가를 은혜의 잔치에 초대해야 할 의무가 있다.

나는 특별히 "은혜 아니면 살아갈 수가 없네"라는 말을 인생 전체를 통해 고백할 수 있는 노년기야말로 누군가를 주님의 잔치에 초대하는 데 집중할 시기라고 믿는다. 우리 교회의 70세 되신 한 여집사님의 삶이 이를 잘 보여준다. 집사님은 본래 수줍음도 많고 내성적인 성격이라 남들에게 말을 붙이기도 어려워했지만, 예수님을 만나고 난 뒤 담대한 사람으로 바뀌었다. 남은 생에 단 하나의 소원은 더 많은 사람에게 예수 그리스도를 전하는 것이라며, 날마다 전도지를 들고 강남역 지하상가로 간다. 눈 내리는 인생의 겨울에 주님이 베푸시는 잔치의 초청장을 들고 가서 따뜻한 복음을 전하는 이분이야말로 가장 복된 노년을 보내고 계신 것이다.

하나님께서 다윗에게 주신 확실한 은혜는 지금도 예수 그리스도를 통해 면면히 이어지고 있다. 그래서 우리는 매일 주님의 잔치에 참여하는 풍성한 은혜를 누리며, 다른 사람들을 잔치에 초청하려는 열정에 사로잡힌다.

우리 힘만으로는 살 수 없는 인생의 추운 계절을 맞이할 때, 더욱 주님의 잔치에 나아가 생명의 떡과 젖을 먹고 마시며 그 나라의 기쁨을 만끽해야 한다. 그러면 우리가 해야 할 일이 무엇인지 알 수 있다. 영적으로 목마르고 배고픈 사람들을 하나님 나라의 잔치에 초청하는 일이다. 그렇게 우리가 누군가를 초청한 후 초청받은 그 사람이 또 다른 누군가를 초청하는 일이 이어질 때, 만민이 주님 앞에 나온다는 말씀이 속히 이루어지리라 믿는다.

31

믿음의 노후 대책

PLANNING RETIREMENT IN FAITH

열왕기상 1:1-53

1 다윗 왕이 나이가 많아 늙으니 이불을 덮어도 따뜻하지 아니한지라 2 그의 시종들이 왕께 아뢰되 우리 주 왕을 위하여 젊은 처녀 하나를 구하여 그로 왕을 받들어 모시게 하고 왕의 품에 누워 우리 주 왕으로 따뜻하시게 하리이다 하고 3 이스라엘 사방 영토 내에 아리따운 처녀를 구하던 중 수넴 여자 아비삭을 얻어 왕께 데려왔으니 4 이 처녀는 심히 아름다워 그가 왕을 받들어 시중들었으나 왕이 잠자리는 같이 하지 아니하였더라 5 그 때에 학깃의 아들 아도니야가 스스로 높여서 이르기를 내가 왕이 되리라 하고 자기를 위하여 병거와 기병과 호위병 오십 명을 준비하니 6 그는 압살롬 다음에 태어난 자요 용모가 심히 준수한 자라 그의 아버지가 네가 어찌하여 그리 하였느냐고 하는 말로 한 번도 그를 섭섭하게 한 일이 없었더라 7 아도니야가 스루야의 아들 요압과 제사장 아비아달과 모의하니 그들이 따르고 도우나 8 제사장 사독과 여호야다의 아들 브나야와 선지자 나단과 시므이와 레이와 다윗의 용사들은 아도니야와 같이 하지 아니하였더라 9 아도니야가 에느로겔 근방 소헬렛 바위 곁에서 양과 소와 살찐 송아지를 잡고 왕자 곧 자기의 모든 동생과 왕의 신하 된 유다 모든 사람을 다 청하였으나 10 선지자 나단과 브나야와 용사들과 자기 동생 솔로몬은 청하지 아니하였더라 11 나단이 솔로몬의 어머니 밧세바에게 말하여 이르되 학깃의 아들 아도니야가 왕이 되었음을 듣지 못하였나이까 우리 주 다윗은 알지 못하시나이다 12 이제 내게 당신의 생명과 당신의 아들 솔로몬의 생명을 구할 계책을 말하도록 허락하소서 13 당신은 다윗 왕 앞에 들어가서 아뢰기를 내 주 왕이여 전에 왕이 여종에게 맹세하여 이르시기를 네 아들 솔로몬이 반드시 나를 이어 왕이 되어 내 왕위에 앉으리라 하지 아니하셨나이까 그런데 아도니야가 무슨 이유로 왕이 되었나이까 하소서 14 당신이 거기서 왕과 말씀하실 때에 나도 뒤이어 들어가서 당신의 말씀을 확증하리이다 15 밧세바가 이에 침실에 들어가 왕에게 이르니 왕이 심히 늙었으므로 수넴 여자 아비삭이 시중들었더라 16 밧세바가 몸을 굽

혀 왕께 절하니 왕이 이르되 어찌 됨이냐 17 그가 왕께 대답하되 내 주여 왕이 전에 왕의 하나님 여호와를 가리켜 여종에게 맹세하시기를 네 아들 솔로몬이 반드시 나를 이어 왕이 되어 내 왕위에 앉으리라 하셨거늘 18 이제 아도니야가 왕이 되었어도 내 주 왕은 알지 못하시나이다 19 그가 수소와 살찐 송아지와 양을 많이 잡고 왕의 모든 아들과 제사장 아비아달과 군사령관 요압을 청하였으나 왕의 종 솔로몬은 청하지 아니하였나이다 20 내 주 왕이여 온 이스라엘이 왕에게 다 주목하고 누가 내 주 왕을 이어 그 왕위에 앉을지를 공포하시기를 기다리나이다 21 그렇지 아니하면 내 주 왕께서 그의 조상들과 함께 잘 때에 나와 내 아들 솔로몬은 죄인이 되리이다 22 밧세바가 왕과 말할 때에 선지자 나단이 들어온지라 23 어떤 사람이 왕께 말하여 이르되 선지자 나단이 여기 있나이다 하니 그가 왕 앞에 들어와서 얼굴을 땅에 대고 왕께 절하고 24 이르되 내 주 왕께서 이르시기를 아도니야가 나를 이어 왕이 되어 내 왕위에 앉으리라 하셨나이까 25 그가 오늘 내려가서 수소와 살찐 송아지와 양을 많이 잡고 왕의 모든 아들과 군사령관들과 제사장 아비아달을 청하였는데 그들이 아도니야 앞에서 먹고 마시며 아도니야 왕은 만세수를 하옵소서 하였나이다 26 그러나 왕의 종 나와 제사장 사독과 여호야다의 아들 브나야와 왕의 종 솔로몬은 청하지 아니하였사오니 27 이것이 내 주 왕께서 정하신 일이니이까 그런데 왕께서 내 주 왕을 이어 그 왕위에 앉을 자를 종에게 알게 하지 아니하셨나이다 28 다윗 왕이 명령하여 이르되 밧세바를 내 앞으로 부르라 하매 그가 왕의 앞으로 들어가 그 앞에 서는지라 29 왕이 이르되 내 생명을 모든 환난에서 구하신 여호와께서 살아 계심을 두고 맹세하노라 30 내가 이전에 이스라엘의 하나님 여호와를 가리켜 네게 맹세하여 이르기를 네 아들 솔로몬이 반드시 나를 이어 왕이 되고 나를 대신하여 내 왕위에 앉으리라 하였으니 내가 오늘 그대로 행하리라 31 밧세바가 얼굴을 땅에 대고 절하며 내 주 다윗 왕은 만세수를 하옵소서 하니라 32 다윗 왕이 이르되 제사장 사독과 선지자 나단과 여호야다의 아들 브나야를 내 앞으로 부르라 하니 그들이 왕 앞에 이른지라 33 왕이 그들에게 이르되 너희는 너희 주의 신하들을 데리고 내 아들 솔로몬을 내 노새에 태우고 기혼으로 인도하여 내려가고 34 거기서 제사장 사독과 선지자 나단은 그에게 기름을 부어 이스라엘 왕으로 삼고 너희는 뿔나팔을 불며 솔로몬 왕은 만세수를 하옵소서 하고 35 그를 따라 올라오라 그가 와서 내 왕위에 앉아 나를 대신하여 왕이 되리라 내가 그를 세워 이스라엘과 유다의 통치자로 지명하였느니라 36 여호야다의 아들 브나야가 왕께 대답하여 이르되 아멘 내 주 왕의 하나님 여호와께서도 이렇게 말씀하시기를 원하오며 37 또 여호와께서 내 주 왕과 함께 계심 같이 솔로몬과 함께 계셔서 그의 왕위를 내 주 다윗 왕의 왕위보다 더 크게 하시기를 원하나이다 하니라 38 제사장 사독과 선지자 나단과 여호야다의 아들 브나야와 그렛 사람과 블렛 사람이 내려가서 솔로몬을 다윗 왕의 노새에 태우고 인도하여 기혼으로 가서 39 제사장 사독이 성막 가운데에서 기름 담은 뿔을 가져다가 솔로몬에게 기름을 부으니 이에 뿔나팔을 불고 모든 백성이 솔로몬 왕은 만세수를 하옵소서 하니라 40 모든 백성이 그를 따라 올라와서 피리를 불며 크게 즐거워하므로 땅이 그들의 소리로 말미암아 갈라질 듯하니 41 아도니야와 그와 함께 한 손님들이 먹기를 마칠 때에 다 들은지라 요압이 뿔나팔 소리를 듣고 이르되 어찌하여 성읍 중에서 소리가 요란하냐 42 말할 때에 제사장 아비아달의 아들 요나단이 오는지라 아도니야가 이르되 들어오라 너는 용사라 아름다운 소식을 가져오는도다 43 요나단이 아도니야에게 대답하여 이르되 과연 우리 주 다윗 왕이 솔로몬을 왕으로 삼으셨나이다 44 왕께서 제사장 사독과 선지자 나단과 여호야다의 아들 브나야와 그렛 사람과 블렛 사람을 솔로몬과 함께 보내셨는데 그들 무리가 왕의 노새에 솔로몬을 태워다가 45 제사장 사독과 선지자 나단이 기혼에서 기름을 부어 왕으로 삼고 무리가 그 곳에서 올라오며 즐거워하므로 성읍이 진동하였나니 당신들에게 들린 소리가 이것이라 46 또 솔로몬도 왕좌에 앉아 있고 47 왕의 신하들도 와서 우리 주 다윗 왕에게 축복하여 이르기를 왕의 하나님이 솔로몬의 이름을 왕의 이름보다 더 아름답게 하시고 그의 왕위를 왕의 위보다 크게 하시기를 원하나이다 하매 왕이 침상에서 몸을 굽히고 48 또한 이르시기를 이스라엘의 하나님 여호와를 찬송하리로다 여호와께서 오늘 내 왕위에 앉을 자를 주사 내 눈으로 보게 하셨도다 하셨나이다 하니 49 아도니야와 함께 한 손님들이 다 놀라 일어나 각기 갈 길로 간지라 50 아도니야도 솔로몬을 두려워하여 일어나 가서 제단 뿔을 잡으니 51 어떤 사람이 솔로몬에게 말하여 이르되 아도니야가 솔로몬 왕을 두려워하여 지금 제단 뿔을 잡고 말하기를 솔로몬 왕이 오늘 칼로 자기 종을 죽이지 않겠다고 내게 맹세하기를 원한다 하나이다 52 솔로몬이 이르되 그가 만일 선한 사람일진대 그의 머리털 하나도 땅에 떨어지지 아니하려니와 그에게 악한 것이 보이면 죽으리라 하고 53 사람을 보내어 그를 제단에서 이끌어 내리니 그가 와서 솔로몬 왕께 절하매 솔로몬이 이르기를 네 집으로 가라 하였더라 노년을 어떻게 보내길 원하는가? 충분한 재물을 쌓아두고 건강관리를 철저히 하며, 친구들을 많이 사귀어두는 것으로 노후 대책을 마련했다고 할 수 있을까? 우리는 나이가 들수록 하나님 안에서 더 성숙한 모습으로 사람들을 섬길 수 있어야 한다. 이것이 노년기를 보는 관점의 핵심이다.

신앙의 선배 제임스 패커 목사님은 노년에 대해 다음과 같이 말했다.

"노년은 우리가 완주해야 할 경주의 마지막 여정이다. 장거리 주자는 경마 기수처럼 마지막 질주를 위해 늘 뭔가를 남겨둔다. 내가 하려는 말이 여기에 있다. 몸의 건강이 허락하는 한, 우리는 그리스도인의 경주에서 마지막 남은 한 바퀴를 전력 질주로 마쳐야 한다. 마지막 질주는 말 그대로 질주가 되어야 하기 때문이다."

그의 말처럼, 하나님과 이웃을 섬기기 위해 마지막 한 바퀴를 전력 질주하는 일이야말로 진정한 믿음의 노후 대책이라 할 수 있다.

믿는 자의 삶은 세상 사람들과 같을 수도 없고, 같아서도 안 된다. 우리의 나이가 어떠하든, 여든이 넘고 아흔이 넘어도 마치 마지막 한 바퀴를 남긴 경주마처럼 터질 듯한 심장을 움켜쥐고 전력 질주하여 인생의 결승선(finish line)을 넘어야 한다. 왜냐하면 우리는 이 땅을 전부로 여기지 않고 오직 하나님 나라를 바라보며 달려가는 그리스도인이기 때문이다.

중년기를 넘어선 이들에게 "요즈음 가장 큰 고민이 무엇입니까?"라고 물으면 거의 대부분 "노후에 어떻게 살 것인가를 고민하고 있습니다"라고 대답한다. 특히 백세 시대를 맞이하면서 노후 대책은 이전보다 훨씬 더 심각하고도 실제적인 문제가 되었다.

한 연구소가 50세에서 69세까지 2,001명을 대상으로 조사한 결과, 노후 준비에 대해 긍정적으로 대답한 사람은 37퍼센트에 그쳤다. OECD국가 중 노인 빈곤률이 1위를 달리는 현실에서 노후 대책에 관심을 가지고 마음을 쓰는 것은 당연한 일일 것이다. 따라서 우리가 경제적으로, 신체적으로, 또 사회적으로 노후를 대비하고 준비하는 일은 중요한 일이다. 그러나 그리스도인의 노후 대책은 그게 전부가 아니다. 우리는 그것보다 훨씬 중요한 '믿음의 노후 대책'을 세워야 한다.

믿음의 노후 대책은 나이 든 사람들의 전유물이 아니다. "너는 청년의 때에 너의 창조주를 기억하라 곧 곤고한 날이 이르기 전에, 나는 아무 낙이 없다고 할 해들이 가깝기 전에…그리하라"는 말씀처럼(전 12:1-2), 진정으로 후회 없는 인생을 살려면 모든 순간에 창조주 하나님을 기억해야 한다. 즉, 청년 시절부터 창조주 하나님을 기억하는 것이 진정한 노후 대책이다. 그러므로 믿음의 노후 대책은 나이 든 사람은 물론 이 땅에서 반드시 한 번은 죽음의 강을 건너야 하는 젊은이들까지 모두가 준비해야 할 일이다.

나이를 먹는다는 것

본문 1절은 나이 든다는 게 무엇인지를 적나라하게 소개한다.

다윗 왕이 나이가 많아 늙으니 이불을 덮어도 따뜻하지 아니한지라.

젊을 때는 몸에 열이 많아서 자다가도 이불을 걷어차는데, 나이가 들면 이불로 꽁꽁 싸매도 춥다. 아무리 영광스런 일생을 산 사람이라도 결국은 이렇게 된다.

다윗은 어떤 사람이었는가? 그는 젊은 시절 수많은 전쟁을 치르고 피를 흘리며, 풍찬노숙을 밥 먹듯 했던 사람이다. 찬 바람과 서리와 이슬을 맞으면서도 모든 고난을 잘 감당했다. 그런데 나이가 들자 몸의 기능이 떨어지면서 따뜻한 이불을 덮어도 한기를 느꼈다.

세월 앞에 장사가 없다. 한때 세상을 주름잡던 호걸도, 모두의 주목을 받던 유명 인사도, 시대를 호령하던 권력자도 결국은 머리에 백발을 이고 '배둘레햄'의 노년을 맞이한다. 젊은이는 늙고 한 세대는 지나간다. 세월은 갈 줄만 알지, 올 줄은 모른다. 그래서 누구든 세월 앞에서는 절박해질 수밖에 없다.

나는 27세 때, 김동명 목사님의 부친이자 안이숙 사모님의 시부인 김홍신 목사님의 설교를 들은 적이 있다. 당시 김 목사님의 연세는 95세였다. 설교 제목이 "노쇠의 비애"였는데, 전도서 12장을 본문으로 한 그 설교가 아직도 내 뇌리에 뚜렷이 남아 있다. 김 목사님은 전도서 12장 3절이 본인의 이야기가 되었다고 하셨다. "맷돌질 하는 자들이 적으므로 그칠 것이며"라는 말처럼 치아가 약해져 잘 씹지 못하고, "창들로 내다 보는 자가 어두워질 것이며"처럼 나이가 들어 눈이 잘 안 보이게 되었다는 것이다. 젊은 나로서는 실감하기 어려운 말씀이었다.

그 후 세월이 흘러 나이를 더 먹고 보니, 누구나 나이가 들면 노쇠해지고 또 언젠가는 이 세상을 떠나게 된다는 사실이 가슴에 와 닿았다. 그래서 우리는 세월 앞에 겸손할 수밖에 없고, 나이가 적든 많든 귀를 열어 본문 말씀을 들어야 한다. 특히 '믿음의 노후 대책'은 젊은이든 중년이든 노년의 어르신이든, 누구나 관심을 갖고 준비하며 알아야 할 내용이다. 그래서 나는 본문 말씀이 인생의 노년을 준비하는 청년과 장년은 물론, 노년을 살아가는 분들에게 영적 나침반이 되기를 간절히 바란다.

노후 대책 1. 지혜롭게 축적된 평생의 기도

다윗의 생애를 돌아보면, 그는 젊을 때부터 노후를 위해 지혜로운 기도의 대책을 세워왔다.

> 늙을 때에 나를 버리지 마시며 내 힘이 쇠약할 때에 나를 떠나지 마소서
> (시 71:9).

시편 71편의 기자가 누군지 나와 있지는 않지만, 많은 학자들은 다윗의 저작으로 본다. 시편 71편에 다윗이 자주 사용하는 표현 '여호와여 내가 주께 피하오니, 나의 반석, 나의 요새, 나의 원수, 속히 도우소서,' 와 같은 문구가 들어있고, 특히 1-3절은 다윗의 비탄시 31편과 매우 유사하기 때문이다.
18절에서도 비슷한 고백이 이어진다.

> 하나님이여 내가 늙어 백발이 될 때에도 나를 버리지 마시며 내가 주의
> 힘을 후대에 전하고 주의 능력을 장래의 모든 사람에게 전하기까지 나
> 를 버리지 마소서.

이 고백 속에는 두 가지 뜻이 내포되어 있다. 첫 번째는 '지금까지 지내온 것이 주의 크신 은혜'라는 것이다. 우리는 보통 "인생을 다시 살 수 있다면 지금보다는 더 잘 살 수 있을 것 같아"라고 말

하지만, 누구도 인생에 대해서 아무것도 장담할 수 없다. 비록 실수는 줄일 수 있을지언정 지금보다 더 잘 살 수는 없을 것이다. 왜 그런가? 우리 삶의 전부가 하나님의 은혜였기 때문이다. 우리는 매 순간을 우리 자신의 힘과 능력이 아닌, 하나님의 은혜로 살아왔다.

이를 토대로 이 말씀에 내포된 두 번째 뜻을 발견할 수 있다. 지금까지 하나님의 은혜로 살아왔기에 남은 날도 하나님께서 은혜를 부어주신다는 것이다. 늙어도 나를 버리지 말아달라는 고백에는 그 때에도 변함없이 새 은혜를 부어달라는 간구가 담겨 있다.

다윗은 이 고백의 뒷부분에서 "내가 주의 힘을 후대에 전하고 주의 능력을 장래에 모든 사람에게 전하기까지 나를 버리지 마소서"라고 말한다. 나이가 들어도 뒷방 늙은이 취급을 받지 않도록, 나이에 맞게 할 일을 맡겨달라는 뜻이다. 노년에도 막강한 권력을 달라거나 젊은이들 못지않은 힘을 달라는 말이 아니라, 노년에 맞는 일을 하게 해달라는 고백이다.

이사야 46장 4절은 마치 이에 대한 답변 같다.

너희가 노년에 이르기까지 내가 그리하겠고 백발이 되기까지 내가 너희를 품을 것이라 내가 지었은즉 내가 업을 것이요 내가 품고 구하여 내리라.

이처럼 우리의 노년에 하나님께서 우리를 업어주시면 얼마나 좋을까? 자식들이 커서 "아빠, 한번 업혀봐요"라고 해도 너무 좋은데, 하나님 아버지 앞에 어린아이가 되어 그 등에 업힌다면 얼마나 안정감을 누리겠는가? 그 말은 곧, 노년이 되어서도 여전히 하나님의 은혜 안에 거하는 삶을 살아가고 싶다는 뜻이기도 하다.

노년에 관한 여러 말씀을 보면서 한 가지 사실을 알게 되었다. 믿음의 노후 대책을 잘하려면, 이처럼 지혜롭게 축적된 평생의 기도가 있어야 한다는 것이다. 우리는 아름다운 노년을 맞이하기 위해서 젊을 때부터 하나님 앞에 바라고 소망하는 바를 기도로 쌓으며 준비해야 한다. 금융용어를 들어 이야기하자면, '기도의 연금'을 열심히 부어야 한다는 말이다.

사람들은 국민연금이다, 퇴직연금이다, 개인연금이다 하며 연금에 굉장히 관심을 쏟지만, 정작 예수 그리스도를 믿는 우리는 진정한 노후 대책인 기도의 연금을 붓는 일에 얼마나 지혜를 모으고 있는지 모르겠다.

나는 우리가 부어야 할 기도연금 중에 다음 세 가지를 준비하자고 말하고 싶다.

첫째는 '겸손연금'이다. "주여, 늙어서도 겸손하게 해주십시오"라고 기도하며 노후를 준비하는 것이다. 나이 들어 고집만 세졌다는 말을 듣는 게 아니라, 나이가 들수록 겸손해지길 사모하며 기도해야 한다. 창세기 49장 33절은 "야곱이 아들에게 명하기를 마치고 그 발을 침상에 모으고 숨을 거두니"라고 했다. 야곱은 목표를 이루기 위해서 고도의 집중력을 발휘하고 끈질기게 고집을 부리던 사람이었다. 그런데 인생의 마지막 시간에 그는 발을 침상에 모으고 숨을 거두었다. 나는 이것이 겸손해진 야곱의 모습을 나타낸다고 본다. 우리의 노년도 이와 같이 겸손해지기를 구해야 한다.

둘째는 '도전연금'이다. 갈렙이 노년에 "그 날에 여호와께서 말씀하신 이 산지를 지금 내게 주소서"(수 14:12)라고 했듯이, 우리 역시 나이가 들어도 하나님께서 허락하신 인생의 기업과 산지를 달라고 도전할 수 있으면 좋겠다. 노년에도 꿈과 소명을 놓치지 않기를 기도하자.

마지막으로 우리가 기도하며 준비할 연금은 '소망연금'이다. 요한복음 14장 2절에서 예수님은 "내 아버지 집에 거할 곳이 많도다 그렇지 않으면 너희에게 일렀으리라 내가 너희를 위하여 거처를 예비하러 가노니"라고 하셨다. 주님은 우리를 위해 하늘나라 거처를 예비하겠다고 약속하신다. 우리가 이 땅을 떠나 주님 품에 갔을 때 거할 최고의 집을 준비하신다는 것이다. 평생 예수님만 바라보며 살다가 마지막 날에 예수님 집에 거하는 일, 우리는 이것을 바라고 소망해야 한다.

흔히들 100세 인생의 절정은 50대 중반이라고 말하지만, 이렇게 겸손연금과 도전연금, 소망연금을 기도로 부으며 노후 대책을 하는 인생이라면, 주님 앞에 서는 그날이 인생의 정점이자 절정이 되리라 믿는다. 언제나 가장 좋은 것을 향해 가다가 주님 앞에 서는 그날, 최고로 아름다운 날을 맞이하는 인생이 되었으면 좋겠다. 세상에서 부귀영화를 누린들 천국의 주님 앞에 서는 그날, 예비된 처소가 없어 지옥으로 추락한다면 그 얼마나 불행한 일이겠는가?

고려대학교에서 역사를 가르치신 고(故) 김성식 교수님은 '남산골 최후의 선비'라는 별명답게 평생을 정갈하게 살아간 그리스도인이다. 〈내 영혼이 은총 입어〉라는 찬송을 사랑하셨는데, 이분의 임종 순간이 참으로 인상적이다. 노년에도 글쓰기를 놓지 않았던 김 교수님은 그날도 원고를 작성한 뒤 목욕재계하고 옷을 갈아입은 다음 잠자리에 들어 꿈을 꾸듯 주님 품에 안겼다. 고요하고도 평화롭게 떠난 그 모습을 많은 사람이 부러워하고 또한 사모했다.

우리가 알다시피 하나님 앞에 간절히 기도하는 내용들은 언젠가 반드시 응답을 받으리라 믿는다. 기도는 결코 땅에 떨어지지 않는 법이다. 우리가 아름다운 노후를 꿈꾸며 젊을 때부터 소망을 품고 기도한다면 주님이 그 기도를 듣지 않으실 이유가 없다. 40대든 50대든 인생의 절정을 잠깐 맛본 후 스러지는 것이 아니라, 주님 만나는 날을 향해 계속 전진하다가 마침내 주님을 만났을 때 인생의 정점을 찍게 해달라고 기도한다면, 하나님께서 반드시 우리 인생을 그렇게 인도해주시리라 믿는다.

노후 대책 2. 한결같은 충성

다윗의 측근 중에 그의 친위대장이자 군대장관인 요압이 있었다. 또한 과거 다윗에게 도움을 주었다는 이유로 사울이 제사장들을 몰살할 때 유일하게 피해 나왔던 놉 땅의 제사장 아비아달(삼상 22:17-23)도 다윗의 총애를 받았다. 이들은 다윗에게 충성을 다했던 만큼 다윗과 평생 함께할 것으로 보였다. 그런데 본문에서는 그들이 다윗을 배신하는 모습을 보인다. 측근 중의 측근이었던 그들에게 도대체 무슨 일이 있었길래 인생 말년에 다윗을 배신한 것일까?

다윗에게는 아도니야라는 준수한 아들이 있었다. 본문 6절은 그를 이렇게 평가했다.

> 그는 압살롬 다음에 태어난 자요 용모가 심히 준수한 자라 그의 아버지가 네가 어찌하여 그리 하였느냐고 하는 말로 한 번도 그를 섭섭하게 한 일이 없었더라.

아버지 다윗에게 야단맞을 일이 없을 정도로 아도니야는 성품이며 행동이며 외모에 이르기까지 사람들에게 인정받는 사람이었던 것 같다. 더구나 아도니야는 압살롬 다음에 태어난 자라서, 왕위 계승 서열에서도 밀려나지 않았다. 아마도 요압과 아비아달은 아도니야의 줄에 서면 자신들이 가진 권력을 계속 이어갈 수 있으리라 판단했던 것 같다. 그래서 다윗 왕에게 묻지도 않고 아도니야를 왕으로 추대하는 일에 앞장섰다.

요압과 아비아달 같은 충신이야말로 평안하고 존경받는 노후를 맞이해야 마땅할 것이다. 그러나 그들은 다윗을 향한 한결같은 충성을 어느 순간 접어버림으로써 스스로 아름다운 노후를 포기한 꼴이 되었다. 아마도 그들은 늙고 약해진 다윗을 보며, 젊고 힘 있는 아도니야 편에 서둘러 서는 게 노후를 위한 일이라 믿었는지 모른다.

특히 나는 요압 같은 충신의 말로가 참으로 안타깝다. 그가 아도니야를 왕으로 추대하기 전에 다윗에게 한 번만이라도 물어봤더라면 얼마나 좋았을까?

"왕이시여, 주변에서 아도니야를 왕의 후계자로 보는 분위기인데 왕의 생각은 어떠십니까? 하나님께서 왕께 무슨 말씀을 하셨습니까?"

그랬더라면 다윗이 "아도니야가 아니고 솔로몬일세"라고 언질을 주었을 텐데 요압과 아비아달은 그런 질문을 한 번도 하지 않았다. 더구나 아비아달은 제사장임에도 하나님의 뜻을 직접 물었다는 기록이 없다. 그저 인간적인 판단에 따라 행동했다는 게 안타까울 뿐이다.

요압과 아비아달 그리고 다윗의 아들인 아도니야의 모습은 배신의 시대를 살아가는 우리에게 많은 것을 시사한다. 우리는 본래 배신 DNA를 갖고 태어난 아담의 후예들이기에, 머리끝부터 발끝까지 그리스도의 보혈로 정화되지 않으면 언제든 배신의 길을 가게끔 되어 있다. "목사님, 저는 그런 적이 없어요"라고 말하는 사람들은 어린 시절부터 자신의 모습을 곰곰이 떠올려보기 바란다. 가장 가까운 부모와의 관계만 돌아봐도, 부모의 마음을 한 번도 배신하지 않은 사람은 없을 것이다.

오죽하면 다윗이 시편 41편 9절에서 "내가 신뢰하여 내 떡을 나눠 먹던 나의 가까운 친구도 나를 대적하여 그의 발꿈치를 들었나이다"라고 고백했을까? 모든 인간에게는 하나님을 거역한 배신의 DNA가 뼛속 깊이 새겨져 있음을 다시금 확인하게 하는 대목이다.

그러므로 부모는 자식을 어릴 때부터 말씀으로 엄히 가르쳐야 한다. 자식에게도 하나님을 향한 배신의 DNA가 들어 있기 때문에, 어릴 때일수록 훈계를 게을리해선 안 된다. 자식이 어릴 때 말씀으로 교육하지 않으면 커갈수록 교육하기가 더더욱 어려워진다. 그러면 자식의 앞날도 망치고 부모의 노후도 어려울 수밖에 없다.

다윗은 그걸 잘 못했다. 아무리 아도니야가 뛰어났다 해도 아버지가 아들에게 섭섭해할 만한 말을 하지 않았다는 것은 결코 자랑거리가 아니다. 그래서인지 아도니야는 요압과 아비아달을 모아놓고 스스로 왕위에 오름으로써 아버지를 배신한다. 그런데 다윗에게 끝까지 충성했던 사독과 나단과 브나야 같은 사람은 그 무리에서 빠져 있다. 유유상종이란 말을 여기서도 확인할 수 있다.

결국, 하나님께나 다윗에게 끝까지 충성했던 나단 선지자가 신속히 왕께 나아가 모든 일을 처리함으로써 사건은 일단락된다. 다윗은 하나님께서 예정하신 솔로몬을 그의 후계자로 세웠고, 이를 알게 된 아도니야 일당은 혼비백산 도망쳤다. 하지만 다윗을 배신하고 자기들의 뜻대로 움직였던 요압과 아비아달의 노년은 결코 좋을 수가 없었다.

우리는 생을 다하는 그날까지 반드시 결단해야 할 것이 있다. 하나님께 충성하되 끝까지 충성하는 일이다. 하나님을 믿되 끝까지 신실한 믿음을 지키는 일이다.

바울이 로마로 이송되던 도중 그레데 해역에서 유라굴로 광풍을 만난 사건을 떠올려 보자. 바울은 배에 탄 276명 중 한 명의 목숨도 잃지 않을 것이라는 하나님의 예언을 들었다. 하지만 그런 예언을 들었다고 해서 광풍이 부는데도 가만히 있으면 어떻게 되겠는가? 물에 빠져 죽고 만다. 즉, 광풍이 불고 배가 가라앉는다면 널빤지나 다른 도구를 의지하고 헤엄을 쳐서 어떻게든 뭍으로 나와야 살 수 있다.

하나님께서 우리의 아름다운 노후를 위해 길을 예비하시고 그 길로 인도하시는 것은 분명하지만, 하나님 앞에 서는 그날까지 우리 역시 결단하며 신속히 행해야 할 일이 있음을 잊지 말아야 한다. 충성하되 끝까지 충성하고, 하나님을 소망하되 끝까지 소망할 때, 하나님께서 우리에게 주시려는 노후의 그림을 완성할 수 있다.

끝까지 충성하려면

그렇다면 어떻게 해야 이 불신앙의 시대에 끝까지 충성된 사람으로 살아갈 수 있을까?

오늘날은 마치 예수님이 마태복음 11장 21절에서 말씀하신 고라신이나 벳새다와 같은 불신앙의 시대인 것 같다. 고라신과 벳새다는 예수님의 권능을 보고도 믿지 않음으로 저주를 받았다. 그러므로 불신앙이란 믿음의 부재를 넘어, 믿음 갖기를 거부하고 방해하는 것임을 알 수 있다.

요한계시록 18장에서도 말세에는 불신앙의 시대가 도래할 것을 예언한다. 실제로 오늘날은 불신앙으로 가득 찬 바벨론 도성처럼 느껴진다. 세상의 도시들은 바벨론의 도성처럼 사람들을 미혹하여 하나님을 배신하게 하고, 목이 곧아서 하나님의 영광을 모욕한다. 우리는 지금 하나님에 대한 믿음을 상실한 시대, 서로 간에 믿음을 잃어버린 시대, 즉 불신앙의 시대요 불신의 시대를 살고 있다.

불신앙은 사탄이 가장 좋아하는 먹이다. 구약에서 사탄이 아담과 하와에게 가장 먼저 요구한 것이 무엇이었는가? 하나님을 배신하는 것이었다. 신약에서 사탄이 예수님께 가장 먼저 요구한 것 역시 하나님을 배신하는 것이었다. 그리고 사탄이 예수님의 제자들에게 요구한 것도 십자가를 지신 예수님을 배신하는 것이었다. 이로써 불신앙과 배신은 근본적으로 같음을 알게 된다.

이렇듯 세상에서 그리스도인으로 산다는 것은 하나님께 충성을 맹세하는 일임을 알아야 한다. 존 맥아더 목사님은 상투스(Sanctus)라는 초대교회 인물을 통해 이와 같은 충성이 어떤 의미인지를 우리에게 알려준다.

주후 2세기 중반, 마르쿠스 아우렐리우스 황제가 통치하던 로마제국은 기독교를 불법으로 규정하여, 성도들을 옥에 가두고 고문하며 죽음의 위협을 가했다. 이때 집사였던 상투스도 예수님을 믿는다는 이유로 체포되었고, 재판정에서 자신의 믿음을 부인하라는 위협을 받았다. 그때 그는 로마 당국이 어떤 말을 묻든지 "나는 그리스도인이다"라고 우직하게 답했다. 결국 그는 원형 경기장에서 공개처형 당하는 선고를 받았고, 뜨겁게 달군 쇠 의자에 결박당한 채 맹수의 밥으로 던져졌다. 로마 재판정과 로마 시민은 끝까지 그로부터 "나는 그리스도인이다"라는 말 외에는 아무것도 듣지 못했다. '그리스도인'이라는 말 속에 세상이 감당할 수 없는, 하나님에 대한 변함없는 충성이 담겨 있었다.

이처럼 불신앙의 시대에 성경이 하나님의 백성에게 요구하는 것은 "착하고 충성된 종"의 모습이다. 이는 어떤 경우에도 믿음을 배반하지 않고 예수님께 충성을 다하는 것이다. 그래서 교회는 언어가 다르고 인종과 성별, 나이가 다르다 해도 하나님께 충성된 사람들이 한 몸을 이루는 곳이라 할 수 있다. 그리스도인은 복음 안에서, 또 예수님 안에서 십자가의 피로 맺어진 관계다. 그러므로 자신의 사리사욕을 위해 믿음의 형제를 배신하는 사람은 참된 그리스도인이라 할 수 없다.

그렇다면 우리는 어떻게 해야 하나님과 믿음의 형제들의 불신을 조장하는 사탄의 계략에 미혹되지 않고, 충성의 팀워크를 이룰 수 있을까?

성도들 간의 관계는 세상에서 말하는 의리가 아니라 예수님의 사랑으로 맺어졌음을 알아야 한다. 믿음의 형제라 해도 서로 마음이 맞지 않거나 상처를 줄 수 있다. 그럴지라도 우리는 변함없는 주의 사랑으로 맺어져 있기에 여전히 튼실한 관계 속에서 충성을 다 할 수 있다. 또한 우리의 충성이 사람이 아니라 예수님 한 분을 향할 때, 우리는 한결같은 팀워크를 이룰 수 있다. 빌립보서 2장 2절 말씀처럼 "마음을 같이하여 같은 사랑을 가지고 뜻을 합하며 한마음을 품"을 때, 우리는 믿음의 형제들과 변함없는 관계 속에서 하나님께 충성을 다할 수 있다.

노후 대책 3. 후계자를 잘 세우라

역대상 29장 28절은 "그가 나이 많아 늙도록 부하고 존귀를 누리다가 죽으매 그의 아들 솔로몬이 대신하여 왕이 되니라"고 했다. 다윗의 노년이 그토록 평안했던 이유를 "그의 아들 솔로몬이 대신하여 왕이 되니라"로 답하고 있다. 솔로몬이라는 후계자를 잘 세웠기 때문에 다윗의 말년이 복을 받았다는 이야기다.

솔로몬은 지혜로운 아들이었다. 나는 잠언 29장 3절을 보다가 "지혜를 사모하는 자는 아비를 즐겁게 하여도"라는 구절에서 "바로 이거야!"라며 박수를 친 적이 있다. 모든 아버지가 이 대목에서 "아멘"을 외칠 것 같다. 자식이 지혜를 사모할 때, 아버지의 마음은 즐거울 수밖에 없다. 아버지 다윗도 지혜로운 아들 솔로몬으로 인해 그 노후가 충분히 즐거웠을 것이다.

지인 중에 나와 연배가 비슷한 장로님 한 분이 계신다. 그분을 볼 때마다 '어쩌면 저리도 아버님을 잘 모실까'라는 생각에 도전을 많이 받는다. 아버님께 안부전화를 자주 드리는 것은 물론, 경제적인 뒷받침도 잘하고 심기를 불편하지 않게 해드리는 모습도 얼마나 지혜로운지 모른다. 얼마 전 그 장로님이 아버님을 모시고 우리 교회를 방문하셨는데, 아버님이 어찌나 싱글벙글하시던지 그분을 뵈며 잠언 29장 28절 말씀이 저절로 떠올랐다. 자식을 잘 세우면 노후가 즐겁다는 게 어떤 것인지를 알 것 같았다.

어떻게 해야 자식을 잘 세울 수 있을까? 역대하 9장 8절 상반절에서 답을 찾을 수 있다.

당신의 하나님 여호와를 송축할지로다 하나님이 당신을 기뻐하시고 그 자리에 올리사 당신의 하나님 여호와를 위하여 왕이 되게 하셨도다.

이 말씀은 스바 여왕이 솔로몬에게 한 말이지만, 여기에서 우리는 다윗이 솔로몬을 세울 때 무엇이 중요했는지를 발견할 수 있다. "당신의 하나님 여호와를 위하여"라는 구절에서, 다윗은 자신의 노후가 아니라 여호와를 위하여 솔로몬을 세웠다는 사실을 새삼 깨닫게 된다. "여호와를 위하여" 이 얼마나 기가 막힌 구절인가?

우리가 늘 고백하지만, 아이는 내 자식이기 전에 하나님의 자녀임을 믿어야 한다. 그러므로 자녀를 훈련하고 교육하는 궁극적인 목적도 나의 노후가 아닌 하나님의 영광을 위함이다. 즉, 자식이 하나님 앞에 잘 세워짐으로 내 노후가 즐겁다면, 그것은 좋은 열매로 인해 덤으로 주시는 축복이지 노후 대책 자체가 목적이 되어선 안 된다는 뜻이다. 우리가 자식을 잘 키우는 목적은 오직 '하나님을 위하여'가 되어야 한다. 그의 나라와 의를 위하여 자식을 키웠더니 결국 내게 기쁜 노후가 주어졌음을 고백하는 인생이 되기를 꿈꾸며 소망해야 한다.

노후를 위한 다섯 가지 씨앗

"믿음이 최고의 노후 준비다."

2018년에 소천하신 빌리 그레이엄 목사님의 말이다. 목사님은 죽음을 앞두고 100년 가까이 살았던 인생을 돌아보며 이 사실을 거듭 확인했던 것 같다. 그분의 심중에 생명처럼 펄떡이는 인생의 결론은 곧, '믿음이 최고의 노후 준비'였다. 세상에서는 사람들에게 노후 대책을 알려주고자 수많은 책과 강의를 통해 여러 방법을 제시하지만, 신앙인들에게 들려줄 믿음의 노후 대책은 '믿음' 하나로 집약할 수 있다. 빌리 그레이엄 목사님은 우리에게 하늘나라의 소망을 가지고 이 땅에서 후회 없는 삶을 살게 하는 최고의 노후 대책은 결국 '믿음'임을 유언과 같이 남겼다.

세상은 육체의 건강이나 감정의 행복을 위주로 미래를 설계하라고 우리를 부추긴다. 돈이 있으면, 건강하면, 노화가 방지되면 노년이 행복할 것이라고들 말한다. 그러나 우리 인생을 종착점까지 끌고 가려면 어떤 상황이 와도 우리를 단단히 붙잡아줄 수 있는 튼실한 토대가 있어야 한다. 즉, 행복한 인생을 위해 가장 필요한 것은 우리의 삶을 어떤 폭풍우에도 견딜 수 있도록 반석 위에 세워야 한다는 뜻이다. 그 반석은 바로 예수 그리스도다. 아무리 아름다운 건물을 세운다 해도 기초가 부실하면 언젠가는 무너지기 마련이다. 이런 점에서 노후뿐 아니라 우리 인생 전체가 파산하지 않기 위해 가장 중요한 것은 젊을 때부터 예수 그리스도에 대한 믿음을 쌓는 것이라 할 수 있다.

시편 기자는 복 있는 사람은 "시냇가에 심은 나무가 철을 따라 열매를 맺으며 그 잎사귀가 마르지 아니함" 같다고 했다(시 1:3). 열매를 맺는 나무가 처음부터 지금의 모습이 아니었다는 사실에 주목해야 한다. 처음에는 그저 작은 씨앗이었다가 때가 되어 싹이 트고 어린나무가 되며, 마침내 큰 나무로 자란다.

이 원리는 '믿음'에도 적용할 수 있다. 즉, 불안하고 힘겨운 노년을 꿋꿋이 견디게 해줄 큰 믿음이 어떻게 자랄 수 있는지를 이 말씀에서 찾을 수 있다. 그래서 빌리 그레이엄 목사님은 젊을 때부터 다섯 가지 씨앗을 뿌려야 한다고 말했다. 첫째는 하나님의 말씀, 둘째는 성령님과 동행함, 셋째는 기도생활의 실천, 넷째는 믿음의 형제들과 교제함, 다섯째는 섬김과 봉사다. 이 다섯 가지의 씨앗을 젊어서부터 뿌리고 실천하는 것이 바로 믿음의 씨를 심고 물을 주며 가꾸는 일이다.

그렇게 믿음의 씨앗을 심고 가꾸다 보면 그 씨앗이 어느덧 나무가 되어 시절을 좇아 과실을 맺으며, 그 잎사귀가 청정함을 보게 될 것이다. 또한 노년에도 뿌리가 흔들리지 않는 굳건한 나무로 가장 아름다운 시절을 살게 될 것이다.

무덤을 두려워하는가?

여기 그리스도인으로 진정한 노후 준비가 되었는지를 확인할 수 있는 리트머스 시험지가 있다.

"나는 무덤을 두려워하는가?"

그 누구도 인생의 마지막을 언제 맞이할지 모른다. 지금 곁에서 손을 잡고 있는 남편과 아내가 1년 뒤, 혹은 5년 뒤에도 함께할 것이라고 장담할 수 없다. 그래서 세상은 이런 일이 닥칠까 봐 불안해하고 두려워한다. 죽음이라는 말조차 담기 싫어해서 무덤 근처에는 얼씬도 안 하는 사람이 있을 정도다.

그러나 그리스도인은 그렇지 않다. 이 땅은 우리의 최종 목적지가 아니기에 이 땅에 묻히는 것을 두려워할 필요가 없다. 우리의 목적지는 천국이기에, 천국이 더욱 가까워지는 노년에 이를수록 기쁨과 소망으로 가슴을 채울 수 있다. 그런 면에서 나이가 들어도 천국의 소망을 누리지 못한 채, 어떡하든지 이 세상을 떠나지 않으려 발버둥치고 집착하는 사람들은 얼마나 불쌍한가?

죽음에 관한, 아니 최고로 멋진 노년에 관한 빌리 그레이엄 목사님의 말을 들어보라.

"죽음은 현실이다. 그러나 죽음은 끝이 아니다. 성경은 우리의 몸이 반드시 죽을 수밖에 없지만, 우리는 부활하여 하나님 나라에서 하나님과 함께 영원히 산다고 말씀한다.

우리가 어떻게 해야 내세가 있다는 사실을 일말의 의심도 없이 확실하게 믿을 수 있을까? 죽었다가 살아 돌아온 사람에게 죽음 이후의 상황에 관해 들어보면 된다. 세상에 그런 사람이 있을까? 물론이다. 바로 예수 그리스도가 죽음을 이기고 부활하셨다. 역사상 이보다 더 특별하고 놀라운 사건은 없었다. 그리고 이 사건으로 인해 우리는 죽음이 끝이 아니고 영생이 있다는 사실을 절대적으로 확신할 수 있다. 죽음 이후에 찾아올 부활과 천국에서의 영생에 대한 확신, 이것이야말로 우리가 이 땅에 살면서 가질 수 있는 최고의 노후 대책이라고 할 수 있다. 세상은 노년기를 달가워하지 않지만, 그리스도인에게 인생의 마지막 장은 최고의 장이 될 수 있다. 나는 예수 그리스도를 믿는 자들이 120세의 모세처럼 마지막 경주를 멋지게 장식하기를 원한다."

지금까지 우리는 믿음으로 노후 대책을 세우기 위해 기도의 연금을 붓는 일과 한결같은 충성을 바치는 일, 그리고 다음세대를 키우는 일에 대해 살펴봤다. 또한 최고의 노후 대책이 무엇인지에 대해서도 나누었다.

우리가 이렇게 믿음으로 노후를 준비할 때, 우리는 '심리의 문제'와 '영생의 문제'를 주님 안에서 해결할 수 있다.

심리의 문제란, 사람들의 마음속에 있는 '거절에 대한 두려움'을 말한다. 즉, 믿음으로 노후 대책을 세우고 살면 '거절당하면 어떻게 살지?'라는 두려움의 문제가 해결된다는 것이다.

어른들 중에는 무의식중에 '자식들이 나를 버리면 어떡하지?' 라는 두려움을 가진 사람이 많다고 한다. 거절에 대한 두려움은 우리가 받는 상처 중 가장 크다고 할 수 있다.

사람들은 누구나 버림받는 것을 두려워한다. 아기들이 혼자 분리되었을 때 자지러지게 울다가도 누군가 안아주면 울음을 멈추는 이유가 그 때문이다. 그러니 노후에 버림받는 것보다 더 큰 상처는 없다. 오죽했으면 어떤 어르신은 아내에게 "여보, 내가 삼식이(집에서 세 끼를 꼬박꼬박 챙겨 먹는 것) 안 할 테니까 나를 버리지 말아주오"라고 부탁했을까? 분리와 거절의 상처를 못 견디는 인간은 '용납의 특별한 치료약'을 먹어야만 건강한 인생을 살 수 있다.

우리나라의 70대 이상 어르신들 가운데는 상처로 얼룩진 분들이 생각 이상으로 많다. 8·15 광복을 지나고 6·25 전쟁을 거쳐 5·16과 5·18이라는 민족의 격동기를 겪으면서 숱한 분열과 거절의 세월을 살다 보니, 어느덧 버림받지 말아야겠다는 몸부림을 칠 수밖에 없어졌다. 오랜 세월 거절과 배신의 상처가 마음에 쌓였기 때문이다. 그래서 나는 대한민국의 어르신들을 위해 다음과 같이 기도한다.

"어린아이가 울다가도 부모가 사랑으로 안아주면 울음을 멈추듯이, 대한민국의 어르신들이 예배하러 주님 앞에 나아갈 때마다 주님의 안아주심으로 모든 상처와 아픔이 치유되게 하소서."

나는 우리 어르신들이 그간 어떤 삶을 살아왔든 주님을 예배하러 교회로 들어갈 때마다 주님의 안아주심을 5년 동안, 10년 동안, 20년 동안 꾸준히 경험함으로 최고의 노후를 보냈으면 좋겠다. 그러면 거절에 대한 두려움의 문제가 해결되고 주님 안에서 완전한 심리적 안정감을 누릴 수 있기 때문이다.

믿음으로 노후를 준비할 때 우리가 해결 받는 두 번째 문제는 '영생의 문제'다. 사람은 왜 태어나서 늙고 병들어 죽어야 할까? 이 문제를 해결할 근본적인 방법은 없을까? 이와 같은 철학적 질문은 인생의 가장 큰 고민이 아닐 수 없다. 그래서 석가모니는 이 문제에 치열하게 매달렸다. 그러나 깊이 있게 고민하고 아파한다고 해서 문제가 해결되지는 않는다. 고민한다고 해서 복잡한 생로병사의 문제를 풀 수 없기 때문이다. 생로병사의 한계를 뛰어넘는 초월적 능력을 경험하지 않고서는 본질적인 답을 알 수 없다.

　　우리가 하나님의 자녀가 되어 평생을 산다는 것은 참으로 영광스러운 일이다. 하나님의 자녀인 우리가 기도로 노후를 준비해갈 때, 하나님께서는 우리 삶에 신적이고도 초월적인 개입을 해주시기 때문이다. 끊임없이 순환되는 영겁의 역사와 영원한 윤회의 역사관에 사로잡혀 있는 생로병사의 문제 속에서, 생사와 자연을 초월하신 주님께서 우리의 눈을 열어주실 때라야, 우리는 진정한 노후 대책인 영생의 능력을 갖게 된다. 그러므로 생로병사는 죄 많은 인간들에게 주어지는 형벌이라고도 할 수 있지만, 하나님의 초월적 개입을 믿는 하나님의 백성에게는 영생으로 가는 문이 되기도 한다.

　　그렇다면 영생이란 무엇인가? 그리고 영원한 생명의 부활은 무엇인가? 요한복음 17장 3절을 보자.

　　영생은 곧 유일하신 참 하나님과 그가 보내신 자 예수 그리스도를 아는 것이니이다.

　　예수님을 아는 것이 곧 영생이다. 예수님을 구세주와 주님으로,

인격적으로 모시는 일이 바로 영생이다. 즉, 주님을 믿고 아는 것이야말로 우리의 노후에 예비된 최고의 복이다. 그렇게 되면 우리는 죽음을 두려워하지 않고 인생의 겨울을 보낼 수 있다. 두려워하기보다는 영생의 능력을 이 계절에 미리 맛보며 영광스럽게 살아갈 수 있다. 주님을 아는 것이 영생이므로 우리는 주님과 동행함으로 이 땅에서도 영생의 삶을 살게 된다. 그것이 바로 부활의 능력이다.

오늘도 우리 삶에는 애환과 고난이 가득하다. 그러나 그런 삶에도 영원한 생명을 주시는 하나님의 은혜가 만물에 충만하게 깃들어 있다. 그래서 우리는 영생으로 가는 길목인 이 하루하루를 기쁘고 감사히 살 수 있다. 우리는 영원으로 이어져 있는, 복된 계절 속에 들어가 사는 사람들이기 때문이다.

32
너는 이렇게 살아라

A CHANGE FOR LEGACY

열왕기상 2:1-12

1 다윗이 죽을 날이 임박하매 그의 아들 솔로몬에게 명령하여 이르되 2 내가 이제 세상 모든 사람이 가는 길로 가게 되었노니 너는 힘써 대장부가 되고 3 네 하나님 여호와의 명령을 지켜 그 길로 행하여 그 법률과 계명과 율례와 증거를 모세의 율법에 기록된 대로 지키라 그리하면 네가 무엇을 하든지 어디로 가든지 형통할지라 4 여호와께서 내 일에 대하여 말씀하시기를 만일 네 자손들이 그들의 길을 삼가 마음을 다하고 성품을 다하여 진실히 내 앞에서 행하면 이스라엘 왕위에 오를 사람이 네게서 끊어지지 아니하리라 하신 말씀을 확실히 이루게 하시리라 5 스루야의 아들 요압이 내게 행한 일 곧 이스라엘 군대의 두 사령관 넬의 아들 아브넬과 예델의 아들 아마사에게 행한 일을 네가 알거니와 그가 그들을 죽여 태평 시대에 전쟁의 피를 흘리고 전쟁의 피를 자기의 허리에 띤 띠와 발에 신은 신에 묻혔으니 6 네 지혜대로 행하여 그의 백발이 평안히 스올에 내려가지 못하게 하라 7 마땅히 길르앗 바르실래의 아들들에게 은총을 베풀어 그들이 네 상에서 먹는 자 중에 참여하게 하라 내가 네 형 압살롬의 낯을 피하여 도망할 때에 그들이 내게 나왔느니라 8 바후림 베냐민 사람 게라의 아들 시므이가 너와 함께 있나니 그는 내가 마하나임으로 갈 때에 악독한 말로 나를 저주하였느니라 그러나 그가 요단에 내려와서 나를 영접하므로 내가 여호와를 두고 맹세하여 이르기를 내가 칼로 너를 죽이지 아니하리라 하였노라 9 그러나 그를 무죄한 자로 여기지 말지어다 너는 지혜 있는 사람이므로 그에게 행할 일을 알지니 그의 백발이 피 가운데 스올에 내려가게 하라 10 다윗이 그의 조상들과 함께 누워 다윗 성에 장사되니 11 다윗이 이스라엘 왕이 된 지 사십 년이라 헤브론에서 칠 년 동안 다스렸고 예루살렘에서 삼십삼 년 동안 다스렸더라 12 솔로몬이 그의 아버지 다윗의 왕위에 앉으니 그의 나라가 심히 견고하니라

우리는 그간 다윗의 봄, 여름, 가을, 겨울을 살펴봤다. 다윗의 인생은 참 파란만장하면서도 감동적이고 장엄했다. 그런 그의 인생을 살피며 우리는 함께 울고 함께 웃었다. 이제 다윗의 70년 생애가 막을 내리는 이 본문을 통해, 상처와 고통의 삶 가운데 기댈 데라고는 주님밖에 없는 우리의 오랜 목마름이 해갈되고 무거운 짐이 벗겨지는 은혜가 있기를 바란다.

인생의 마지막을 준비하라

나는 본문을 묵상하며 부럽다는 생각이 들었다. 죽을 때를 모른 채 살다가 갑자기 죽음을 맞는 게 아니라, 죽을 날을 알고 전해야 할 말을 후손에게 다 전한 후 죽음을 맞이하는 다윗의 모습이 참 좋아 보였기 때문이다.

> 다윗이 죽을 날이 임박하매 그의 아들 솔로몬에게 명령하여 이르되 내
> 가 이제 세상 모든 사람이 가는 길로 가게 되었노니(1-2절).

영적으로 민감했던 다윗은 죽음을 목전에 두고 '내가 세상을 떠날 때가 되었구나. 이제 어떻게 하면 좋을까?'를 생각하며 이후 절차를 진행하고 있다. 그는 가족과 다음세대에게 유언을 전하는, 가장 가치 있는 일을 빠트리지 않았다.

앞에서 우리는 믿음의 노후 대책에 대해 나누었지만, 본문과 관련해 다음과 같이 기도하며 노후를 준비하면 좋을 것 같다.

"하나님 아버지, 제게 영적인 민감함을 주셔서 죽을 때가 언제쯤인지를 알고, 후손에게 중요한 유언만큼은 한 뒤에 떠나게 하소

서. 중요한 일들을 잘 마무리하고 갈 수 있게 인도하소서."

야곱이 그런 사람이었다. 그는 녹록하지 않은 생애를 살았지만, 그의 열두 아들을 영광스럽게 축복하며 생의 마지막 시간을 마무리한 복된 사람이었다. 요셉과 같은 아들을 향해 "너의 인생은 힘들고 어려워도 풍성한 인생이 되고 모든 담을 뛰어넘는 인생이 될 것이다"라고 유언할 수 있다면 마지막 순간이 얼마나 복되겠는가?

한국 복음화를 위해 헌신하셨던 루비 켄드릭 선교사님 역시 마지막 순간을 찬란하게 마무리지었다. 그는 죽음을 앞두고 자기를 파송한 텍사스 엡윗청년회에 보낸 편지에서 "내게 만약 천 개의 생명을 주신다면 나는 그 생명을 모두 조선을 위해 바치겠습니다"라고 썼다.

이처럼 마지막을 어떻게 보내는가의 문제는 한 생애에 대한 결말이자, 새로운 세대를 여는 메시지가 되기 때문에 비중을 크게 두고 기도로 준비할 필요가 있다. 본문을 살피며 우리가 세상을 떠날 때 어떤 내용을 유언으로 남겨야 할지, 인생의 우선순위가 무엇인지를 점검하고 발견하는 은혜가 있기를 바란다.

다윗의 유언 1. 은혜에 민감한 자가 되라

보라 한 아들이 네게서 나리니 그는 온순한 사람이라 내가 그로 주변 모든 대적에게서 평온을 얻게 하리라 그의 이름을 솔로몬이라 하리니 이는 내가 그의 생전에 평안과 안일함을 이스라엘에게 줄 것임이니라 (대상 22:9).

이 구절은 본문의 배경이다. 하나님은 다윗에게서 태어날 아들 솔로몬이 왕위를 계승하고 나라를 평온하게 할 것이라고 하셨다. 이는 솔로몬이 본인의 실력과 능력이 아니라 하나님의 일방적인 은혜로 왕위에 오르게 됨을 뜻한다. 솔로몬은 잠언과 전도서를 쓸 만큼 지혜로운 사람이었지만, 그의 지혜 역시 하나님의 은혜로 주어졌으며 그가 왕이 된 것 또한 전적인 하나님의 은혜였음을 이 말씀은 알려주고 있다. 그래서인지 다윗은 솔로몬에게 '평생 하나님의 전적인 은혜에 민감하라'는 내용을 첫 번째 유언으로 남긴다.

사실 솔로몬에게는 왕이 될 자격이 없었다. 그의 어머니 밧세바는 다윗과 간음한 여인이었고, 그의 외증조부인 아히도벨은 다윗을 반역했다. 그러다 보니 하나님의 뜻에 민감하지 않았던 요압과 아비아달은 압살롬이나 아도니야 같은 왕자가 왕이 되어야 마땅하다고 여겼다. 솔로몬이 왕이 되리라고는 생각조차 못했다. 이처럼 솔로몬이 왕이 된 것은 하나님의 일방적인 선포로 시작되어 하나님께서 완성하신 하나님의 전적인 은혜였다.

오늘을 사는 우리도 마찬가지다. 우리가 예수님을 믿고도 '은혜'라는 말을 모른다면, 우리는 가장 중요한 것을 잃어버린 채 사는 사람들이다. 은혜에 대해서는 아무리 강조해도 부족한, 영원한 채무의식을 가져야 한다.

솔로몬이 오직 은혜로 왕이 되었듯이, 그의 아버지 다윗 역시 은혜로 왕이 된 사람이었다. 하나님은 목동에 불과했던 다윗을 선택해서 부르셨고 왕으로 삼으셨다.

다윗과 솔로몬뿐만이 아니다. 바울이 복음 전도자로서 그토록 놀라운 일을 한 것도 하나님의 은혜였다. 바울이 어떤 사람이었던가? 예수 믿는 사람들을 핍박하고 스데반을 죽이는 데 앞장섰다. 어찌 보면 바울은 한때 마귀의 도구였다. 그런데 하나님께서는 그런 바울을 복음 전도자로 쓰셨다. 바울의 입장에서는 "내가 나 된 것은 하나님의 은혜"라고 말할 수밖에 없었다.

베드로도 마찬가지다. 그는 예수님을 세 번이나 부인하고 심지어 저주하기까지 했던 배은망덕한 사람이다. 그런데 하나님은 그런 베드로를 바울과 더불어 초대교회의 기둥으로 쓰셨다.

하나님의 은혜는 이와 같다. "내가 나 된 것은 하나님의 은혜"라고 말할 수밖에 없도록 만든다. 그러니 우리는 주님 앞에서 "내가 뭘 할 수 있겠습니까?"라고 겸손하게 말하는 것도 좋지만, "나 같은 자를 왕 같은 제사장으로 삼아주시니 그 은혜에 감사합니다"라고 고백하는, 영원한 채무의식을 가져야 한다. 그것이 진정한 신앙인의 모습이다.

교회도 마찬가지다. 흠 많고 허물 많은 사람들의 모임인 교회가 어떻게 "시온성과 같은 교회 그의 영광 한없다"라는 찬송을 부를 수 있겠는가? 전적으로 하나님의 은혜다. 우리는 하나님의 은혜 덕분에 지금까지 살아온 사람들이다.

그러므로 은혜는 절대로 값싸지 않다. 우리는 은혜를 결코 지루해하거나 무덤덤하게 대할 수 없다. 어떤 사람들은 한국교회가 잘못된 이유 중 하나로 강단에서 값싼 은혜를 선포하는 바람에 성도들의 삶이 무너져 내렸다는 식으로 말한다. 그러나 나는 그런 말을 들을 때마다 가슴을 친다. 은혜가 무엇인지를 모르는 사람의 잘못된 표현이기 때문이다.

은혜가 어떻게 값쌀 수 있는가? 하나님의 은혜는 무자격자인 다윗과 솔로몬을 왕으로 삼았고, 바울을 위대한 복음 전도자로 만들었다. 우리는 이 은혜를 생각할 때마다 펑펑 울어야 마땅하다. 은혜는 참으로 값비싸고 귀해서 넘치는 감격이 뒤따를 수밖에 없다. 값싼 은혜라는 말은 있을 수 없다. 값싼 은혜 어쩌고 하는 말은 탁상공론에 불과하다.

우리는 세상을 사는 동안 수많은 상처를 받는다. 그래서 시간이 갈수록 받은 상처 속에 스며든 불만과 분노 때문에 사나운 몰골을 갖게 된다. 한평생을 상처 속에 지내는 사람들의 얼굴을 보라. 잘났건 못났건 상관없이 얼굴이 일그러져 있다.

그러나 예수님을 진정으로 만난 사람들은 인생의 흠집이나 상처가 동일해도 그 속에 하나님의 은혜가 흘러 들어가기에 삶을 보는 표정이 달라진다. 인생의 고통 가운데 예수님의 은혜가 흘러 들어가면 감옥생활이 찬송생활이 되고, 상처가 별이 된다. 감옥에서 경배로 이어지는 인생이 된다.

새벽예배를 마치고 나오다 한 권사님과 대화를 했는데, 그분이 하신 말씀이 얼마나 내 마음에 와닿았는지 모른다.

"목사님. 저는요, 단 하루도 하나님의 은혜 없이는 살 수 없습니다."

어디 이 권사님뿐이겠는가? 우리 모두는 단 하루도, 아니 단 한 시간도 은혜 없이 살 수 없는 사람들이다. 그 말은 우리 모두가 하나님의 은혜를 받을 수 있는 사람들이라는 뜻이다. 무자격자인 솔로몬이 다윗의 유언을 들은 왕위 계승자가 되었다면, 우리 역시 하나님의 은혜로 그분의 자녀가 될 수 있다. 그 은혜로 하나님의 자녀가 되었기 때문에, 우리는 고린도후서 6장 10절을 자신의 고백으로 말할 수 있다.

근심하는 자 같으나 항상 기뻐하고 가난한 자 같으나 많은 사람을 부요하게 하고 아무 것도 없는 자 같으나 모든 것을 가진 자로다.

우리는 은혜에 대한 채무의식을 가지고 이 말씀을 대할 때, "아무것도 없는 자 같으나 모든 것을 가진 자로다"라는 경탄 어린 은혜의 선포를 하게 된다. 하나님의 은혜에 민감한 인생이 될 때, 우리는 말씀이 약속한 것처럼 모든 것을 가진 자로 살아갈 수 있다.

삶의 토대가 되는 은혜

바울은 고린도전서 15장 10절에서 "내가 나 된 것은 하나님의 은혜로 된 것이니"라고 말한다. '내가 나 된 것'에 해당하는 헬라어 '에이미 호 에이미'에서 중성명사인 '호'는 '무엇'을 뜻하는 말로, 자신의 모든 인격과 지식과 신앙을 총칭한다. 현재의 바울이라는 존재는 삶이든 인격이든 신앙이든 모든 것을 하나님의 은혜에 기초하고 있다는 뜻이다.

본래 이 구절은 과거 예수 믿는 사람들을 죽이던 자신이 예수님을 위해 목숨까지 아까워하지 않는 자가 된 것은 전적으로 하나님의 은혜임을 고백하기 위해 쓰였다. 즉, "지금 내 모습은 나의 능력이나 자격이 아니라 하나님의 은혜로 되었다"라고 말하고 있는 것이다.

내가 나 된 것은 하나님의 은혜라는 말은 바울만의 고백이 아니다. 하나님 앞에 자신을 비추어 그 모습을 직시해 본 사람이라면 모두 이 고백을 하게 된다. "그리스도인은 그 누구도 은혜를 넘어서서는 결코 성장할 수 없다"라는 제임스 패커 목사님의 말처럼, 참된 그리스도인은 언제나 은혜에 의해, 은혜 아래서 성장한다.

어떤 이는 "내가 나 된 것은 하나님의 은혜"라는 말을 멋진 표현이라고만 생각할지도 모른다. 그러나 이것은 결코 수사학적 표현이 아니다. 치열한 현실을 살아낸 자들의 참된 고백이다.

현재 나의 삶이 하나님의 은혜 속에 있다는 말은 예수 그리스도 께서 자신의 영적인 형상을 따라 우리를 다시 만드신다는 뜻이다. 즉, 우리가 예수님을 믿기 전에는 죄의 종으로 죄의 지배를 받으며 죄로 인해 왜곡된 삶을 살았지만, 예수님을 믿고 난 후에는 날마다 죄와 치열하게 싸우며 주님을 닮아가는 삶, 다시 만들어가는 삶, 새로운 피조물로서 변화된 삶을 살게 된다. 중요한 것은 이 새로운 삶으로 변화되는 것이 우리 힘으로는 불가능하지만, 성령의 변화 시키는 능력 속에서 날마다 조금씩 달라질 수 있다는 사실이다.

죄의 종이었던 내가 주님의 형상을 닮아가는 이 기적적인 삶은 '하나님의 은혜'가 아니면 설명할 수 없다. 우리의 힘으로는 결코 죄의 중력을 벗어날 수가 없다. 하지만 성령 하나님께서 친히 우리 를 도와주시면, 우리는 예수님을 닮은 새사람으로 살아갈 수 있다. 그러니 이 모든 걸 '은혜'라고 말할 수밖에 없다.

과거에는 자신의 약함을 부끄러워 했지만, 이제는 자랑하게 된 다. 왜냐하면 하나님께서 자신의 약함을 사용하실 것을 알기 때문 이다. 과거에는 자신이 갖지 못한 것을 한탄했지만, 이제는 갖지 못한 것을 통해 오히려 다른 사람을 부요하게 만드는 삶을 살 수 있다(고후 6:10). 은혜가 그리스도인의 삶의 토대가 된다는 건 바로 이와 같다.

다윗의 유언 2. 말씀의 대장부가 되라

다윗이 솔로몬에게 남긴 두 번째 메시지는 본문 2-4절에 나와 있 다. 자녀를 향한 다윗의 유언은 말씀의 대장부가 되라는 것에 초점을 맞추고 있다.

> 너는 힘써 대장부가 되고 네 하나님 여호와의 명령을 지켜 그 길로 행하
> 여 그 법률과 계명과 율례와 증거를 모세의 율법에 기록된 대로 지키라
> 그리하면 네가 무엇을 하든지 어디로 가든지 형통할지라 여호와께서 내
> 일에 대하여 말씀하시기를 만일 네 자손들이 그들의 길을 삼가 마음을
> 다하고 성품을 다하여 진실히 내 앞에서 행하면 이스라엘 왕위에 오를
> 사람이 네게서 끊어지지 아니하리라 하신 말씀을 확실히 이루게 하시리
> 라(2-4절).

말씀의 대장부가 된다는 건 무슨 뜻일까? 다윗은 솔로몬에게
법률과 계명, 율례와 증거의 통칭인 율법을 지키라고 말한다. 그러
니까 하나님과의 관계가 제대로 정립되면 나머지 문제는 자연히
정리된다. 말씀 앞에 바로 서면 인생의 모든 문제가 해결된다는 뜻
이다.

그러므로 대장부가 되어 하나님의 말씀을 힘써 지키라는 말씀
은 하나님과 맺은 언약적 관계에 대한 강조라 볼 수 있다. 나중에
바울 사도는 이를 재해석하면서 "깨어 믿음에 굳게 서서 남자답게
강건하라"(고전 16:13)라고 말했다. 이는 사명으로 살라는 의미이기
도 하다.

부모인 우리의 사명은 무엇인가? 신명기 6장 6-7절이 말한 대
로 "이 말씀을 너는 마음에 새기고 네 자녀에게 부지런히 가르치
[는]" 것이다. 자녀에게 부지런히 가르치기 위해서는 말씀을 마음
에 새기는 과정이 필요하다. 즉, 가르치기 전에 믿음으로 본을 보
여야 한다.

솔로몬은 다윗에게 이 말씀을 유언으로 받은 뒤 하나님을 섬기는 사람들의 삶을 보면서 깨달은 것이 있다. 바로, 말씀을 새기고 가르치려는 거룩한 부담감을 안고 사는 사명자의 자녀에게 요새와 피난처의 은혜가 임한다는 사실이다. 그래서 잠언에 이렇게 기록했다.

> 여호와를 경외하는 자에게는 견고한 의뢰가 있나니 그 자녀들에게 피난처가 있으리라(잠 14:26).

이 말씀을 현대인의성경으로 보면 보다 쉽게 이해할 수 있다.

> 여호와를 두려운 마음으로 섬기는 자에게는 안전한 요새가 있으니 이것이 그의 자녀들에게 피난처가 될 것이다(잠 14:26, 현대인의성경).

말씀을 가르치는 일을 부모의 사명으로 알고 끝까지 말씀의 대장부로 살 때, 결정적인 순간에 그 말씀이 자녀에게 피난처가 된다. 우리 자녀가 악한 세상을 살아가면서 상처를 받아 쓰러지고 좌절하기도 하지만, 정말 힘든 순간을 맞이할 때는 그간 행해왔던 부모의 말씀 사역이 자녀에게 피난처가 되어 영적인 담대함으로 일어설 힘을 준다는 뜻이다.

이 말씀은 부모인 우리에게 부담으로 다가오기도 한다. '나는 과연 자녀 앞에서 제대로 살았나? 자녀는 부모의 말을 듣고 사는 게 아니라 부모의 뒷모습을 보고 따른다는데, 나는 과연 말씀을 가르칠 만큼 본이 되게 살아왔나?'를 생각하게 한다. 그러나 그런 걱정을 거룩한 부담으로 받아들이며 부모로서 말씀의 담대한 대장부가 되겠다는 사명 선언을 할 때, 우리 자녀의 인생에 보호막이 임하는 은혜가 있으리라 믿는다.

삶의 증거로 유언하라

신명기 6장은 부모가 자녀들에게 신앙의 유산을 어떻게 물려줄 것인지에 대해 말씀한다. 신명기 6장 5-7절을 보자.

> 너는 마음을 다하고 뜻을 다하고 힘을 다하여 네 하나님 여호와를 사랑하라 오늘 내가 네게 명하는 이 말씀을 너는 마음에 새기고 네 자녀에게 부지런히 가르치며 집에 앉았을 때에든지 길을 갈 때에든지 누워 있을 때에든지 일어날 때에든지 이 말씀을 강론할 것이며.

여기서 중요한 건 순서다. 성경은 자녀에게 하나님의 율법을 가르치기 전에 부모부터 신앙의 본보기를 보이라고 명령한다. 그런데 입술로만이 아니라 삶으로 모범을 보이는 일은 결코 쉽지 않다. 그래서 복음주의 사역자인 게리 토마스는, 부모가 자녀에게 신앙적 모본을 남기는 일은 마치 정글에 길을 내는 것처럼 어렵다고 말했다. 아무도 가지 않았던 정글에 길을 낸다는 건 얼마나 어려운 일인가? 그러나 부모가 하나님 앞에서 신앙으로 살아가면, 정글과 같은 이 세상에서 자녀의 삶을 지켜주시는 하나님의 은혜가 임한다는 걸 잠언 14장 26절은 알려주고 있다.

특히 우리 자녀들이 세상 속에서 대장부처럼 살아가기를 원한다면, 우리가 먼저 말씀의 대장부가 되어 치열하게 살아가야 한다. 마치 정글에 길을 내는 것처럼, 신앙적인 실천과 섬김을 위해 수고를 아끼지 말아야 한다. 말씀대로 살아가는 부모의 모습이 자녀에게 복으로 이어지기 때문이다.

이는 마치 우리가 바울서신에서 힘을 얻는 원리와도 비슷하다. 삶에서 겪는 고통 때문에 마음이 무너질 때, 우리는 종종 바울서신을 읽다가 메마른 신앙이 은혜로 촉촉하게 적셔지는 것을 경험한다. 약해진 마음이 다시 힘을 얻어 강건해지는 것도 느낀다. 왜 그럴까? 바울의 서신서를 읽을 때마다 바울이 여러 번 말했던, "너희는 나를 본받는 자들이 되라"라는 권면이 마음에 와닿기 때문이다. 바울이 죽음의 골짜기를 지나면서도 하나님 앞에서 신앙적으로 흔들림 없이 살았던 것처럼, 우리도 바울서신을 읽다 보면 마음이 견고해지는 것을 경험한다. 바울의 생생한 삶의 모본을 보면서 그가 그리스도를 본받는 자가 된 것같이 우리도 바울을 본받는 자가 된다(고전 11:1). 말씀대로 살아가는 우리의 삶을 통해 자녀도 이와 같은 복을 누리게 될 것이다.

다윗의 유언 3. 인생의 재고정리를 하라

다윗의 첫째 유언은 하나님의 은혜를 잊지 말라는 내용이다. 둘째 유언은 대장부가 되어 말씀을 지키라는 내용이다. 그리고 셋째 유언의 핵심은 뜻밖에도 요압과 시므이를 처단하라는, 인생의 재고정리와 관련된 내용이다.

새로운 출발은 과거에 대한 정리로 시작된다. 버릴 것과 지킬 것을 명확히 해야 새롭게 출발할 수 있다. 집에서도 유통기한이 지난 식재료를 과감하게 정리해야만 곰팡이가 피는 것을 방지할 수 있지 않은가? 그래서 다윗은 솔로몬을 향해 우물쭈물하지 말고 버릴 것은 담대하게 정리하라고 말한다.

다윗이 솔로몬에게 처단하라고 말한 요압은 어떤 인물이었는가? 그는 다윗의 용맹한 군대장관으로 다윗에게 충성을 바친 사람이다. 그러나 훗날 겸손을 잃고 자기 뜻대로 행동하여 다윗에게는 평생 가시가 되고 말았다. 모든 이를 품으려는 다윗의 정책에 따라 아브넬을 죽이지 말라고 했는데도 요압은 아브넬을 죽였고 아마사를 죽였으며, 압살롬까지 죽이고 만다. 나중엔 솔로몬이 아닌, 아도니야를 왕으로 추대하려는 움직임에 앞장서기도 했다. 따라서 다윗은 요압으로 인해 말할 수 없는 고통을 겪었다.

다윗이 솔로몬에게 경계할 것을 권한 시므이도 좋은 사람이 아니었다. 그는 다윗이 압살롬을 피해 눈물을 흘리며 기드론 시내로 도망갈 때, 대놓고 다윗을 저주했다. 그러나 다윗은 그마저 용서하고 품어주었다. 그럼에도 시므이는 끝까지 다윗에게 어려움을 끼쳤다.

다윗이 요압과 시므이에게 응당한 벌을 내리라는 유언을 남긴 이유는 개인적 복수를 위해서가 아니라 솔로몬이 이어갈 국가의 안정을 위해서였다. 다윗은 이스라엘 안에서 악을 행하고도 형통하다는 말을 듣는 자가 없도록, 더 큰 악이 재생산되지 않도록, 솔로몬의 치세와 권력에 걸림돌이 되지 않도록, 두 사람을 처벌하라고 단호하게 말한다. 그리고 솔로몬은 다윗의 의도를 정확히 파악했던 것 같다. 그래서 잠언 25장 5절에서 다음과 같이 말한다.

왕 앞에서 악한 자를 제하라 그리하면 그의 왕위가 의로 말미암아 견고히 서리라.

잠언은 오고 오는 세대에 지혜를 전해주고자 기록되었지만, 동시에 솔로몬 자신의 경험에서 나왔다는 걸 알 수 있다. 그는 마치 "요압과 시므이 같은 악한 자들을 처리하라. 그리하면 그의 왕위가 의로 말미암아 견고히 서리라"라고 말하는 듯하다.

솔로몬은 아버지 다윗의 유언대로 행함으로써 견고한 이스라엘 왕국을 건설한다. 열왕기상 2장 46절을 보라.

> 여호야다의 아들 브나야에게 명령하매 그가 나가서 시므이를 치니 그가 죽은지라 이에 나라가 솔로몬의 손에 견고하여지니라.

이처럼 안팎의 악을 제거해야만 개인과 공동체가 든든히 설 수 있다.

시편 97편 10절도 "여호와를 사랑하는 너희여 악을 미워하라 그가 그의 성도의 영혼을 보존하사 악인의 손에서 건지시느니라"라고 말씀한다. 악을 미워하는 것이 우리 영혼을 보존하는 첩경이다. 그러나 오늘날은 악에 대해 점점 둔감해지고 있다. 내게 피해만 주지 않는다면 악을 범하는 사람들이 무얼 하든 크게 괘념치 않는다. 여기에는 사탄의 치밀한 전략이 숨어 있다. 악을 악으로 보지 못하게 하고, 악을 악으로 느끼지 못하게 하는 것이다. 그래서 세계적인 기독교 변증가인 오스 기니스는 "세상이 글로벌 시대로 도약하면서 악을 규정하고 처리하는 전통적인 방식은 주변으로 밀려났고 악은 더욱 극대화되었다"라고 말했다. 한마디로 악이 마음껏 활개치는 시대가 되었다는 뜻이다.

예전에는 절대 진리, 절대 가치, 절대 규범이 있었기에 악을 어느 정도 제어할 수 있었다. 그러나 절대 진리를 인정하지 않는 포스트모더니즘 시대가 도래하면서 악의 고삐는 완전히 풀려버리고 말았다. 특히 요즘처럼 맘몬을 섬기는 세태에는 돈으로 악도 멋지게 포장할 수 있다. 달라스 윌라드는 이처럼 악이 만연한 세상에 대해 "악에 속수무책인 세상"이라고 적나라하게 표현했다.

이렇게 악이 활개를 치고 악을 더 이상 악으로 여기지도 않는 세상에서, 어떻게 하든지 악에서 떠나고(벧전 3:11) 악은 그 모양이라도 버리라는(살전 5:22) 말씀을 따라 악을 제거하는 데 온 힘을 쏟아야 하는 이유가 무엇일까?

한마디로 악은 우리의 영혼을 파괴하기 때문이다. 베드로는 공동체 속에서 활개치는 악이 영혼을 유혹하면서 공동체를 크게 파괴하는 것에 대해 심각하게 여긴 나머지, 악을 행하는 자들을 '저주의 자식'이라고 경계했다(벧후 2:14). 공동체를 파괴하는 악에 대해서는 요한삼서 1장 9-10절에서도 잘 나타나 있다.

> 내가 두어 자를 교회에 썼으나 그들 중에 으뜸되기를 좋아하는 디오드레베가 우리를 맞아들이지 아니하니 그러므로 내가 가면 그 행한 일을 잊지 아니하리라 그가 악한 말로 우리를 비방하고도 오히려 부족하여 형제들을 맞아들이지도 아니하고 맞아들이고자 하는 자를 금하여 교회에서 내쫓는도다.

다윗의 유언 4. 도움 받은 것을 감사하며 살라

다윗이 솔로몬에게 남긴 네 번째 유언을 보면 마음이 따뜻해진다.

> 마땅히 길르앗 바르실래의 아들들에게 은총을 베풀어 그들이 네 상에서

먹는 자 중에 참여하게 하라 내가 네 형 압살롬의 낯을 피하여 도망할 때에 그들이 내게 나왔느니라(7절).

다윗은 바르실래의 아들들에게 은혜를 갚으라고 말한다. 마지막 말을 남기는 중요한 순간에 왜 하필 바르실래의 이름을 거론했을까? 어려웠던 시절, 바르실래에게서 받은 도움을 다윗 자신이 잊지 못했기 때문이다.

다윗이 압살롬을 피해 도망 다닐 때, 바르실래는 다윗을 극진히 섬겼다. 사무엘하 17장에 보면, 바르실래는 빈손으로 도망 나온 다윗에게 침상과 대야, 질그릇, 밀, 보리, 밀가루, 볶은 곡식, 콩, 팥, 볶은 녹두, 꿀, 버터, 양, 치즈를 내주며 그를 도왔다. 그 일이 너무도 고마웠던 다윗은 궁으로 돌아온 뒤 바르실래와 그의 가족에게 보상을 해주었다. 그럼에도 솔로몬에게 은혜를 갚으라 말하고 있다. 이는 그리스도인이 가져야 할 마음 자세가 아닐까 싶다. 받은 것에 감사하고 또 감사할 때 우리는 한겨울을 따뜻하게 보낼 수 있다.

공산주의 국가에 가면 없는 말이 몇 개 있다. 감사하다는 말, 사랑한다는 말, 미안하다는 말이다. 1990년대에 나는 한 중국인 그리스도인을 미국으로 보내서 수년 동안 공부하도록 도와준 적이 있었다. 이후 그는 목회자가 되었는데, 이상한 것은 그 형제가 한 번도 내게 고맙다는 인사를 하지 않았다는 점이다. 물론 인사를 바라고 행한 일은 아니었지만, 형제의 행동이 참 이상하다는 생각이 들었다. 그걸 알아차렸는지 어느 날인가 형제가 내게 죄송하다는 말을 전해왔다. 그러면서 하는 말이 "사실은 정말 고마웠습니다. 그런데 워낙 감사하다는 말이 익숙하지 않은 사회에서 자라다 보니 그 말을 할 줄 몰랐습니다"라고 하는 게 아닌가? 사회주의 냄새만 말아도 고맙다는 말을 하기가 어렵다는 걸 그때 알았다.

우리는 어떤가? 혹 공산주의 체제에서 자란 사람처럼 고맙다는 말을 할 줄 모르는 사람들은 아닌가? 하나님의 은혜로 구원받은 그리스도인이라면 하나님께는 물론, 사람들에게도 고맙다는 말을 입에 달고 사는 게 마땅하다. 감사의 말이 넘쳐날 때, 그 인생은 더 더욱 풍요로워질 수 있다.

어르신들이 자주 하던 이야기 중에 이런 말이 있다.

"도와준 일은 물에 흘려보내고, 도움 받은 일은 돌에 새기라."

도움 받은 것에 대해 다윗처럼 뼛속 깊이 감사를 새김으로 고맙다는 말을 입버릇처럼 하는 우리가 되길 바란다. 우리가 고맙다는 말을 입에 달고 살 때 다음세대 또한 '고맙다'는 말을 일상화할 것이라 믿는다. 이를 위해 지금부터라도 생각나는 사람들에게 감사 카드를 쓰는 것부터 실천하면 어떨까?

바울은 동역자들에 대한 감사의 마음을 담아 서신서마다 감사한 이들의 명단을 나열하며 다른 사람들에게도 감사에 참여하기를 권했다. 대표적인 예가 브리스가와 아굴라에 대한 감사 내용이다.

> 너희는 그리스도 예수 안에서 나의 동역자들인 브리스가와 아굴라에게
> 문안하라 그들은 내 목숨을 위하여 자기들의 목까지도 내놓았나니 나뿐
> 아니라 이방인의 모든 교회도 그들에게 감사하느니라(롬 16:3-4).

바울을 위해 목숨까지도 내놓은 브리스가와 아굴라를 향한 감사의 고백은 바울뿐만 아니라 이방인의 모든 교회에서도 이어지고 있었다. 얼마나 아름다운 감사의 행렬인가?

다윗은 솔로몬에게 이와 같은 감사의 행렬이 이어지기를 유언

을 통해 권면하고 있다. 감사로 충만할 때, 믿음이 충만해지고 은혜가 충만해짐을 알았던 것이다.

가정이나 교회에서 다음세대를 키울 때 감사하는 마음을 심어야 하는 이유도 이와 같다. 감사야말로 다음세대의 미래를 결정하기 때문이다. 감사는 심지어 한 민족의 운명까지도 결정짓는다. 광야에서 하나님이 보내주신 구름기둥과 불기둥, 만나와 같은 것들에 감사하지 않고 불평만 늘어놓았던 이스라엘 사람들은 아무도 가나안 땅에 들어갈 수 없었다는 사실을 떠올려보라.

인간은 아무리 큰 은혜를 받고 감사를 표했더라도, 흐르는 시간과 함께 그 마음도 흘려보내곤 한다. 그래서 가정과 교회는 적극적으로 은혜를 기록하면서 감사를 표하는 습관을 가르쳐야 한다. 이를 위해, "백여 년 전에 복음이 우리나라에 전해져 우리가 예수님을 믿게 된 것을 감사합시다"라는 식으로 가르치는 것도 좋지만, 다음과 같이 좀 더 구체적인 이야기를 해줌으로써 다음세대의 가슴에 은혜를 새기는 것도 좋은 방법이다.

1890년, 로제타 셔우드 홀은 조선에 선교사로 와서 의료 사역을 시작했다. 어느 날, 화상으로 손가락 세 개가 붙은 16세의 처녀가 찾아왔다. 손가락을 분리하는 수술에는 성공했지만, 피부를 이식해 흉터를 덮는 것이 관건이었다. 그래서 그녀는 자신의 피부를 떼어 상처를 치료했다.
그녀의 남편인 윌리엄 제임스 홀도 1891년에 조선으로 와서 선교에 헌신했다. 하지만 그는 3년 뒤 중병에 걸려 세상을 떠나고 말았다.
남편이 죽자 로제타 셔우드 홀은 아이들을 데리고 미국으로 돌아갔다가 1897년에 다시 조선으로 와서 사역을 이어갔다. 그런데 이듬해에는 딸 에디스가 이질에 걸려 세상을 떠나고 말았다. 그녀는 선교하러 온 땅에

서 남편과 딸을 잃었지만, 무려 43년간 우리 민족을 위해 변함없이 헌신
했다.

훗날, 아들 셔우드 홀도 미국에서 의사 수업을 마친 뒤 아내를 데리고
다시 조선을 찾아왔다. 그는 폐결핵 환자를 위해 일하다가 일제에 의해
추방을 당했다. 이처럼 홀의 가문은 부모 세대에서 자녀 세대에 이르기
까지 복음을 위해 희생하는 게 무엇인지를 보여주는 본보기가 되었다.

이처럼 복음을 위해 헌신한 가족의 이야기를 어릴 때부터 가슴
에 새길 때, 우리 아이들은 은혜를 알고 감사를 아는 세대로 자라
날 수 있을 것이다. 이러한 자녀를 양육하는 것이 부모에게 주어진
사명이다. 은혜와 감사를 아는 사람들은 가슴 밑바닥에 불평이나
원망이 자리 잡을 수 없기 때문이다.

마지막 순간에 무엇을 남길 것인가

우리는 지금까지 다윗의 유언을 총 네 가지로 정리해 보았다.

첫째, 은혜의 영원한 채무자가 되라. 둘째, 말씀의 대장부가 되
라. 셋째, 인생의 재고정리를 하라. 넷째, 감사에 풍성한 인생이 되
라. 다윗의 유언을 실천한다면 우리도 인생에서 영적 성공을 거두
게 되리라 믿는다.

다윗의 임종 직전의 유훈이 역대상 29장에도 나오는데, 그때 어
떤 일이 벌어지는 역대상 29장 20절과 22절 말씀을 보라.

다윗이 온 회중에게 이르되 너희는 너희 하나님 여호와를 송축하라 하
매 회중이 그의 조상들의 하나님 여호와를 송축하고 머리를 숙여 여호

와와 왕에게 절하고(대상 29:20).

이 날에 무리가 크게 기뻐하여 여호와 앞에서 먹으며 마셨더라 무리가
다윗의 아들 솔로몬을 다시 왕으로 삼아 기름을 부어 여호와께 돌려 주
권자가 되게 하고 사독에게도 기름을 부어 제사장이 되게 하니라
(대상 29:22).

다윗이 마지막 유언을 마치고 나니 무슨 일이 벌어졌는가? 찬
양이 있었다. 감사가 있었다. 참된 예배가 있었다. 그리고 나중에는
잔치가 벌어졌다.

우리는 이를 보며 한 가지 사실을 확인할 수 있다. 우리가 인생
에서 마지막으로 남길 일은 하나님을 향한 찬양과 예배여야 한다
는 것이다. 다윗은 마지막 숨을 거두기 전, 예배자로서 승리를 거
두었다. 그의 마지막 시간을 예배와 찬양과 감사로 채웠다.

다윗의 인생에는 그를 죽이려는 대적자들이 가득했지만, 그의
인생에 가득했던 예배와 찬양과 감사가 결국 다윗의 생애를 승리
로 마무리짓게 했다. 오늘 우리 마음에도 이런 소원이 불타올랐으
면 좋겠다.

"하나님 아버지, 내 생애 마지막 날에는 가족과 함께 하나님을
예배하고 찬양하다가 주님 앞에 가게 하옵소서."

나는 지금도 할아버지께서 돌아가실 때 얼굴에 평화로운 미소
를 머금고 〈저 좋은 낙원 이르니〉라는 찬송을 다 함께 부르던 장면
을 생생하게 기억한다. 할아버지는 그 찬송을 부르는 우리를 바라
보시다가 너무도 고요하게 하나님께로 가셨다. 할아버지의 모습은
자손에게 남기는 최고의 유언이 찬양과 감사와 예배에 있음을 다

시 한번 알려주셨다.

우리도 이렇게 이 땅을 떠나야 하지 않겠는가? 그러려면 지금부터 그 순간을 준비해야 한다. 내가 죽을 때 부를 찬송가를 무엇으로 할지, 그때 어떤 말을 자녀에게 남길지를 준비하며 이 계절을 보내는 것이다.

무엇보다 최고의 유언은 가족과 함께 예배하고 찬송하다가 죽는 것임을 잊지 말아야 한다. 젊은이부터 어르신에 이르기까지 우리 모두 마지막 순간, 예배하고 찬송하며 하나님 품에 안기길 사모하면서 기도로 준비했으면 좋겠다. 지금부터 그렇게 기도하며 살아갈 때, 하나님께서 우리에게 인생의 최후 승리를 안겨주시리라 믿는다.

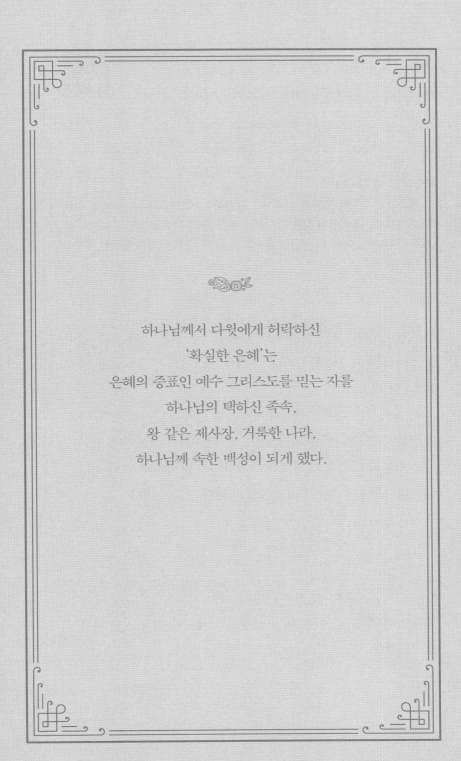

하나님께서 다윗에게 허락하신
'확실한 은혜'는
은혜의 증표인 예수 그리스도를 믿는 자를
하나님의 택하신 족속,
왕 같은 제사장, 거룩한 나라,
하나님께 속한 백성이 되게 했다.

마음이 하나님께 합한 사람

CHARGING AFTER GOD'S OWN HEART

사도행전 13:22–23

22 폐하시고 다윗을 왕으로 세우시고 증언하여 이르시되 내가 이새의 아들 다윗을 만나니 내 마음에 맞는 사람이라 내 뜻을 다 이루리라 하시더니 23 하나님이 약속하신 대로 이 사람의 후손에서 이스라엘을 위하여 구주를 세우셨으니 곧 예수라

마음은 기분이나 감정이 아니다. 마음은 인간의 사고와 선택, 결정을 장악하는 인격의 중심이다. 그래서 하나님은 우리 마음을 중요하게 보신다.

이 장에서는 다윗과 관련하여 마음의 문제를 다루려 한다. 마음을 말하지 않고서는 신앙의 핵심도 말할 수 없기 때문이다. 말씀을 듣는 이들의 마음을 성령께서 조명하셔서 영적인 시야로 신앙의 깊은 바다를 헤엄치는 경험이 있길 바란다.

주님의 마음을 알 때 일어나는 일

본문은 사도 바울이 비시디아 안디옥에서 처음으로 설교한 내용이다. 바울은 사울 왕 이후 다윗이 왕으로 세워질 때의 일을 다음처럼 정리했다.

폐하시고 다윗을 왕으로 세우시고 증언하여 이르시되 내가 이새의 아들 다윗을 만나니 내 마음에 맞는 사람이라 … 하나님이 약속하신 대로 이 사람의 후손에서 이스라엘을 위하여 구주를 세우셨으니 곧 예수라 (22-23절).

우리는 이 말씀을 통해, 하나님께서 사람을 쓰실 때 마음을 보신다는 사실을 알게 된다. 인격의 중심인 마음이 정리되어야 하나님의 뜻을 이룰 수 있기 때문이다. 여기서 하나님의 뜻이란 우리의 구세주이신 예수님을 더 깊이 깨닫는 것을 말한다. 그러므로 우리 마음이 훈련되고 하나님의 사람으로 정비되면 예수님을 깊이 깨달을 수 있고, 예수님께 깊이 사로잡히면 하나님의 뜻을 이룰 수 있다.

앞에서 나는 "왜 하나님은 끝까지 다윗을 쓰셨을까?"라는 질문을 했다. 다윗은 치명적인 실수를 하고 범죄도 저지르는 등 문제가 적지 않은 사람이었는데, 어떻게 끝까지 하나님께 버림받지 않고 하나님 왕국의 예표인 다윗 왕국을 건설할 수 있었을까?

이에 대해 완벽하게 답할 수는 없지만 한 가지는 분명히 말할 수 있다. 본문에서 바울이 해석한 대로, 다윗은 하나님의 마음에 맞는 사람이었기 때문이다. 수많은 우여곡절을 겪었으면서도 다윗의 마음은 전심으로 하나님께 가 있었다. 그리고 하나님은 그러한 다윗의 마음을 보고 계셨다.

여호와의 눈은 온 땅을 두루 감찰하사 전심으로 자기에게 향하는 자들을 위하여 능력을 베푸시나니(대하 16:9).

이 말씀에 의하면 하나님의 관심은 하나다. 그분은 불꽃같은 눈으로 사람을 살피시면서 전심으로 하나님을 찾는 자가 누구인지 보신다. 주일마다 수천 명이 모여 예배를 드려도 하나님의 관심은 숫자에 있지 않다. 마음이 하나님께로 가 있는지, 전심으로 하나님을 향하는 자가 누구인지에 그분의 시선이 머문다. 전심은 'whole heart'이다. 즉, 하나님은 우리 인격의 중심인 마음이 하나님께로 온전히 향해 있는 자를 찾고 계신다.

사역을 하려면 세 가지가 있어야 한다. 마음과 비전과 실력이다. 그런데 이 세 가지 중 모든 사역의 토대가 되는 핵심은 '마음밭'이다. 마음이 하나님 앞에 정리되지 않으면 하나님께서 아무리 기술이나 능력을 주셔도 오래가지 못한다. 마음이 준비되지 않은 사람은 비전이 주어져도 그 비전을 오래 감당할 수가 없다.

우리가 주님께 한결같이 쓰임받고 싶다면, 마음의 문제를 깊이 다루어야 한다. 마음이 일을 하고 역사한다는 걸 알아야 한다. 무엇보다 하나님의 마음이 무엇인지를 깨달아야 한다. 그래야만 주님의 마음을 가지고 이 땅에서 하나님의 뜻을 이루어갈 수 있다.

사랑의교회 본당의 스테인드글라스에는 목자 예수님 그림과 돌아온 탕자 그림이 있다. 나는 성도들이 그 그림을 보면서 목자이신 예수님의 마음을 느끼길 바란다. 마음을 안다는 것, 마음을 깨닫는다는 것은 신앙생활에서 무엇보다 중요한 문제이기 때문이다.

우리가 잘 아는 오병이어 사건을 떠올려보자. 어느 날 주님은 벳새다 들판에서 말씀을 전하시다가 온종일 굶고 있는 무리를 보며 저들에게 먹을 것을 주라고 말씀하셨다. 그때, 제자 중 빌립은 주님의 마음을 헤아리지 못하고 이렇게 말했다.

"아이고 주님, 우리가 어떻게 저들을 먹입니까? 우리에게 돈이 있습니까, 양식이 있습니까? 이백 데나리온은 있어야 이들을 먹일 수 있을 텐데요."

그런데 빌립과는 달리 주님의 마음이 와닿은 안드레는 '저들을 먹일 만한 게 없을까?'라고 생각하며 먹을거리를 찾아다녔다. 그러다가 어린아이 한 명을 만났고, 그 아이에게서 보리떡 다섯 개와 물고기 두 마리가 든 도시락을 건네받았다. 그걸 주님께 올려드릴 때 안드레는 부끄러웠을 것이다. '이걸로 몇 명이나 먹일 수 있을까?'라는 인간적인 생각이 들 수밖에 없었다. 그러면서도 안드레의 인격 중심인 마음에서는 이렇게 말하고 있었을 것 같다.

'주님, 제가 구해올 수 있는 게 고작 이것뿐입니다. 부끄럽지만 이것이라도 주님께 드립니다. 주님이 받아주시고 문제를 해결해주소서.'

주님은 그 마음을 알아주신 듯 보리떡 다섯 개와 물고기 두 마리에 축사하셨고, 그 자리에서 5천 명을 먹이고도 남는 기적이 일어났다. 우리의 마음이 주님의 마음에 가닿을 때, 바로 이런 기적이 일어난다. 초라하고 부족해도 우리 인격의 중심이 주님의 마음 안으로 들어갈 때, 주님은 우리 마음에 축사하시며 놀라운 기적을 베풀어주신다.

마음 고찰 1. 하나님은 먼저 마음을 다루신다

마음이 이토록 중요하기 때문에 하나님은 사람을 쓰실 때 먼저 마음을 다루신다. 앞서 말한 대로 마음이란 인격의 중심이다. 내면의 중심, 우리 심장의 태도가 바로 마음이다. 심장이 멈추면 죽는 것처럼, 삶 전체의 영적인 근원이요 진원지인 마음이 죽는다면 영적으로 죽을 수밖에 없다.

마음이 떠난 가족, 마음이 떠난 성도, 마음이 떠난 직원들을 보는 건 참 힘들다. 마음이 떠나면 일을 하기 어렵다. 그래서 나는 늘 동역자들에게 "마음이 떠나면 아무 일도 못 하니까 항상 여러분의 마음이 주님과 교우들에게 가 있기를 원합니다"라고 말한다. 마음을 주님과 영혼에 두지 않으면 삶을 통해 하나님 나라를 확장할 수 없다.

그래서 주님은 우리에게 날마다 마음을 정리하도록 요구하신다. 마음을 다하여 여호와를 의뢰하라고 말씀하신다. 살아 있다는 건 마음을 쓰고 있다는 걸 뜻한다. 마음을 쓰되 그 마음이 전심으로 하나님을 향해 있어야, 즉 하나님을 사무치게 사모하는 마음이라야, 우리 삶은 하나님 나라를 향해 충성스럽게 달려갈 수 있다.

주님을 사모한다는 건 마음이 하나님께로 가 있다는 뜻이다. 아기들이 엄마를 찾는 것도 마음이 엄마에게 가 있어서 그런 것처럼, 우리 마음이 온통 주님께로 가 있으면 우리는 항상 주님을 찾게 된다. 그처럼 주님을 간절히 구할 때, 우리 삶은 하나님 나라를 향해 달리게 된다.

부모의 마음을 한번 들여다보라. 자식들이 부모 마음을 다 차지하고 있다. 그러나 어떤 사람은 마음이 온통 돈에 가 있다. 자나 깨나 앉으나 서나 돈만 생각한다.

우리의 마음은 어디에 가 있는가? 우리 마음이 가 있는 곳이 우리가 추구하는 삶의 방향이자 결실이라는 걸 잊지 말아야 한다.

다윗의 마음은 주님께 가 있었다. 그 마음이 주님을 향해 얼마나 사무쳤던지 "내가 주의 계명들을 사모하므로 내가 입을 열고 헐떡[일]"(시 119:131) 정도였다. 밤낮으로 주님을 사모했던 다윗은 "잠자리에 들어서도 주님만을 기억하고 밤을 새우면서도 주님만을 생각합니다"(시 63:6, 새번역)라고도 말했다. 또한 "하나님이여 주는 나의 하나님이시라 내가 간절히 주를 찾되 물이 없어 마르고 황폐한 땅에서 내 영혼이 주를 갈망하며 내 육체가 주를 앙모하나이다"(시 63:1)라는 절실한 마음을 표현하기도 했다. 광야에 물이 없어 마르고 황폐할 때의 갈증처럼 주님을 향한 갈증이 그와 같다는 것이다. 사모한다는 건 이런 상태를 말한다.

지금으로부터 9백여 년 전에 클레르보의 버나드는 오늘날 찬송가 85장의 가사가 된 찬송시를 썼다.

"구주를 생각만 해도 이렇게 좋거든 주 얼굴 뵈올 때에야 얼마나 좋으랴."

마음이 주님께 가 있으니 이러한 표현을 할 수 있었던 것이다.

주님을 향한 마음이 불타오르면, 심지어 연애를 할 때도 주님 이야기를 안 할 수 없다. 나는 아내와 교제할 때도 편지 서두에 꼭 이렇게 쓰곤 했다.

"자매님, 늘 불러도 아쉬움뿐인 우리 주님의 이름으로 문안합니다."

젊은이들이 들으면 이게 뭐냐고 웃을지도 모르겠지만, 당시의 나는 부르고 불러도 갈급한 우리 주님을, 사랑하는 자매와 공감하고 싶은 마음이었다. 이성 교제를 하더라도 주님이 중심이 된 만남을 갖고 싶었다. 그래서인지 나는 시편 62편 5절에 깊은 감동을 받는다.

무릇 나의 소망이 그로부터 나오는도다.

인격의 중심인 마음이 주님으로 인해 다듬어지고 정리되어야만 할 수 있는 고백이다. 다윗은 그의 파란만장한 삶을 통해 마음을 다루시는 하나님을 수없이 경험했기에, 인생의 소망이 주님께로부터 나온다는 사실을 고백할 수 있었다. 오늘도 이렇게 기도하며 사는 사람은 복이 있다.

"하나님이여, 내 마음이 늘 주께로 가 있게 하소서. 숨을 쉬는 모든 순간에 내 마음이 주님을 경배하게 하소서."

마음 고찰 2. 마음 훈련의 목적

하나님께서 우리를 쓰실 때, 먼저 마음 훈련을 하시는 데는 이유와 목적이 있다. 일반적으로 '훈련'이라고 하면 "이기기를 다투는 자마다 모든 일에 절제하나니"(고전 9:25)와 같은 자기 절제(Self-discipline)를 생각한다. 그러나 그리스도인들에게 마음 훈련은 궁극적으로 내 몸을 쳐서 복종하는 것 이상을 뜻한다. 하나님께서 그리스도인들의 마음을 훈련하시는 목적은 빌립보서 2장 5절에서 찾을 수 있다.

너희 안에 이 마음을 품으라 곧 그리스도 예수의 마음이니.

예수님의 마음을 갖는 것이 곧 마음 훈련의 목적이다. 하지만 예수님의 마음을 닮아간다는 건 우리가 감히 오를 수 없는 고봉(高峯)처럼 느껴진다. 그럼에도 말씀을 통해 우리에게 명령하시기 때문에, "저는 부족하지만 예수님의 마음을 닮기 원합니다"라고 고백하며 노력하는 자세가 필요하다.

예수님의 마음을 닮는다는 건 추상적인 성격을 가지고 있다. 달라스 윌라드의 책《하나님의 모략》(복있는사람)에 보면, 예수님의 마음을 닮는다는 건 하나님께 마음을 사로잡히는 것이라고 했다. 이처럼 그리스도인이 마음을 훈련하는 목적은 예수님께 온전히 사로잡히기 위함이다.

우리가 마음 훈련을 해야 하는 이유는 마음에 담긴 것이 우리 행동을 지배하기 때문이다. 마음은 생각과 삶을 통제하는 영적 진원지다. 마음 훈련은 달라스 윌라드의 말처럼 "마음이 늘 하나님을 향해 있도록 마음의 통찰과 습관을 형성하는 것"을 뜻한다.

어떻게 해야 예수님의 마음을 닮고, 예수님께 사로잡힐 수 있을까? 다른 방법은 없다. 육신의 생각을 성령께서 치유해주셔야만 가능하다. 우리 안에서는 늘 육신의 마음과 성령의 마음이 갈등하고 있지 않은가? 그 둘이 갈등할 때마다 성령께서 내 마음을 치료하시도록 나를 의탁한다면 우리 마음은 예수님께 사로잡힐 수 있다.

그렇다면 어떻게 해야 나를 성령님께 온전히 맡길 수 있을까?

첫 번째는 기도를 통한 의탁이다. 기도를 어렵게 생각하는 성도가 많다. 그러나 그럴 필요가 없다. 기도는 어린아이의 입술에서 나오는 순수하고도 소박한 말과 같기 때문이다. 어린아이가 부모에게 말하듯, 순수하고도 소박한 마음으로 주님께 기도하면 성령님이 우리 마음을 정리해주신다. 다시 말해, 우리가 기도할 때 주님이 우리의 마음을 사로잡아주신다. 또한 우리가 연약함을 안은 채로 하나님 앞에 기도의 무릎을 꿇으면 사탄은 벌벌 떨며 두려워한다. 기도하는 자는 하나님의 강력한 병기로 쓰임받을 수 있다.

두 번째는 찬양을 통한 의탁이다. "구주를 생각만 해도 이렇게 좋거든 주 얼굴 뵈올 때에야 얼마나 좋으랴", "나의 기쁨 나의 소망되시며 나의 생명이 되신 주, 밤낮 불러서 찬송을 드려도 늘 아쉬운 마음뿐이네"와 같은 찬송을 부르는 동안, 우리 마음은 자신도 모르게 주님께 사로잡힌다. 육신의 생각에서 성령의 생각으로 마음의 차원이 이동하는 것이다. 이처럼 찬양은 영적인 공간 이동을 가능하게 만드는 능력이 있다.

영적인 공간 이동을 통해 주님께 사로잡히면 우리에겐 영적 통찰력이 생겨나고, 거룩한 습관을 체질화할 수 있게 된다. 이 땅에서도 주님과 생생하게 동행하는 것이 가능해진다.

흠 없는 인생보다 하나님 마음에 합한 인생을

우리는 흠결 없는 인생을 살려 하기보다, 하나님의 마음에 합한 인생을 살고자 노력해야 한다. 구약 역사가인 프레더릭 오웬은 다윗이 목동으로 살았던 시기를 한 문장으로 표현했다.

"사람들이 하나님으로부터 멀어져 있었던 때라."

이 표현이 꼭 오늘날을 가리키는 것 같지 않은가? 세상의 다양한 유혹과 위협 속에서 사람들은 하나님으로부터 점점 멀어지고 있다. 이새의 아들 다윗이 목동으로 있을 때도 그랬다. 하나님이 선택하신 마지막 사사인 사무엘은 나이가 들었고 그의 아들들은 하나님의 뜻과 거리가 먼 판결을 했으며, 이스라엘 사람들은 하나님 대신에 인간 왕을 원했다. 이러한 시기에 하나님은 이스라엘 백성 중에서 베들레헴의 양치기 다윗을 "내 마음에 맞는 자"라고 말씀하시며 그를 선택하셨다.

우리는 다윗의 삶을 알고 있다. 이스라엘 역사상 가장 훌륭한 왕이었지만, 그의 삶에도 그늘이 적지 않았다. 위로 올라가는 계단 못지않게 밑으로 내려가는 계단도 많았다. 다윗은 유부녀를 취하고 그 남편을 죽였다. 이처럼 엄청난 죄로 인해 그는 왕궁에 살면서도 비참한 심정을 가질 수밖에 없었다. 하나님은 다윗의 범죄에 크게 진노하셨고, 사무엘하 12장 10절에서 칼이 네 집에서 영원토록 떠나지 않을 거라는 말씀을 하시기도 했다. 이 말씀대로 다윗은 죄의 비참한 결과를 지고 살아야 했다.

물론 여기에는 다윗을 하나님 나라의 기초를 세우는 사람으로서, 혹은 후세의 영적인 지표로서 다시는 죄의 결과를 잊지 못하게 하시려는 하나님의 의도가 있다고 본다. 달리 말하자면 더 사랑하기에 더 엄하게 키우는 것과 같다. 그렇지만 왜 하나님이 죄 때문에 큰 진노 속에 있었던 다윗을 가리켜 "내 마음에 맞는 사람"이라고 말씀하셨는지 궁금하지 않을 수 없다.

척 스윈돌 목사님은 다윗이 큰 잘못을 저질렀지만 하나님의 마음에 맞는 사람이 되었던 가장 주된 이유는, 자신의 죄를 직시하고 그에 대해 올바른 반응을 했기 때문이라고 말했다. 다윗은 자신의 죄를 외면하지 않고 직시하면서 참된 회개의 기도를 드렸고, 언제나 마지막에는 하나님을 예배하는 자리로 올라갔다. 이런 다윗을 가리켜 스윈돌 목사님은 "뜨거운 가슴과 한결같은 마음을 가진 사람"이라고 표현했다. 이 말은 곧, 다윗이 언제나 하나님의 영광을 위해서는 가슴이 뜨거운 사람이었고, 하나님을 섬기는 일에는 어떤 상황에서도 한결같았던 사람이라는 말로 해석 가능하다.

이러한 다윗의 모습을 보며, 비록 흠결이 있고 문제가 많은 우리도 하나님의 마음에 합한 자로 살 수 있다는 희망을 갖게 된다. 우리는 잘못을 저지를 때마다 자신의 죄를 솔직하게 인정하고 회개하며, 마지막은 언제나 하나님을 예배하는 자리로 올라가야 한다. 또한 하나님의 영광을 드러내는 일에 대해서는 언제나 가슴 뜨겹게 반응하고, 하나님을 섬기는 일에 대해서는 그 일이 비록 사람들의 주목과 인정에서 벗어난다 해도 한결같이 충성해야 한다. 그럴 때 우리도 다윗처럼 하나님의 마음에 합한 자가 될 수 있으리라 소망한다.

마음 고찰 3. 마음 훈련의 결과

다윗은 앞서 이야기한 과정들을 거치며 평범한 인생이 비범하게 되었을 것이다. 우리라고 그러지 말란 법은 없다. 비록 내게 특출한 점이 없다 해도 기도와 찬송의 삶을 통해 주님께 사로잡히면 귀하게 쓰임받는 인생이 될 수 있다.

다윗은 주님께 사로잡히고 난 후 놀라운 고백을 했다.

나를 훈계하신 여호와를 송축할지라 밤마다 내 양심이 나를 교훈하도다 (시 16:7).

개역한글 성경은 이 말씀의 하반절을 "밤마다 내 심장이 나를 교훈하도다"라고 번역했다. 다윗은 주님 덕분에 평온함을 누렸지만, 주님께로부터 마음을 훈련받을 때는 밤마다 심장이 그를 교훈하는 듯 느꼈다는 이야기다.

시편 16편 8-9절은 훈련된 마음의 상태가 어떠한지 보여준다.

내가 여호와를 항상 내 앞에 모심이여 그가 나의 오른쪽에 계시므로 내가 흔들리지 아니하리로다 이러므로 나의 마음이 기쁘고 나의 영도 즐거워하며 내 육체도 안전히 살리니.

할렐루야! 여호와께 사로잡힌 결과, 다윗의 마음엔 기쁨이 솟구치고 영은 즐거워하며, 육체는 안전해졌다. 매우 높은 차원의 조화가 이루어졌다는 뜻이다. 완전한 샬롬을 누리게 되었다고도 할 수 있다.

그래서 나는 그리스도의 몸과 피를 기념하는 성찬을 할 때마다 위의 말씀을 근거로 기도할 것을 권한다.

"주여, 제가 주님의 몸과 피에 완전히 사로잡혀서 내 마음이 기쁘고 내 영이 즐거우며, 내 육체도 안전히 거하게 하소서. 완전한 샬롬의 경지를 누리게 해주소서."

전심으로 그렇게 기도할 때, 우리는 성찬을 통해서 마음이 치료받고 육신의 병이 낫는 기적을 경험할 수 있다. 우리가 완벽한 샬롬의 경지에 들어서면 성령께서 조명하셔서 영적인 시야로 신앙의 깊은 바다를 헤엄칠 수 있기 때문이다.

다윗이 마지막으로 남긴 유언을 보면, 마음 훈련을 받아 주님께 사로잡힌 자의 결과가 어떠한지를 알 수 있다. 사무엘하 23장 3-4절을 보라.

> 이스라엘의 하나님이 말씀하시며 이스라엘의 반석이 내게 이르시기를 사람을 공의로 다스리는 자, 하나님을 경외함으로 다스리는 자여 그는 돋는 해의 아침 빛 같고 구름 없는 아침 같고 비 내린 후의 광선으로 땅에서 움이 돋는 새 풀 같으니라 하시도다.

우리 중에는 젊은이도 있고 어르신도 계신다. 이 말씀은 그러한 나이에 상관없이 인격의 중심인 마음을 드려 하나님께 사로잡히면 새싹과도 같고 햇볕과도 같은 인생을 살게 된다는 것을 알려주고 있다. 다윗이 그렇게 살았다. 때로는 뼈를 깎는 고통으로 죽을 것 같기도 하고 침상을 눈물로 적시기도 했지만, 다윗은 그런 시간들을 보내고 난 뒤 항상 새싹처럼 회복하는 인생을 살았다. 마음에 다시금 기쁨이 솟고 영이 즐거워하며, 육체가 안전히 거하는 삶을 살았다. 아마도 솔로몬은 그와 같은 아버지의 삶을 보며 잠언 4장 18절을 기록했으리라.

의인의 길은 돋는 햇살 같아서 크게 빛나 한낮의 광명에 이르거니와.

개역한글 성경은 이 말씀을 "의인의 길은 돋는 햇볕 같아서 점점 빛나서 원만한 광명에 이르거니와"라고 번역했다. 그래서 나는 결혼식 주례를 할 때면 양가 어머님들이 촛불을 점화하고 난 뒤 새 가정을 축복하며 이같이 기도한다.

"사랑하는 신랑 신부가 한 생애를 살아가는 동안 어두운 일도 있을 수 있습니다. 그러나 오늘 양가 부모님께서 이 촛불을 밝힌 것처럼 신랑과 신부가 점점 돋는 햇볕 같아서 원만한 광명에 이르도록 도와주옵소서."

특별히 이 말씀을 받는 노년의 인생들에게 잠언 4장 18절의 말씀이 임하기를 기도한다. 칠순이 되고 팔순이 되어도 마음이 주님께 완전히 사로잡힘으로써 겨울의 삭막함을 잊게 하는 새싹 같은 인생, 어둠을 밝히는 햇볕 같은 인생이 되기를 기도한다. 사도행전 2장 17절에서 말세에 하나님이 그분의 영을 우리 육체에 부어주시면 "너희의 늙은이들은 꿈을 꾸리라"라고 한 것처럼, 인생의 노년기야말로 하나님 나라를 꿈꾸는 가장 좋은 시기라고 믿는다.

임종의 순간을 결정짓는 삶의 우선순위

사역을 시작한 이후로 성도들과 늘 외치는 구호가 있다.

"오직 한 번뿐인 인생 속히 지나가리라. 오직 그리스도를 위한 일만이 영원하리라."

인생의 우선순위를 어디에 두느냐에 따라 삶의 결과가 엄청나게 달라진다는 의미다. 인생 자체에 방점을 두고 살면 쏜살같이 날아가는 허무한 삶을 살 수밖에 없지만, 그리스도께 삶의 무게를 두면 영원히 살 수 있다는 이야기이기도 하다.

삶의 우선순위를 중요하게 여기라는 말은 누구나 아는 신앙 상식이다. 그러나 그 상식을 아는 데 그치는 것과, 실제로 삶에서 적용하며 산다는 것은 또 다른 문제다. 우리가 삶의 우선순위를 어디에 두었는지 알려면, 위기의 순간에 우리가 무엇을 생각하고 무엇을 선택하는지 보면 된다. 부부, 자녀, 경제, 건강 등의 문제로 어려움에 처할 때, 혹은 불의의 사고를 당하거나 사랑하는 가족들을 떠나보내는 혹독한 시련이 닥칠 때 사람은 누구나 "내 인생의 우선순위가 무엇이었나? 과연 나는 무엇을 위해 살고 있었나?"라는 본질적인 질문을 던지고 그 대답에 따라 행동한다. 그런데 예상치 않은 위기와 고난을 만났을 때 몰아쳐오는 이런 질문 앞에서 평소의 가치관이나 신앙관이 흔들린다면 참으로 슬픈 일이 아닐 수 없다.

우리는 입버릇처럼 시간이 부족하다고 말한다. '하루가 24시간이 아니라 30시간이면 얼마나 좋을까'라고 생각하기도 한다. 그러나 늘 급한 일로 쫓기는 삶에서 정말 중요한 것은 시간관리나 능력관리의 문제가 아니라 우선순위의 문제다. 만약 인생의 방향이 잘못되었다면 그 인생은 열심히 살면 살수록 망가지기 때문이다.

우리는 급한 일과 중요한 일 사이에서 급한 일부터 먼저 한다. 그러면 어떤 이는 되물을 것이다. "그거야 당연하지요. 급한 일이 곧 중요한 일 아니겠어요?"

급한 일과 중요한 일의 차이가 과연 무엇일까? 급한 일이란 쉽게 말해서 열 가지, 스무 가지, 백 가지를 해도 결과적으로 삶에 큰 영향이나 변화를 주지 못하는 일을 말한다. 아무리 많이 해도 인생을 의미 있게 만들어주지 못하는 일들이다. 그러나 중요한 일이란, 하지 않으면 삶에 큰 영향과 타격을 주는 일을 말한다. 그러므로 급한 일과 중요한 일을 구별해서 중요한 일을 우선순위에 두고 사는 것은 우리 내면의 동기와 관련이 있다.

요한복음 11장에는 예수님께서 마르다와 마리아로부터 나사로가 중병에 들어 죽게 되었다는 소식을 듣는 장면이 나온다. 이때 급한 일은 나사로를 죽지 않도록 하는 것이었다. 만약 예수님께서 사람들의 시선이나 체면을 의식했다면, 속히 가서 나사로의 병부터 고쳐주셨을 것이다. 그러나 예수님께 중요한 것은 죽은 나사로를 하나님의 권능으로 살리라는 하나님의 뜻이었다. 병든 나사로에 대한 예수님의 태도는 '세상적인 동기'가 아니라 '하나님의 동기'였다. 신앙적 우선순위로 산다는 건 이와 같은 태도를 말한다.

예수님의 태도를 그분의 입장에서 풀어 해석하면 다음과 같다. "내가 이 땅에 온 것은 나나 나사로, 마리아 또는 마르다가 좋아하는 일을 하기 위해서가 아니라 나를 보내신 분의 뜻을 행하기 위해서다."

이것이 예수님의 사역에서 우리가 찾을 수 있는 우선순위의 핵심이다.

그러므로 우리는 이제 "그리스도인은 어떻게 우선순위를 결정해야 할까?"라는 질문에 정확히 답할 수 있다. 예수님께서 사신 삶의 뒤를 따라가면 된다.

예수님께서 이 땅에 오셔서 공생애 기간 동안 하셨던 일의 우선순위는 무엇이었을까? 예수님의 우선순위는 요한복음 17장에 나온다.

> 아버지께서 내게 하라고 주신 일을 내가 이루어 아버지를 이 세상에서
> 영화롭게 하였사오니(요 17:4).

예수님의 우선순위는 하나님의 일이었으며, 우선순위의 목적은 하나님을 이 땅에서 영화롭게 하는 것이었다. 놀라운 것은 다윗의 우선순위도 같았다는 것이다. 하나님은 하나님의 일을 우선순위로 삼고 하나님을 영화롭게 하신 예수님을 '내 사랑하는 아들'이라고 부르셨다(마 3:17). 또 하나님의 성전을 건축하고 하나님의 영광을 세상에 선포하는 것을 삶의 최우선 과제로 삼았던 다윗을 '내 마음에 맞는 사람'이라고 부르셨다.

우리는 삶의 우선순위를 잘 분별하며 살았던 사람과 그렇지 않았던 사람의 마지막을 생각해 봐야 한다. 후회 없는 임종의 순간을 맞이하고 싶지 않은가? 이 세상을 떠나는 마지막 순간에 삶의 우선순위를 따라 바르게 살았던 사람은 적어도 예수님의 자취를 따를 수 있다. 예수님이 십자가에서 숨을 거두시는 순간 마지막에 하신 말씀이 무엇이었는가? "다 이루었다"(요 19:30)였다. 이는 공생애 기간 오직 하나님의 일, 하나님의 영광을 우선순위에 두고 사셨던 삶의 고백이라 말하지 않을 수 없다.

우리는 언제 임종을 맞을지는 모르지만, 일상에서 하나님의 일

에, 하나님의 영광에 우선순위를 두고 산다면 이 세상을 언제 떠나든 이런 고백을 할 수 있지 않을까? 임종 시에 이런 고백을 할 수 있도록 준비하며 살아야 하지 않을까?

주님으로 충분합니다

THE LORD IS MY SHEPHERD. THAT'S ENOUGH

역대상 28:9

9 내 아들 솔로몬아 너는 네 아버지의 하나님을 알고 온전한 마음과 기쁜 뜻으로 섬길지어다 여호와께서는 모든 마음을 감찰하사 모든 의도를 아시나니 네가 만일 그를 찾으면 만날 것이요 만일 네가 그를 버리면 그가 너를 영원히 버리시리라

다윗은 한 생애를 살아가면서 어릴 때는 목자, 청소년기에는 골리앗을 죽인 담대한 군사, 장년이 되어서는 통일 왕국을 이끈 왕의 모습을 보여주었다. 동시에 그는 망명자, 죄인, 살인자의 추레한 모습도 보여주었다. 또한 시인이자 예술가로서 아름다움이 무엇인지를 우리에게 알려주기도 했다.

　그렇게 다양한 삶의 면모를 보였던 다윗은 인생의 마지막 결론을 어떻게 내렸을까? 이렇게도 살아보고 저렇게도 살아봤던 다윗의 최종 고백은 과연 무엇일까? 본문을 살피면서 다윗 인생의 결론이 무엇인지, 또 우리 인생의 결론은 무엇이어야 하는지를 발견하고 깨달으며 실천하는 데까지 이르는 은혜가 있기를 소망한다.

하나님은 나를 아시고, 나도 하나님을 알고

시편 23편 1절은 우리에게 익숙하고 또 많은 사람이 좋아하는 말

씀이다. 아마도 이 말씀이 한 시대를 풍미한 다윗의 생애를 결론짓는 구절이 아닐까 생각된다.

여호와는 나의 목자시니 내게 부족함이 없으리로다.

다윗은 많은 걸 갖고 누렸지만, 그가 가장 중요하게 여겼던 것은 '주님이 나의 목자'라는 사실이었다. 다윗은 '여호와가 나의 목자이시기에 만족한다'는 고백이 결론이 되는 인생을 살았다. 다윗이 소유했던 것들을 보라. 그는 승승장구하는 무장이었다. 예술에도 조예가 깊었다. 그가 수금을 타면 악한 영이 떠나갈 정도로 그는 영감 있게 연주하는 음악가였다. 그가 쓴 시편 또한 오고 가는 모든 세대에 삶의 좌표를 제시해줄 정도로 뛰어났다. 그에게는 아름다운 아내들도 있었다. 훌륭하고 멋진 자녀도 많았다. 궁궐엔 금은보화를 비롯해 좋은 것들이 넘쳐났다. 그러나 다윗은 한 번도 그런 것들 때문에 만족한다고 말한 적이 없었다. 그저 "여호와가 나의 목자시니 나는 만족합니다"라고 고백할 뿐이었다. 영어 성경은 시편 23편 1절을 이렇게 번역했다. "The LORD is my shepherd; I shall not want."(ESV) "여호와는 나의 목자시니 그것으로 충분합니다. 추가할 것이 없습니다. 더 보탤 것이 없습니다"라는 뜻이다.

우리도 이와 같은 인생의 결론을 소망하며 살아갈 수 있다면, 하나님께서 우리 인생을 기뻐하시리라 믿는다. "주님으로 충분합니다", "주님이 나의 만족이십니다"라는 고백으로 점철될 때, 우리 인생도 다윗과 같은 결론을 내릴 수 있다. 다윗은 그런 마음으로 솔로몬에게 본문과 같은 유언을 남겼을 것이다.

내 아들 솔로몬아 너는 네 아버지의 하나님을 알고 온전한 마음과 기쁜 뜻으로 섬길지어다 여호와께서는 모든 마음을 감찰하사 모든 의도를 아시나니 네가 만일 그를 찾으면 만날 것이요 만일 네가 그를 버리면 그가 너를 영원히 버리시리라(9절).

이 유언의 핵심이 무엇인가? 아버지의 하나님을 알라는 당부다. 즉, 여호와로 인해 만족한다고 고백하려면, 하나님이 어떤 분인지를 알아야 한다고 강조한다.

우리는 하나님을 얼마나 아는가? '하나님' 하면 어떤 이미지가 떠오르는가? 혹시 산꼭대기의 수염 긴 도사가 연상된다면, 하나님을 몰라도 너무 모르는 것이다. 하나님은 형체적인 존재가 아니시다. 그분은 오늘도 나를 붙드시고 새롭게 하시며, 나와 함께하시는 인격적 하나님이시다. 다윗이 "여호와는 나의 목자시니 내게 부족함이 없으리로다"라고 고백했던 이유도 하나님을 인격적으로 만났기 때문이었다.

인격적으로 하나님을 안다는 건 무엇일까? 우리가 이순신 장군이나 세종대왕, 도산 안창호 선생을 안다고 말할 때, 그 '안다'는 머리로 아는 걸 말한다. 그러나 본문의 "하나님을 알고"에서 '안다'는 히브리어로 '야다', 즉 부부 사이의 깊은 인격적 체험과 교제를 뜻하는 말이다. 다윗은 솔로몬에게 하나님을 그처럼 가깝게 경험하며 알아야 한다고 당부한다.

다윗은 하나님을 그렇게 알았다. "내가 여호와를 항상 내 앞에 모심이여 그가 나의 오른쪽에 계시므로 내가 흔들리지 아니하리로다 이러므로 나의 마음이 기쁘고 나의 영도 즐거워하며 내 육체도 안전히 살리니"(시 16:8-9). 이는 하나님을 인격적으로 체험한 사람만이 할 수 있는 고백이다. 하나님은 그런 다윗을 "내 마음에 맞는 자"라고 평가하셨다. 즉, "너는 나를 인격적으로 알았다"라고 말씀하신 것이다.

시내산에서 성막을 거쳐 우리에게로

이렇게 하나님을 인격적으로 알면 나타나는 현상이 있다. 본문의 상반절을 다시 보라.

> 내 아들 솔로몬아 너는 네 아버지의 하나님을 알고 온전한 마음과 기쁜 뜻으로 섬길지어다.

다윗은 아들 솔로몬에게 하나님을 알았다면, 온전한 마음과 기쁜 뜻으로 그분을 섬기라고 말한다. '섬긴다'는 말은 일반적인 용어 같지만, 사실은 '하나님을 예배할지어다'로 해석하는 게 옳다. 우리가 하나님을 알게 되면 하나님을 전심으로 예배하게 된다는 이야기다.

다윗의 삶은 한마디로 '하나님을 향한 참된 예배자'였다. 그는 하나님을 인격적으로 알았기에 평생을 예배자로 살았다. 그러면 다윗이 드렸던 참된 예배란 어떤 것이었을까? 하나님을 제대로 알고 드리는 예배란 무엇을 말할까? 다윗은 하나님의 영광에 그 누구보다 영의 눈이 열린 사람이었다. 이를 설명하기 위해 성전 건축과 관련된 다윗의 여정을 간략하게 돌아보자.

왕이 된 다윗은 어느 날 '수도인 예루살렘에 하나님의 영광이 나타나야 되는데 어떻게 하면 좋을까?'를 생각했다. 그 결과 구약에 나타난 하나님 영광의 최고의 표현이 '하나님의 언약궤'이자 '하나님의 성막'임을 알게 되었다. 그런데 그 영광스런 언약궤는 블레셋 지방에 방치되어 있었다. 다윗은 그런 상황을 견딜 수 없었다. 보통 높은 자리에 오르면 더 많은 부귀영화를 얻고 영토를 넓히는 데 관심을 갖기 마련이지만, 다윗은 오로지 '하나님의 영광'에 관심을 두었기 때문이다. 그래서 그는 언약궤를 예루살렘으로 모셔와 장막에 두었다.

그런데 다윗에게 새로운 고민거리가 생겼다. '나는 백향목으로 만든 궁에 사는데 하나님의 언약궤는 초라한 장막 속에 있다. 우리 조상들은 광야를 떠돌아 다녔지만 이제는 한 곳에 정착해서 살고 있는데, 하나님의 언약궤를 계속 장막에 두는 것이 과연 옳을까? 하나님의 찬란한 영광을 드러낼 수 있는 성전을 지어야 마땅하지 않겠는가?'

'하나님의 영광'에서 시작된 다윗의 생각은 '성전 건축'으로 귀결되었다. 다윗은 화려하고 거창한 건물을 보고 싶어서 성전을 지으려 했던 게 아니었다. 하나님의 영광을 선포하는 데 가장 좋은 경로가 성전이기에, 성전을 건축하고자 전력투구하게 된 것이다. 그래서 다윗은 역대상 29장에서도 성전을 짓는 본질적 이유를 밝혔다. 그는 성전이 하늘과 땅의 주재이신 하나님의 영광을 선포하는 현장이 되기를 바란다고 표현했다.

'성전에 나타나는 하나님의 영광'이란 눈에 보이는 건물의 위엄을 말하는 것이 아니다. 그 영광의 차원은 시내산에 임했던 쉐키나의 영광으로 거슬러 올라간다. 모세가 시내산에서 하나님과 대면하며 십계명을 받을 때 하나님의 영광이 충만하게 임한 것을 기억하는가? 모세는 그 영광 속에서 십계명의 두 돌판을 받아온 후

나중에 언약궤를 만들어 성막 안에 모셨다. 그리고 이스라엘이 이동할 때마다 중심에 성막을 두었다. 동서남북 어디서든지 성막을 바라보게 함으로써 성막에 임한 하나님의 영광이 이스라엘의 중심이 되게 했다. 다윗은 바로 그것을 기억해낸 것이다. 그는 시내산의 영광이 성막의 영광으로, 성막의 영광이 성전의 영광으로 이어지기를 간절히 소원했다.

솔로몬이 지어서 봉헌했던 예루살렘 성전에 임한 영광은 어디로 이어지는가? 요한계시록 21장 22절 하반절에는 이런 말씀이 나온다.

이는 주 하나님 곧 전능하신 이와 및 어린 양이 그 성전이심이라.

어린양이신 예수 그리스도가 바로 성전이시다. 육체로 오신 예수 그리스도께서 우주적 성전이 되셨기 때문에, 이제는 예수님을 구세주와 주님으로 영접한 우리가 걸어 다니는 성전이 되었다. 이 얼마나 놀랍고 신비한 일인가?

따라서 하나님의 영광은 우리에게 임할 수 있다. 걸어 다니는 성전이 된 우리에게 쉐키나의 영광, 하나님의 영광이 임하길 기도해야 한다.

하나님의 영광이 회복되면 놀라운 일이 벌어진다. 욥이 고백했던 대로, 하나님을 귀로만 듣는 것이 아니라 눈으로도 보게 된다. 영이신 하나님을 눈으로 보고 손으로 만지는 것 같은 입체적이고도 신비한 체험을 하게 된다. 그런 면에서 한 집안의 가장이나 공동체 및 나라의 지도자가 하나님의 영광에 전력투구한다면, 가정과 공동체와 나라는 강력해질 수밖에 없다. 하나님의 영광에 집중했던 다윗에게 통일 왕국 시대를 열어주신 것처럼, 하나님은 그분의 성전이 되어 하나님의 영광을 사모하는 우리가 마귀의 세력을 정복할 수 있게 만들어주신다.

하나님의 찬란한 영광을 위하여

성경은 두 번이나 다윗을 하나님의 마음에 맞는 자라고 말한다(삼상 13:14; 행 13:22). 하나님께서 이처럼 다윗을 선택하시고 이스라엘의 왕으로 세우시며, 예수님의 조상으로 삼으신 이유가 무엇일까?

걸보기에 다윗은 특별한 게 없다. 외모도 사울 왕보다 나을 게 없어 보인다(삼상 9:2). 하지만 하나님을 향한 자세는 사울 왕과 확연히 달랐다. 다윗은 시골의 목동이었을 때나 유대 최고의 통치자가 되었을 때나 한결같이 하나님을 열망했다. 그리고 다윗의 열망은 '성전 건축'으로 나타났다.

역대상 28장과 29장을 보라. 다윗은 삶을 마무리하며 네 가지 내용의 유언을 남겼다.

첫째는 성전 건축에 대한 당부였고, 둘째는 솔로몬에게 권면하는 말이었으며, 셋째는 하나님께 드리는 기도, 넷째는 회중과 함께 기뻐하는 내용이다. 그런데 이 네 가지에 공통점이 있는데, 모두 하나님의 성전과 관련되어 있다는 것이다.

다윗은 성전 건축에 대한 꿈을 말했고, 솔로몬에게 두려워 말고 담대히 하나님의 성전을 건축하라고 했다. 또 아들 솔로몬이 하나님의 성전을 잘 건축하도록 지켜달라는 기도를 했으며, 하나님께 예배를 드리며 무리와 함께 기뻐했다.

다윗은 이처럼 일생을 마치는 순간까지 성전 건축에 마음을 쏟왔다. 자신의 능력으로 화려한 성전을 건축하고 싶어서가 아니었다. 그는 오직 주의 영화로운 이름을 온 천하에 찬양하고 싶어 했다(대상 29:13). 또한 천지에 있는 모든 것이 하나님의 것임을 선포하길 원했다(대상 29:11, 16).

다윗이 성전 건축을 소망한 이유와 예수님께서 이 땅에 오셔서 우리 몸을 성령의 전으로 삼으신 것은 일맥상통한다. 다윗이 하나님의 영광을 위해 성전 건축을 소원했듯이, 예수님은 그분의 핏값으로 사신 우리 몸을 통해서 하나님께 영광을 돌리도록 하신 것이다(고전 6:19-20). 그러므로 21세기를 살고 있는 우리가 다윗처럼 하나님의 마음에 맞는 사람이 되기 위해서는, 우리의 마음이 어떤 경우에도 하나님의 찬란한 영광에 가 있어야 한다. 주께서 핏값으로 사신 교회를 통해 하나님의 영광을 선포하고, 성령의 전인 우리 자신을 통해 하나님의 영광이 드러나기를 열망하자는 뜻이다. 그러기 위해서 우리는 삶의 목표를 무엇에 두어야 할까? 무얼 위해 날마다 힘쓰고 애써야 할까?

정치인이나 연예인, 운동선수나 작가 등은 인기를 먹고 살기 때문에 사람의 평판에 귀를 열어놓을 수밖에 없다. 그러나 직업적인 이유가 아니더라도 사람의 평판과 인기에 인생을 거는 사람이 참 많은 것 같다. 물론 사람들에게 칭찬을 듣는 게 나쁜 것은 아니다. 다만 그 자체에만 전력투구하는 것은 그리스도인의 정체성에 어긋난다는 말이다. '가족들이 날 어떻게 생각할까?', '성도들이 나를 어떻게 볼까?'라는 생각이 필요할 수 있지만 그런 생각에만 집중해서는 안 된다.

그리스도인은 다윗처럼 오직 '하나님의 영광'에 마음을 둬야 한다. 곧, 참된 예배자가 되는 데 집중하며 살아야 한다. 우리가 하나님의 영광에 눈이 열려 그분을 참되게 예배하는 자로 살면, 어떤 악한 존재도 우리를 무너뜨릴 수 없을 것이다. 다윗이 그러했듯이, 삶의 풍파와 고통이 우리를 에워쌀 때 하나님을 신령과 진정으로 예배하며 살면, 사방으로 욱여쌈을 당한다 해도 벗어날 수 있는 신비를 볼 수 있게 된다.

좋은 평판보다 더 중요한 것은 좋은 예배자가 되는 것이다. 좋은 가장이 되는 일도 중요하지만 그 전에 좋은 예배자부터 되어야 한다. 좋은 예배자가 될 때 좋은 남편, 좋은 아내가 되고 좋은 자식이 될 수 있다. 나 역시 설교자로 부름받았지만 설교자 이전에 예배자로 바로 서야 함을 잊지 않으려 노력한다. 다른 분들도 마찬가지다. 교회에서 주차, 안내, 교육, 봉사, 찬양대, 지휘자 등 모든 역할을 잘 수행하는 일도 중요하지만 그보다 더 중요한 건 하나님 앞에 예배자로 나아가는 일이다. 먼저 참된 예배자로 나아갈 때 기도를 해도 은혜가 되고 설교를 해도 말씀이 가슴에 와닿으며, 봉사를 해도 그 섬김을 통해 사람들이 세워지는 은혜가 임한다.

우리는 자녀, 부모, 학생, 기업가, 또는 경제인, 교육가, 예술가, 군인 등 많은 정체성으로 살고 있다. 그런데 이 모든 역할 이전에 먼저 예배자로 부름받았음을 기억해야 한다. 예배자로 바로 설 때, 우리가 맡은 모든 역할을 가장 잘 감당할 수 있다.

예배자로 산다는 것

일상에서 예배자로 산다는 건 무엇을 뜻할까? 주일예배나 수요예배와 같은 공적 예배만이 아니라 현실의 삶에서 하나님의 영광에 집중한다는 건 어떤 모습일까?

이해를 돕기 위해 동창회를 예로 들어보자. 어느 날 김 집사가 동창회에 갔는데, 친구들이 다가와 이렇게 말했다.

"참, 네 남편이 승진했다며? 애들도 너무너무 똑똑해서 명문대에 입학했다면서?"

"너는 참 복도 많다. 어쩜 그렇게 젊어 보이니? 나보다 열 살은 어려 보여."

동창들에게 이런 이야기를 들었을 때 어떻게 반응하냐에 따라 김 집사가 삶으로 예배를 드리는지 아닌지가 판가름난다.

"그렇지 뭐"라거나 "내가 얼마나 열심히 남편을 내조하고, 아이들을 또 얼마나 잘 가르쳤는데!"라며 자신이 영광을 탈취한다면, 그것은 하나님을 예배하는 자의 태도라 볼 수 없다. "우리가 여러모로 부족하지만 하나님의 은혜로 여기까지 온 거야. 나는 그것이 참 감사해"라고 하면서 어떻게든 하나님의 영광을 드러내려 할 때, 그곳에서도 김 집사는 하나님을 예배하는 예배자가 될 수 있다.

또 자신의 영광에 몰입하는 사람과는 정반대로, 지나치게 자신을 비하하거나 삶을 비관하는 사람 역시 하나님을 예배하지 못하는 사람이라고 할 수 있다. 낙심은 또 다른 자아의 발현이기 때문이다. 너무 힘들어서 죽어버리고 싶다는 말은 곧, 또 다른 자아가 살아 있다는 증거다. 잘난 체하는 것도 문제지만, 완전히 낙심해서 시체처럼 사는 인생도 문제일 수 있다. 사회에서 잘나가든 못 나가든 우리의 관심을 오직 하나님의 영광에 두고 그 영광을 위해 하나님을 예배하는 자로 살 때, 우리는 다윗처럼 하나님의 마음에 맞는 자가 될 수 있다.

어떤 사람이 한 직장에서 30-40년을 봉직한 후 마지막 인사를 한다고 가정해보자. 보통은 이런 식으로 인사한다.

"지난 세월 동안 별다른 문제 없이 근속할 수 있었던 게 가장 감사합니다."

하지만 그런 순간에도 인생의 참된 목적이나 목표에 대해 생각하고 말할 수 있었으면 좋겠다. 하나님이 우리를 그 직장에 보내신 이유는 아무런 문제나 흠 없이 근무하다가 정년 퇴임을 하라는 것이 아니기 때문이다. 물론 그렇게 하는 것도 무척 중요하지만, 마치 별다른 문제 없이 사는 게 직장생활의 목적인 양 말하는 것은 하나님을 예배하며 하나님께 영광 돌리는 것과 거리가 멀다. 세상에 흠 없는 사람은 없다. 그러므로 우리는 문제 없이 살았음을 자랑하는 것보다, 부족한 나를 여기까지 인도하신 하나님을 자랑할 필요가 있다. 그것이 하나님께 영광을 돌리는 예배자의 마땅한 태도다.

인생의 모든 문제는 "어떻게 하나님의 영광을 깨닫고 그분을 예배할 것인가?"로 귀결된다. 집에서 아이가 말썽을 부릴 때도, 직장에서 상사와 갈등할 때도 문제의 핵심은 아이를 어떻게 교육할까, 상사와 어떻게 화해할까가 아니라, '그 상황에서 하나님을 어떻게 예배할까'다. 가령, 말썽 부리는 아이에 대한 해결 방안이 좀처럼 떠오르지 않을 때, 아이의 주인이신 하나님께서 선하게 인도하실 것을 믿고 기도하고 찬송하며 예배를 회복한다면, 그것이 바로 답이 된다. 그럴 때 하나님께서 우리 삶을 붙잡아 주신다.

다윗이 그런 삶을 살았다. 그는 자신을 에워싼 극한의 문제에 시달릴 때 '이 문제는 예배의 회복에 달렸다'는 걸 깨닫고, 문제 자체를 풀려 하기보다는 예배의 회복에 힘썼다. 우리도 그렇게 해야 한다. 예배가 회복되면 문제가 해결된다. 아직까지 다른 데서 해결책을 찾으려 한다면, 이는 명백한 오판이다. 예배가 먼저다. 예배의 자리에서 하나님의 영광에 집중할 때, 우리 삶의 문제가 자연스럽게 사라짐을 경험하게 될 것이다.

미래를 바꾸는 힘

우리는 수많은 고민을 안고 살아간다. "어떻게 직장을 구할 것인가?", "자식농사는 어떻게 지어야 할까?", "노후를 대비하려면 어떻게 해야 하지?", "얼마나 오래 이 자리를 유지할 수 있을까?"

우리가 고민하는 이유는, 이런 문제를 어떻게 푸느냐에 따라 미래가 달라진다고 믿기 때문이다. 하지만 우리의 미래는 이런 문제에 달려 있지 않다. 어떤 경우에도 마음이 흔들리지 않고 하나님의 영광에 집중할 때, 우리의 노후와 미래는 달라진다. 내가 존경하는 A. W. 토저 목사님은 이렇게 말씀했다.

"성도가 하나님의 영광에 대해 어떻게 생각하는지 알면 그의 미래가 보인다."

수십 년 동안 목회를 하면서 교우들의 삶을 지켜본 나 역시 토저 목사님의 말씀에 전적으로 동의한다. 하나님의 영광을 높이는 사람의 최후와 자기의 영광을 위해 사는 사람의 최후가 얼마나 다른지를 그간 수없이 목격했기 때문이다.

평생 '하나님의 영광'에 집중했던 사람, 조나단 에드워즈를 소개하고 싶다. 그는 미국 대각성 운동의 기폭제 역할을 했다. 그가 얼마나 큰 일을 했는지는 마틴 로이드 존스 목사님의 말만 들어도 알 수 있다.

"청교도가 알프스, 칼빈과 루터가 히말라야라면, 조나단 에드워즈는 에베레스트산이다."

높은 산과 같았던 조나단 에드워즈는 오직 '하나님의 영광'에만 관심을 두었다. 그는 만 18세에 하나님의 영광을 위해 어떻게 살지를 고민하며 70가지 결심문을 썼다. 그중에서 몇 가지만 소개하면 다음과 같다.

"1. 평생 하나님의 영광에 도움이 되는 것이면 무엇이든 하고, 하나님의 영광에 도움이 되지 않는 것이면 절대로 하지 말자.

7. 내 생애 최후의 순간이라고 가정했을 때 하기 꺼려지는 것이라면 절대 하지 말자.

42. 내가 세례를 받았을 때 각오한 것, 성찬식에 참여할 때 진지하게 고백한 마음가짐으로 늘 새롭게 살자.

43. 오늘부터 죽을 때까지 내 인생이 내 것인 양 행동하지 말고, 인생이 하나님의 것인 양 생각하며 하나님의 영광을 위해 살자."

불과 열여덟의 청소년이 쓴 결심문이라고는 볼 수 없을 정도로 대단한 내용이다.

조나단 에드워즈가 평생을 그렇게 살았기 때문에, 후세 사람들은 동시대를 살았던 살인마 맥스 주크의 후손과 조나단 에드워즈의 후손을 비교하며 통계를 내기도 했다. '하나님의 영광'을 위해 산 사람의 미래와 그렇지 않은 사람의 미래가 어떠한지를 알아보기 위해서였다.

조나단 에드워즈의 후손을 조사한 결과, 873명 중에서 대학총장이 12명, 교수가 65명, 의사가 60명, 성직자가 100명, 장교가 75명, 저술가가 80명, 변호사가 100명, 판사가 30명, 공무원이 80명, 하원의원이 3명, 상원의원이 2명, 부통령이 1명이었다.

반면, 조나단 에드워즈의 친구였던 맥스 주크는 신앙이 없는 여인과 결혼하여 1,292명의 후손을 두었는데, 그들이 뉴욕시에 끼친

해가 지금으로 치면 몇백 억에 달했다고 한다. 후손들 중 상당수가 범죄자였기 때문이다. 특히 어릴 때 사망한 사람이 309명이나 되었다. A. W. 토저 목사님의 말씀 그대로, 한 사람이 하나님의 영광을 어떻게 대하느냐에 따라 후손의 미래까지도 이처럼 달라질 수 있다.

무비(無比)의 작곡가 베토벤은 어느 날부터 귀가 들리지 않았다. 음악가가 소리를 들을 수 없게 되었을 때 여느 사람 같으면 낙심하고 절망했을 텐데, 그런 고통 가운데서도 베토벤은 '하나님의 영광'에 집중하여 곡을 썼다. 그렇게 나온 작품이 그 유명한 베토벤 교향곡 제9번 〈합창〉이다. 베토벤은 이 곡에서 최고의 기쁨을 표현하며 하나님께 영광을 올려드렸다.

그로부터 60-70년쯤 지난 뒤 베토벤에게 상당한 영향을 받은 구스타프 말러도 '하나님의 영광'에 눈을 뜨게 되었다. 음악을 통해 어떻게 하나님의 영광을 나타낼 수 있을까 고민했던 그는, 마침내 구원의 역사에 대한 감격을 담은 말러 교향곡 제8번 〈천인〉을 작곡하게 되었다. 어린아이부터 어른에 이르기까지 마치 천 번의 예배를 드리는 것처럼 천 명의 사람들이 함께 모여 하나님의 영광을 노래하는 이 곡은 말로 다 할 수 없을 만큼 장엄하고 찬란하다. 고통 중에도 '하나님의 영광'에 집중할 때 어떤 열매가 나오는지를 두 음악가는 보여준 것이다.

다윗과 함께하는 삶의 7가지 실천편

우리가 조나단 에드워즈처럼 70가지 결심은 하지 못하더라도, 최소한 7가지는 결심했으면 좋겠다는 생각이 들었다. 이 시대의 다윗이 되어 오직 하나님의 영광을 위해 살고자 한다면, 무엇보다 신앙의 실천이 중요하기 때문이다. 나는 이것을 '다윗과 함께하는 삶의 일곱 가지 실천편'이라 이름했다.

첫 번째는 '천상의 예배'다. 은혜의 보좌 앞에 기쁨으로 나아가는 것을 말한다. 주일예배 시간을 꼭 지키고 새벽예배와 기도회에 참석하는 일이다. 특별히 새벽예배를 통해서 하루의 첫 시간부터 하나님의 영광을 체험하며 살아가는 기쁨을 누리길 바란다. 그렇게 살 때 구름 위에 은빛 광채가 비치고 어둠 위에 빛이 내리며, 새싹 인생이 될 줄로 믿는다.

두 번째는 '평생 감사'다. 하나님의 위대하심을 고백하는 습관이다. 매일 '감사보고'를 드릴 때 삶의 체질도 개선될 수 있으리라 믿는다. 감사야말로 참된 신앙고백임을 잊지 말길 바란다.

세 번째는 '은혜의 채무자'로 사는 일이다. 우리가 은혜에 빚진 자임을 알고, 영혼 구원에 힘쓰는 삶을 살자는 뜻이다.

네 번째는 '영원한 언약'을 기억하는 삶이다. 하나님께서 우리에게 약속하신 말씀을 기억하고 특별히 성경 암송에 힘써야 한다. 성경을 통독하고 날마다 경건의 시간(QT)을 꼭 지켜서 말씀 묵상이 습관화되도록 노력하기를 권한다.

다섯 번째는 '지혜롭게 축적된 기도'다. 인생은 기도로 한 걸음 한 걸음 나아가야 한다. 미래를 위해 열심히 일하는 것도 좋지만 미래를 바꾸고 싶다면 무엇보다 기도로 준비해야 한다. 기도는 반드시 응답되기 때문이다.

여섯 번째는 '순도 높은 믿음'을 갖는 것이다. 하나님을 전적으로 신뢰하는 자세를 말한다. 열 명의 정탐꾼처럼 상황과 현실에만 집중하지 말고, 여호수아와 갈렙처럼 믿음의 보고서를 쓰는 습관을 들이도록 하자.

일곱 번째는 '영적인 재고정리'다. 새로운 출발을 위한 용감한 결단을 의미한다. 잘못된 관계, 어그러진 것들을 새롭게 해주시길 기도하며 용서를 실천하는 삶을 사는 일이다.

다윗을 다윗 되게 했던 삶의 핵심은 '하나님의 영광'이다. 우리 역시 그 영광에 집중하여 참된 예배자로 살길 원한다. 인생의 봄, 여름, 가을, 겨울 중 어떤 계절을 살더라도 다윗처럼 하나님만을 예배하며 하나님 마음에 맞는 자가 되는 걸 목표로 삼아야 한다. 날마다 목자이신 주님의 뒤를 따라감으로 "여호와가 나의 목자시니 내게 부족함이 없다"라는 결론을 내리는 인생이 되길 소원하자.

무엇보다 우리 모두, 위에 언급한 일곱 가지를 실천하면서 하나님을 인격적으로 체험하고 그분과 생생하게 동행하는 삶을 살면 좋겠다. 푸른 초장을 거닐든 사망의 음침한 골짜기를 지나든 항상 주님을 예배하고 주님께 감사하며, 받은 은혜를 기억하고 하나님의 약속의 말씀을 소망하며, 미래를 위해서 지혜롭게 기도를 축적하고 하나님을 신뢰하며, 영원한 하나님 나라에서의 새로운 출발을 위해 이 땅에서 재고정리를 잘 해내는 성도가 되길 축복한다.

특별히 우리는 "내가 이새의 아들 다윗을 만나니 내 마음에 맞는 사람이라 내 뜻을 다 이루리라"(행 13:22)라는 말씀을 가슴에 새기기를 소원한다. 오직 하나님의 마음에 맞는 사람이 되기를 사모하며 살 때, 우리 인생에서 하나님의 뜻이 온전히 이루어지리라 믿는다. 우리는 하나님 나라를 꿈꾸며 사는 사람들이다.

푸른 초장을 거닐든 사망의 음침한 골짜기를 지나든
항상 주님을 예배하고
주님께 감사하며,
받은 은혜를 기억하고
하나님의 약속의 말씀을 소망하며,
미래를 위해서 지혜롭게 기도를 축적하고
하나님을 신뢰하며,
영원한 하나님 나라에서의 새로운 출발을 위해
이 땅에서 재고정리를 잘 해내는
성도가 되길 축복한다.

다윗의 생애와 주요 사건

Ca. BC 1040 이새의 여덟째 아들로 출생(삼상 16:10-11; 17:12-14)

사무엘에게 기름 부음을 받음(삼상 16:13)

사울 왕의 궁중 악사가 됨(삼상 16:14-23)

골리앗을 죽임(삼상 17:41-52)

군대의 장이 됨(삼상 18:5)

미갈과 혼인함(삼상 18:27)

왕궁을 떠나 도피 생활을 시작함(삼상 20:42)

사울을 두 번 살려줌(삼상 24:1-22; 26:6-12)

Ca. BC 1010 유다의 왕으로 즉위(삼하 2:1-4)

Ca. BC 1003 온 이스라엘의 왕으로 즉위(삼하 5:1-3)

하나님의 궤를 옮겨 옴(삼하 6:1-15)

주변 나라들을 정복함(삼하 8:1-14; 10:1-19)

밧세바를 범함(삼하 11:1-27)

압살롬의 반란(삼하 13-18장)

인구 조사(삼하 24:1-25)

Ca. BC 970 솔로몬 즉위(왕상 1:11-53),

다윗 사망(왕상 2:10-12)

국제제자훈련원은 건강한 교회를 꿈꾸는 목회의 동반자로서 제자 삼는 사역을 중심으로
성경적 목회 모델을 제시함으로 세계 교회를 섬기는 전문 사역 기관입니다.

하나님의 사람 다윗 2

초판 1쇄 인쇄 2021년 9월 10일
초판 1쇄 발행 2021년 9월 17일

지은이 오정현

펴낸이 박주성
펴낸곳 국제제자훈련원
등록번호 제2013-000170호(2013년 9월 25일)
주소 서울시 서초구 효령로68길 98(서초동)
전화 02)3489-4300 **팩스** 02)3489-4329
이메일 dmipress@sarang.org

ISBN 978-89-5731-847-8 03230
ISBN 978-89-5731-849-2 04230(세트)

※ 책값은 뒤표지에 있습니다. 잘못된 책은 구입하신 곳에서 교환해드립니다.